AutoCAD 2016
道桥制图

张立明 徐 品 闫志刚 主 编
黄 艳 刘建达 副主编

人民交通出版社股份有限公司

北 京

内 容 提 要

本书以 AutoCAD 2016 中文版软件为平台,针对土木工程道桥领域的制图内容,讲授了 AutoCAD 软件的应用知识。本书内容完备,结合了道桥制图标准,重点讲述道桥制图中常用的命令和制图方法,使专业人员能快速掌握软件的本质所在,从而在学习中达到事半功倍的效果。

本书内容通俗易懂,简明扼要,适用于 AutoCAD 的初级、中级和部分高级用户,是广大道桥专业设计、施工人员及广大 AutoCAD 爱好者、工程技术人员和有意参加 Autodesk 公司相关职业认证考试的读者的理想自学辅导教程,也可作为大中专院校教师和学生的参考用书。

图书在版编目(CIP)数据

AutoCAD 2016 道桥制图 / 张立明,徐品,闫志刚主编 . –– 北京 : 人民交通出版社股份有限公司,2016.8

ISBN 978-7-114-13264-3

Ⅰ . ① A… Ⅱ . ①张… ②徐… ③闫… Ⅲ . ①道路工程—工程制图—计算机辅助设计—AutoCAD 软件②桥梁工程—工程制图—计算机辅助设计—AutoCAD 软件 Ⅳ .

① U412.5-39 ② U442.6-39

中国版本图书馆 CIP 数据核字(2016)第 187614 号

书　　　名	:AutoCAD 2016 道桥制图
著 作 者	:张立明　徐　品　闫志刚
责任编辑	:杜　琛
出版发行	:人民交通出版社股份有限公司
地　　　址	:(100011)北京市朝阳区安定门外外馆斜街 3 号
网　　　址	:http://www.ccpcl.com.cn
销售电话	:(010)59757973
总 经 销	:人民交通出版社股份有限公司发行部
经　　　销	:各地新华书店
印　　　刷	:北京虎彩文化传播有限公司
开　　　本	:787×1092　1/16
印　　　张	:21.75
字　　　数	:521 千
版　　　次	:2016 年 8 月　第 1 版
印　　　次	:2024 年 1 月　第 5 次印刷
书　　　号	:ISBN 978-7-114-13264-3
定　　　价	:48.00 元

(有印刷、装订质量问题的图书由本公司负责调换)

前 言

    AutoCAD软件是美国Autodesk公司开发的计算机辅助设计软件，在全世界拥有广泛的用户群体，在工程技术辅助设计领域有着极高的市场占有率。在土木建筑领域，CAD软件是不可或缺的工具软件，任何一名合格的设计者或施工技术人员都应该熟练应用CAD软件。可以这样说，CAD软件就像土木工作者的一双手，只有具备绘制CAD工程图这个基本的技能，才有可能成为一名合格的技术工作者。

    本书深入浅出地探讨了AutoCAD2016中文版软件的使用方法。与一般书籍不同的是，本书重点介绍了土木工程领域内的道桥的制图方法，使读者有针对性地学习，便于快速掌握，从而达到事半功倍的效果。全书根据道桥制图的实际需要，特别从土木工程领域的设计、施工人员如何高效设计、如何规范设计角度出发进行了细致的讲解。

    通过本书的学习，不同工作类型的人员都能汲取最新的设计知识。对于初学者，能够很快掌握绘图的基本方法。对于有一定基础读者，可进一步提高自身的绘图能力。对于更高阶人员，可通过参阅本书的末章节，如Lisp语言、常用技巧等解决工程中遇到的实际问题。

    本书由张立明、CCDI悉地（苏州）勘察设计顾问有限公司徐品及中国铁路总公司工程管理中心闫志刚主编，北京工业大学建工学院黄艳老师、山西省交通规划勘察设计院刘建达参与编写。人民交通出版社邵江编辑对本书的内容提供了许多中肯的意见。可以说，本书是众人辛勤劳动的结晶。

    因为AutoCAD2016的功能十分强大，作图的方法也是多种多样，读者可能有比书中所介绍的更好的方法，欢迎读者批评指正。另外，囿于篇幅关系，还有很多AutoLisp开发的工程小软件没有一一介绍，这些小软件可以方便读者进行工程制图，读者可在QQ群184045878（桥梁设计）中的共享资料中下载。欢迎读者将学习中遇到的问题或者心得发电子邮件到victoryhorse@163.com，衷心希望各位读者提出宝贵意见。

张立明

2016年6月于北京

目　录

第1篇　基础操作与入门

第2篇　提高与熟练

第3篇　三维绘图与技巧汇编

第1篇
基础操作与入门

本篇主要介绍软件本身的特点、基本绘图命令与操作，通过该部分让读者掌握 AutoCAD2016 的基础，能绘制一些简单的构件，同时也能明确未来工作内容和提前熟悉并掌握一部分工作技能。

第 1 章

AutoCAD 2016 的基础知识

AutoCAD（Auto Computer Aided Design）是美国 Autodesk 公司开发的著名计算机辅助设计软件，自 1982 年推出以来，一直深受广大工程技术人员的好评。该软件历经多次的改进与完善，功能日益强大，使用更为方便与快捷，现在已成为建筑、机械、航天、化工、电子等各个领域首选的计算机辅助设计软件。AutoCAD 2016 是 Autodesk 公司最新推出的 AutoCAD 版本，凭借其更为强大的功能及新颖的界面，一经推出便受到广大工程设计人员的广泛欢迎。

随着 AutoCAD 版本的不断升级和更新，其功能和内容日益强大和丰富。归纳起来，主要功能包括如下几个方面：

（1）利用基本的绘直线、圆弧、椭圆、多义线等功能，绘制用户需要的工程设计图。

（2）利用编辑功能，对图形进行删除、缩放、移动、旋转、复制、镜像等操作，从而使图形按需要进行编辑和修改。

（3）利用标注功能，对图形中需要进行标注的各种尺寸和角度进行文字标注。

（4）利用图形参数的测试和计算功能，计算图形的距离、周长、面积、点的坐标等。

（5）设置图形、图层的线形、颜色、字型、字体。

（6）对图形进行填充图案。

（7）支持多种外围设备，可将图形输入和输出。

（8）具有图形属性文件，可与其他程序进行数据联系，其 dxf 文件格式可以被桥梁计算软件如 Midas、桥梁博士、慧佳、Algor、Sap 等软件直接调用，其 sat 文件格式也可被有限元综合软件 Ansys 调用，方便设计。

（9）强大的三维作图功能，用户能够进行形象逼真的图形渲染。

（10）利用完善的数据交换功能，用户可以在 AutoCAD 和 Windows 应用软件以及 Windows 剪贴板之间，进行文件数据的共享和交换，也可以与 3DMax 等软件进行交换。

（11）具有 C 语言开发环境 ADS，用户可以方便地在 AutoCAD 上用 C 语言开发应用程序，同时具有 VB 语言开发环境的 VBA，用户可以使用 VB 开发其应用程序。

（12）利用其内嵌的 AutoLisp 语言，进行参数化绘图以及开发应用软件。

（13）可以直接进入 Internet，在网络上与远程用户进行文件的传输。

1.1 AutoCAD 2016 的新特点介绍

与以前的 AutoCAD 版本相比，AutoCAD 2016 有许多新增功能。通过 AutoCAD 2016 软件，用户可轻易解决最具挑战性的问题。使用自由曲面设计工具，可以设计使用任何可以想象到的形状；许多重要的功能已经自动化，使用户的工作更有效，并且转移到三维设计更为顺畅。对于 PDF 性能的多项升级和惊人的三维打印功能的增强，使共享和共同工作项目变得更为简单。即新版本的软件可以帮助用户更快地创建设计数据、更轻松地共享设计数据、更方便地管理数据。

AutoCAD 2016 添加了许多新功能，使 2D 和 3D 设计、文档编制和协同工作流程更加快捷，同时赋予了用户更为丰富的屏幕体验、创造出想象中的任何图形。此外，用户可利用独创的最精准的设计数据存储和交换技术——TrustedDWG ™放心地与他人分享自己的作品。

AutoCAD 2016 和旧版本相比，其新增功能主要有以下 5 点：

（1）此版本中对修订云线、标注、PDF 输出及更多内容的进行了功能增强，增加了新选项。

（2）此版本中对附着协调模型、使用点云和渲染等命令进行了功能增强。

（3）实用新功能 1：捕捉闭合多段线的几何中心。

（4）实用新功能 2：尺寸标注文字标尺。

当系统变量 dimtxtruler=1 时，可以通过文字编辑器标尺修改尺寸标注的宽度，标注内容会自动换行。

（5）实用新功能 3：文字编辑。

以前属性匹配命令（matchprop）只能用来刷不同的多行文字。如果不同的字体、颜色的文字都写在同一个多行文字里，那么就不能用 matchprop。不过在 AutoCAD 2016 里，双击进入文字编辑模式就能看到一个多行文字内部的属性刷。这样就能在内部方便的刷属性。另外多行文字的编辑功能近似于 Office 文字编辑，增加了文字下画线、文字倾斜、文字加框等特殊功能。

1.2 启动与退出 AutoCAD 2016

1.2.1 启动 AutoCAD 2016

成功安装 AutoCAD 2016 后，用户可以采用以下方法之一来启动 AutoCAD 2016。

（1）使用"开始"菜单方式启动

以 Windows 7 操作系统为例，在该操作系统视窗左下角处单击"开始"按钮以打开"开始"菜单，并从该菜单中选择"所有程序"命令，接着选择"Autodesk"→"AutoCAD 2016—简体中文（Simplified Chinese）"，如图 1-1 所示，便可以启动 AutoCAD 2016 软件。

图 1-1 使用"开始"菜单方式启动 AutoCAD 2016 软件

（2）通过双击桌面快捷方式图标启动

采用此方法，需要首先在 Windows 桌面视窗上设置"AutoCAD 2016"快捷方式。然后，在 Windows 桌面视窗上找到 AutoCAD 2016 快捷方式图标▲，双击该图标即可启动 AutoCAD 2016 软件。

（3）通过与 AutoCAD 相关联格式文件来启动

可以直接打开 AutoCAD 相关联格式的文件（*.dwg、*.dwt、*.dxf 等），自动启动 AutoCAD。

1.2.2　退出 AutoCAD 2016

用户在 AutoCAD 2016 软件操作界面下，可以采用以下几种方式之一退出 AutoCAD 2016。

（1）单击"应用程序"▲按钮，打开应用程序菜单，单击其中的"退出 AutoCAD 2016"按钮 退出 Autodesk AutoCAD 2016 。

（2）单击 AutoCAD 2016 主窗口右上角标题栏中的"关闭"按钮 关闭 。

（3）在命令窗口的命令行中输入"QUIT"或"EXIT"，如图 1-2 所示，然后按 <Enter> 回车键。

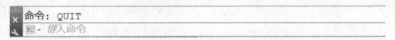

图 1-2　使用命令退出 AutoCAD 2016 软件

（4）按快捷键 <Ctrl + Q>。

（5）按快捷键 <Alt +F4>。

1.3 熟悉 AutoCAD 2016 工作界面

启动 AutoCAD 2016 后，可以根据设计需要或个人喜好选择相应的工作空间。所谓的工作空间是工作界面设置的集合，由分组组织的菜单、工具栏、选项板和功能区控制面板组成。它使用户可以在专门的、面向任务的绘制环境中工作。使用工作空间时，只会显示与任务相关的菜单、工具栏和选项板。系统提供的工作空间主要有"从草图与注释""三维基础"和"三维建模"，用户可以在"快速访问"工具栏的"工作空间"下拉列表框中切换工作空间，如图 1-3a）所示。也可以在状态栏中单击"切换工作空间"按钮 ⚙ ▾ ，从弹出的工作列表中选择要使用的工作空间，如图 1-3b）所示，注意工作空间列表中带有选中标记的工作空间是用户当前工作空间。另外，当 AutoCAD 用户工作界面显示有菜单栏时，用户还可以在菜单栏的"工具"→"工作空间"级联菜单中切换工作空间。

a）"快速访问"工具栏中的"工作空间"　　　　b）在状态栏中进行工作空间切换

图 1-3　切换工作空间

下面以"草图与注释"工作空间为例进行讲解。"草图与注释"工作空间的工作界面如图 1-4 所示,主要由标题栏、功能区、绘图窗口、命令窗口、状态栏和相关的工具栏等组成。通常将绘图窗口上方的区域统一称为功能区。

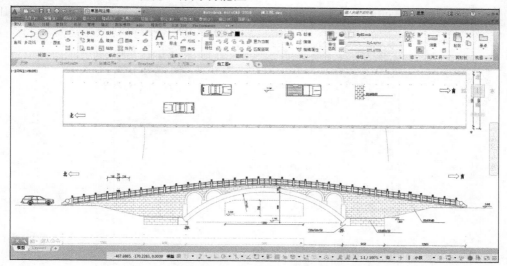

图 1-4 AutoCAD 2016 的"草图与注释"工作空间界面

1.3.1 标题栏

标题栏位于 AutoCAD 2016 窗口的最上方。标题栏显示了当前软件名称,以及当前新建的或打开的文件的名称等。标题栏的最右侧提供了用于"最小化"按钮 ▬ 、"最大化"按钮 ▢ / "恢复窗口大小"按钮 ⯀ 和"关闭"按钮 ✕ 。

1.3.2 菜单栏

在 AutoCAD 2016 中,只提供"草图与注释""三维基础"和"三维建模"3 个工作空间,初始默认时它们的界面均隐藏了传统菜单栏。要显示菜单栏,用户可以在"快速访问"工具栏中单击"自定义快速访问工具栏"按钮 ▾ ,接着从弹出的菜单中选择"显示菜单栏"命令,如图 1-5 所示。显示出来的菜单栏包含"文件""编辑""视图""插入""格式""工具""绘图""标注""修改""参数""窗口"和"帮助"选项卡,如图 1-6 所示。每个菜单均包含一级或多级子菜单。如果某个命令呈暗灰色显示,则表示该命令处于暂时不可用的状态;如果某

图 1-5 利用"快速访问"工具栏设置显示菜单栏

个命令后面带有"…"符号,则表示执行该命令时系统将弹出一个对话框;如果某个命令后面带有" ▶ "符号,则表示选择该命令将会展开其子菜单。

图 1-6 菜单栏

此外,单击"应用程序"按钮▲,打开如图1-7所示的应用程序菜单,利用应用程序菜单可以执行这些操作:新建图形、打开现有图形、保存图形、打印图形、发布图形以共享资源、使用图形实用工具以及退出 AutoCAD 2016 等。在应用程序菜单中,还会显示、排序和访问最近打开过的受支持的 AutoCAD 文件,用户可以使用"最近使用的文档"列表查看最近打开过的文件。

图 1-7　打开应用程序菜单

1.3.3　功能区

功能区实际上是显示基于任务的命令和控件的选项板,它按逻辑分组来组织工具。与当前工作空间相关的操作都可以简洁地置于功能区中。功能区由许多面板组成,每个面板上都包含相同类别的若干启动命令的快捷方式按钮,而这些面板被组织到依任务进行标记的选项卡中,如图1-8所示。以功能区的"视图"选项卡为例,该选项卡包含"视口工具"面板、"模型视口"面板、"选项板"面板和"界面"面板。使用功能区无需显示多个工具栏,它通过单一紧凑的界面使应用程序变得简洁有序,同时将可使用的工作区域最大化。功能区包含许多以前在面板上提供的相同命令。将鼠标或其他定点设备移到工具栏按钮上悬停片刻后,工具提示将显示按钮的名称及简要说明。

图 1-8　功能区

在功能区中,有些面板的标题中还附带有箭头"▼",表示此类面板附有滑出式面板,如果单击此类面板标题中间的箭头"▼",那么面板将展开以显示其他工具和控件,如图1-9所示。默认情况下,当单击其他面板时,滑出式面板将自动关闭。要使滑出式面板保持展开状态,则单击滑出式面板左下角的"图钉"按钮。

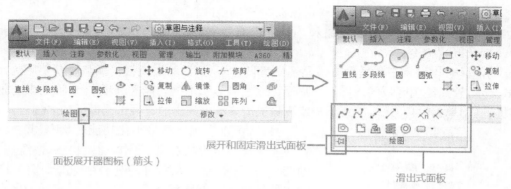

图 1-9　使用滑出式面板

一些功能区面板提供了对与该面板相关的对话框的访问。要显示相关的对话框,那么可单击该面板右下角处由箭头按钮 ⌄ 表示的对话框启动器,如图 1-10 所示。

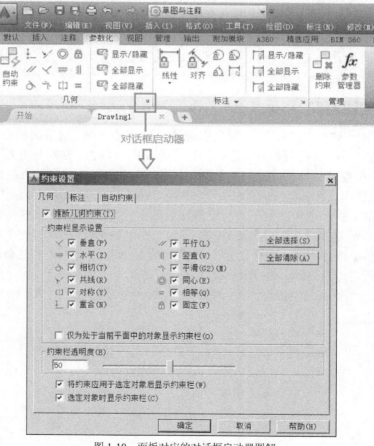

图 1-10　面板对应的对话框启动器图解

用户使用"草图与注释"工作空间、"三维基础"工作空间或"三维建模"工作空间创建或打开图形时,功能区将自动显示。如果没有显示功能区,那么用户可以通过执行以下任意一个方式的操作来手动打开功能区。

（1）在菜单栏中选择"工具"→"选项板"→"功能区"命令。

（2）在命令行的命令提示下输入"ribbon"命令；如果要关闭功能区，则在命令提示下输入"ribbonclose"命令。

功能区可以以水平或垂直方式显示，也可以显示为浮动选项板。默认时功能区为水平方式显示，置入绘图区域的顶部。用户还可以控制显示那些功能区选项卡和面板，其方法是在功能区上单击鼠标右键，接着单击或清除快捷菜单上列出的选项卡或面板的名称。

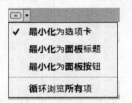

图 1-11　面板最小功能区状态设置

另外，可以设置一种最小化功能区状态，其方法是在功能区选项卡行的右侧，单击"切换状态"按钮 旁的箭头按钮 ，接着从打开的列表中选择如图 1-11 所示 4 种最小化功能区状态选项之一。而在功能区选项卡行的右侧单击"切换状态"按钮，则可以在完整、默认和最小化功能区状态之间切换。

（1）"最小化为选项卡"：最小化功能区以便仅显示选项卡标题。

（2）"最小化为面板标题"：最小化功能区以便仅显示选项卡和面板标题。

（3）"最小化为面板按钮"：最小化功能区以便仅显示选项卡标题和面板按钮。

（4）"循环浏览所有项"：按完整功能区、最小化为面板按钮、最小化为面板标题、最小化为选项卡的顺序切换所有 4 种功能区状态。

1.3.4　绘图窗口

绘图窗口又常被称为"绘图区域"，它是制图的焦点区域，制图的核心操作和图形显示都在该区域中。在绘图窗口中，有 4 个工具需要用户注意，分别是光标、坐标系图标、ViewCube 工具和视口控件，如图 1-12 所示。其中，视口控件显示在每个视口的左上角，提供更改视图、视觉样式和其他设置的快捷方式，视口控件的 3 个标签将显示当前视口的相关设置。注意当前文件选项卡决定了当前绘图窗口显示的内容。对于 UCS 图标，用户可以定制是否在原点显示 UCS 图标，其方法是在图形窗口中右击 UCS 图标的一个坐标轴，接着从弹出的快捷菜单中选择"UCS 图标设置"→"在原点显示 UCS 图标"复选命令，该复选命令的状态决定是否在原点显示 UCS 图标。

图 1-12　绘图区域中的四个工具

1.3.5 命令窗口

AutoCAD 2016 提供了一个可调整大小的窗口来显示命令、系统变量、选项、信息和提示，该窗口被称为命令窗口（也称为命令行窗口）。命令窗口可以是固定的，也可以是不固定的（即浮动的），如图 1-13 所示。固定命令窗口与应用程序窗口等宽，它显示在图形区域上方或下方的固定位置上。在命令窗口 ▨ 处单击可以使命令窗口浮动，此后可以通过将命令窗口拖动到绘图区域底部边缘来将其固定。如果没有特别说明，本书涉及的命令窗口为浮动命令窗口。仅有一行的浮动命令窗口在命令正在运行时显示一个临时提示历史记录。

图 1-13　命令窗口示例

对于浮动命令窗口，用户可以设置要显示的临时提示历史记录的行数，其方法是在浮动命令窗口提示区域的左侧，单击"自定义"按钮🔧，如图 1-14 所示，接着选择"提示历史记录行"命令，然后在命令提示下输入要显示的行数，例如输入要显示的行数为 3。

```
命令: CLIPROMPTLINES
输入 CLIPROMPTLINES 的新值 <3>: *取消*
```

输入设置　▶
提示历史记录行
输入搜索选项...
透明度...
选项...

图 1-14　设置提示历史记录行的行数

用户还可以设置浮动命令窗口透明度，其方法是在浮动命令窗口提示区域的左侧单击"自定义"按钮，接着选择"透明度"命令，弹出如图 1-15 所示的"透明度"对话框，从中拖动滑块可更改命令窗口（命令行）的透明度，以及设置鼠标悬停于上方时命令行的透明度，然后单击"确定"按钮。

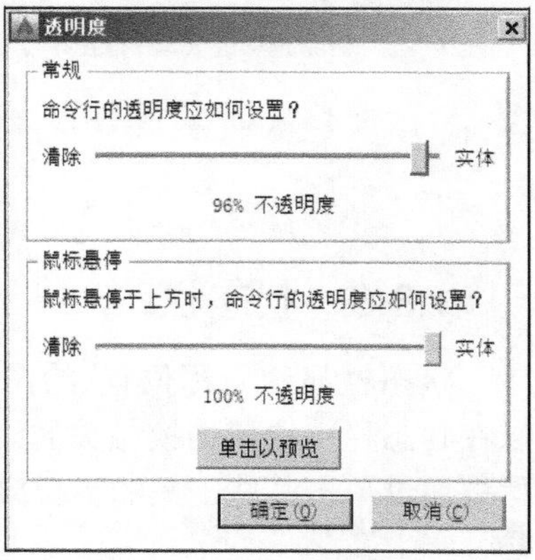

在命令窗口中单击"最近使用的命令"按钮 ▸_，可以查看最近使用的命令。单击"关闭"按钮✖，将会关闭命令行窗口。如果要再次显示命令行窗口，则按 <Ctrl+9>快捷键。

在命令窗口的命令行中输入命令、系统变量和指定命令选项是较为经典的操作。在这里，首先了解一下命令窗口的一些基本操作，其他的操作技巧则由读者在后面的学习当中慢慢体会和掌握。

（1）要使用键盘输入命令，可在命令行中输入完整的命令名称或命令缩写，然后按 <Enter> 键或空格键。

图 1-15　"透明度"对话框

（2）要查找一个命令，在命令行中输入一个字母并按 <Tab> 键，可以遍历以该字母开头的所有命令，然后按 <Enter> 键或空格键执行命令。

（3）在命令行上单击"最近使用的命令"按钮 ▸_▾，接着从其列表中选择要启动的最近使用过的命令。

（4）在命令行输入命令后，有时会看到显示在命令行中的一系列提示，包括显示一组选项。当显示一组选项时，可以使用键盘输入括号内的一个选项中的字母标示（亮显的字母）来选择该选项，输入的字母不分大小写，也可以使用鼠标在命令行中单击要响应的提示选项。有时，默认选项（包括当前值）显示在尖括号中的选项后面，在这种情况下，直接按 <Enter> 键可保留（接受）当前默认设置值。

（5）要取消命令，可按 <Esc> 键。

如果命令窗口是固定闭合的，按 <F2> 功能键将弹出名为"AutoCAD 文本窗口"的窗口，如图 1-16 所示。使用该文本窗口可以很方便地查看和编辑命令历史记录文本，也可以进行相关命令和选项的输入等操作；如果再次按 <F2> 功能键，则系统自动关闭该窗口。另外，如果命令窗口是浮动的，有打开窗口时则按 <Ctrl+F2> 快捷键。对于浮动命令窗口，如果只是按 <F2> 功能键，则只是打开一个列表显示扩展命令历史记录，这等同于在浮动命令窗口的命令行中单击右侧的"箭头"按钮 ▲ 。

```
AutoCAD 文本窗口 - Drawing1.dwg                           _ □ ×
编辑(E)
命令: MULTIPLE

输入要重复的命令名: id
指定点:   X = 1372.3978      Y = 1049.2211      Z = 0.0000

ID
指定点:   X = 1625.4166      Y = 1199.2567      Z = 0.0000

ID
指定点:   X = 1964.8321      Y = 1154.0405      Z = 0.0000

ID
指定点:   X = 2032.7152      Y = 1012.2261      Z = 0.0000

ID
指定点:   X = 2018.3157      Y = 847.8036       Z = 0.0000

ID
指定点:   X = 1806.4382      Y = 732.7078       Z = 0.0000

ID
指定点:   X = 1479.3651      Y = 777.9240       Z = 0.0000

ID
指定点:
命令:
```

图 1-16 "AutoCAD 文本窗口"文本框

1.3.6 状态栏

状态栏显示光标位置、绘图工具以及会影响绘图环境的工具，如图 1-17 所示。用户可以在状态栏中快速切换相关的设置，例如夹点、捕捉、极轴追踪和对象捕捉等，也可以在状态栏中通过单击某些工具的下拉菜单来访问它们的其他设置。

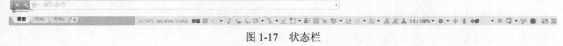

图 1-17 状态栏

在默认情况下，状态栏不会显示所有工具。用户可以单击状态栏上最右侧的"自定义"按钮 ≡ ，如图 1-18 所示，接着从"自定义"菜单中选择要在状态栏中显示的工具。状态栏上显示的工具可能会发生变化，这具体取决于当前的工作空间以及当前显示的是"模型"选项卡还是"布局"选项卡。

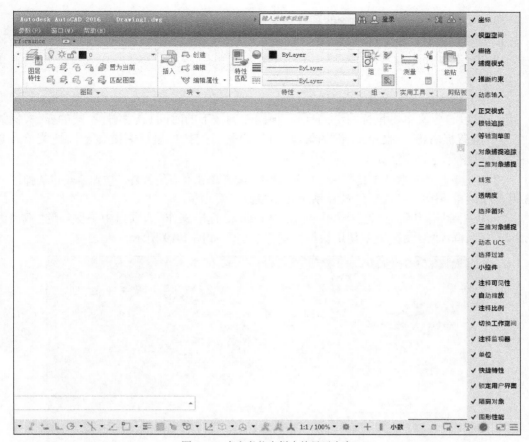

图 1-18　自定义状态栏中的显示内容

1.3.7　快捷菜单

快捷菜单是指显示快速获取当前动作有关命令的菜单。在屏幕的不同区域内单击鼠标右键时,可以显示不同的快捷菜单。

（1）包含或不包含任何选定对象的绘图区域内。

（2）执行某命令过程中的绘图区域内。

（3）在文字和命令窗口中。

（4）在绘图区域内和设计中心的图标上。

（5）绘图区域内和"在位文字编辑器"中的文字上。

（6）工具栏或工具选项板上。

（7）模型或布局选项卡上。

（8）状态栏或状态栏按钮上。

（9）特定对话框中。

快捷菜单上通常包含以下菜单选项。

（1）重复执行输入的上一个命令。

（2）取消当前命令。

（3）显示用户最近输入的命令的列表。

（4）剪切、复制以及从剪贴板粘贴。

（5）选择其他命令选项。

（6）显示对话框，例如"选项"或"自定义"。

（7）放弃输入的上一个命令。

用户可以自定义单击鼠标右键的行为，根据右键按下的时间长短执行不同的操作，例如使快速单击鼠标右键与 <Enter> 键的效果一样，或长时间按住鼠标右键显示快捷菜单。自定义右键单击行为的方法如下。

（1）在菜单栏中选择"工具"→"选项"命令，或者单击"应用程序"按钮▲，并从弹出的"应用程序菜单"中单击"选项"按钮，系统弹出"选项"对话框。

（2）切换到"用户系统配置"选项卡，在"Windows 标准操作"选项组中确保勾选"双击进行编辑"复选框和"绘图区域中使用快捷菜单"复选框，如图 1-19 所示。

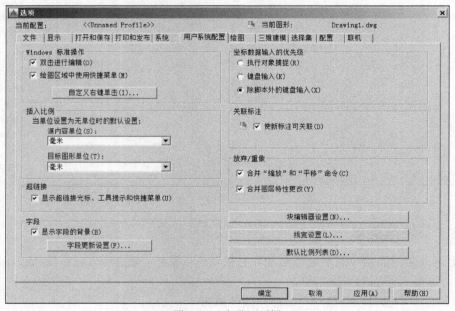

图 1-19 "选项"对话框

（3）在"Windows 标准操作"选项组中单击"自定义右键单击"按钮，系统弹出"自定义右键单击"对话框。

（4）在"自定义右键单击"对话框中勾选"打开计时右键单击"复选框，接着设置"慢速单击期限"文本框，如图 1-20 所示。

（5）根据实际情况或需要来设置默认模式、编辑模式和命令模式后，单击"应用并关闭"按钮，然后在"选项"对话框中单击"确定"按钮。

1.3.8　工具选项板

工具选项板是"工具选项板"窗口中的选项卡形式区域，它提供了一种用来组织、共享和放置块、图案填充及其他工具的有效方法。工具选项板还可以包含由第三方开发人员提供的自定义工具。如果当前工作界面没有显示工具选项板,那么可以在功能区"视图"选项卡的"选项板"面板中单击"工具选项板"按钮 ，或者通过菜单栏选择"工具"→"选项板"→"工具选项板"命令,从而打开如图 1-21 所示的工具选项板。使用工具选项板可以在某些设计场合下大大提高设计效率。

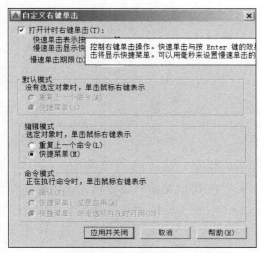

图 1-20 "自定义右键单击"对话框

图 1-21 工具选项板

1.4 绘图方法的简单介绍

(1)用 AutoCAD 2016 绘图时,一般有如下几种命令输入方法。

①通过点击主菜单中的下拉菜单选项输入命令。

②通过点击命令图标按钮输入命令。

③通过命令行直接输入命令。

(2)通过命令行直接输入命令是其中的最常用的方法,我们可以通过命令行直接输入命令,回车,再按照命令提示进行操作,这是一种简单易行的方法。一般来说,常用命令可以用缩略形式代替,从而使作图更为方便,如直线 Line 可以直接输入"L";移动命令 Move 可以用缩略字母"M"代替等。记住这些常用的缩略命令,可以使绘图操作变得事半功倍。

(3)我们在绘图中经常遇到需要连续使用一个命令的情况。此时可以在上一个命令结束后,直接回车或在右键中选择重复上次命令选项,软件就会重复执行上次命令。这种方法往往会使作图更加快捷。

(4)绘图时,经常要输入一些点,如线段的端点、圆的圆心、两条线的交点等。我们在用 AutoCAD 2016 绘图时,一般可以采用以下 5 种方式来设定点的位置。

①用鼠标直接在屏幕上取点。

②通过键盘输入点的坐标。

③在指定方向上通过给定距离确定点。

④用目标捕捉方式输入一些特殊点(如圆的圆心、切点等)。

⑤通过跟踪得到一些点。

1.5 AutoCAD 2016 的坐标系统

在绘制图形时，AutoCAD 2016 是通过坐标系统来确定一个图元在空间中的位置，坐标系统主要分为绝对直角坐标系、绝对极坐标系、相对直角坐标系和相对极坐标系 4 种，如图 1-22 所示。

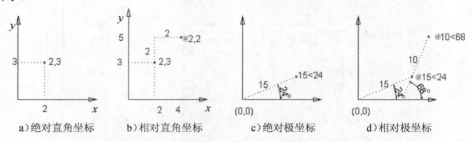

图 1-22　坐标的 4 种表达法

当用户以绝对坐标的形式输入一个点时，可以采用直角坐标和极坐标两种方式。

（1）绝对直角坐标即输入点的 x 值和 y 值，坐标间用逗号隔开。例如要输入一点，其 x 坐标是 2，y 坐标是 3，z 坐标是 4，则可以在输入点提示符后输入："2，3，4"。若略去 z 值，则 z 值取为当前高度值，在输入点提示符后输入："2，3"。

（2）相对直角坐标是指相对前一点的直角坐标值，其表达方式是在绝对坐标表达式前加上一个 @ 号。例如："@2，2"，就是在原来点的 x 方向上增加 2 个单位，在 y 方向上增加 2 个单位上的点。

（3）绝对极坐标是输入该点距坐标系原点的距离以及这点与坐标原点的连线与 x 轴正方向的夹角，中间用"<"号隔开。例如某点距离 UCS 原点 15 个绘图单位，相对于 UCS 的 xy 平面中 x 轴的角度为 24°，则输入为："15<24"。

（4）相对极坐标是指相对于前一点的极坐标值，表达方式也为在极坐标表达式前加一个 @ 号。例如某点距离上一点的 10 个绘图单位，相对于 UCS 的 xy 平面中 x 轴的角度为 68°，则输入为："@10<68"。

这里需要注意的是，在极坐标系统中，默认的角度正方向为沿 UCS 的 xy 平面中 x 轴正方向逆时针旋转为正。不管在绝对极坐标还是相对极坐标中，角度值都是相应连线相对 x 轴正方向所成的角度（绝对极坐标中是与坐标原点连线，而相对极坐标中是与前一点的连线）。

正确理解各种坐标系统中输入的规定，是准确作图必不可少的条件，希望读者能够重视这一点。

1.6 一些绘图的基本常识

1.6.1 对象的捕捉

（1）对象的捕捉功能可以帮助用户捕捉到所需的已有特征点，实现精确绘图。

（2）在状态栏中右键单击"对象捕捉"来进行捕捉设置。

（3）直接输入 Osnap 命令，在弹出的【草图设置】的【对象捕捉】选项卡中可进行捕捉设置。

（4）可选择【工具】|【选项】选项，在弹出的对话框的【草图】选项卡中设置相关参数。

（5）F3 为对象捕捉开关。

1.6.2 命令的撤销

当进行完一次操作后，如发现操作失误，可以在命令行中输入"U"，回车。或单击快速访问工具栏中的 ↩ 按钮，或者利用热键【Ctrl+Z】来撤销操作。

按 ESC 键可退出当前命令状态。

1.6.3 对象的编辑

编辑对象有以下两种方式。

（1）先输入命令，再选择对象进行操作，大多数情况采用此种方式。

（2）先选择实体，再选择编辑命令，这种方式是夹点编辑。但这种方式不是对所有命令都适用。

1.6.4 功能键及组合键的使用

AutoCAD 2016 提供了以下功能键来方便地调用一些常用功能。

F1——调出帮助；F2——调出文本输入窗口；F3——对象捕捉开关；F4——数字化仪开关；F5——在设置等轴测捕捉时，在等轴测平面上切换；F6——坐标开关；F7——栅格开关；F8——正交开关；F9——栅格捕捉开关；F10——极轴捕捉开关；F11——对象追踪开关；F12——动态输入开关；Ctrl+0——全屏显示开关；Ctrl+1——特性 Properties 开关；Ctrl+3——工具选项板窗口开关；Ctrl+4——图样集管理器开关；Ctrl+5——信息选项板开关；Ctrl+6——数据库连接开关；Ctrl+7——标记集管理器开关；Ctrl+8——Quickcalc 快速计算器开关；Ctrl+9——命令行开关；Ctrl+N——新建文件；Ctrl+O——打开文件；Ctrl+P——打印输出；Ctrl+Q——退出 AutoCAD；Ctrl+S——保存文件；Ctrl+Y——取消上一次的 Undo 操作；Ctrl+Z——取消上一次的命令操作；Ctrl+Shift+C——带基点复制；Ctrl+Shift+S——另存为，等等。

1.7 设置图形单位与界限

1.7.1 图形单位设置

用户可以根据设计需要改变默认的图形单位设置。图形单位设置的常用方法如下。

（1）设置显示菜单栏，从菜单栏的"格式"菜单中选择"单位"命令，打开如图 1-23 所示的"图形单位"对话框。

（2）在"长度"选项组中设置长度类型的精度，长度的类型包括小数、分数、工程、建筑和科学。

（3）在"角度"选项组中设置角度类型和精度。默认的正角度为逆时针方向，可以根据需要设置以顺时针方向计算正角度值。角度的类型选项包括"百分度""度 / 分 / 秒""弧度""勘测单位"和"十进制度数"。

（4）在"插入时的缩放单位"选项组中设置用于缩放插入内容的单位。如果块或图形创建时使用的单位与该选项指定的单位不同，则在插入这些图块或图形时，系统对其按比例缩放。插入比例是源图块或图形所使用的单位与目标图形使用的单位之比。如果希望插入块时不按指定单位缩放,那么选择"无单位"选项,但是要注意当源块或目标图形中的"插入比例"设置为"无单位"时,将使用"选项"对话框"用户系统配置"选项卡中的"源内容单位"和"目标图形单位"设置。

(5)在"输出样例"选项组中显示用当前单位和角度设置的例子。在"光源"选项组中设置用于指定光源强度的单位,可供选择的选项有"国际""美国"和"常规"。

(6)在"图形单位"对话框中单击"方向"按钮,则打开如图 1-24 所示的"方向控制"对话框。利用该对话框设置基准角度,然后在该对话框中单击"确定"按钮。

(7)在"图形单位"对话框中单击"确定"按钮,保存设置并关闭对话框。

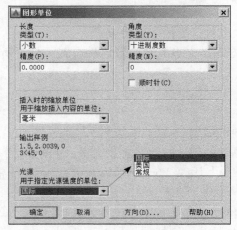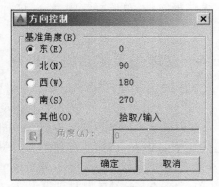

图 1-23 "图形单位"对话框   图 1-24 "方向控制"对话框

1.7.2 图形界限设置

可以在当前"模型"或布局选项卡上,设置并控制栅格显示的界限。

要设置图形界限,则在菜单栏"格式"菜单中选择"图形界限"命令,此时命令窗口出现的提示信息如图 1-25 所示。在该提示下指定点,输入"ON"或"OFF",或者按 <ENTER> 键。

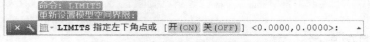

图 1-25 命令窗口出现的设置界限信息

(1)"左下角点":指定栅格界限的左下角点,接着根据提示指定右上角点。

(2)"开(ON)":该选项用于打开界限检查。当界限检查打开时,将无法输入栅格界限外的点。因为界限检查只测试输入点,所以对象(例如圆形)的某些部分可能会延伸出栅格界限。

(3)"关(OFF)":该选项用于关闭界限检查,但是保持当前的值用于下一次打开界限检查。

1.8 绘图辅助工具

AutoCAD 2016 提供了一些实用的绘图辅助工具,包括"栅格显示""捕捉模式""推断约束""动态输入""正交模式""极轴追踪""等轴测草图""对象捕捉追踪""对象捕捉""显示 / 隐藏线宽""选择循环""三维对象捕捉""动态 UCS""显示注释对象""切换工作空间""注释监视器""快捷特性""硬件加速""全屏显示"和"自定义"等工具,如图1-26 所示。下面介绍其中常用的集中绘图辅助工具。

图 1-26　位于状态栏中的绘图辅助工具

1.8.1　捕捉与栅格

在某些设计场合,启用捕捉模式有助于根据设计的捕捉参数进行点的选择,而控制栅格的显示有助于形象化显示距离。如图 1-27 所示的是在启动捕捉模式和栅格显示模式下绘制的图形。但是启动捕捉模式和栅格显示模型也有制图不方便的时候,即移动鼠标受到一定的约束,光标移动不顺畅。

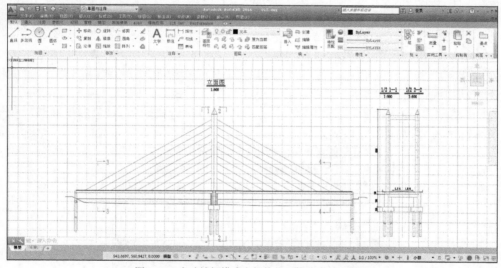

图 1-27　启动捕捉模式和栅格显示模式来辅助制图

在状态栏中单击"捕捉模式"按钮▦,可以启用或关闭捕捉模式,按 <F9> 键也可以启用或关闭捕捉模式。

在状态栏中单击"栅格显示"按钮▦,可以启用或关闭栅格模式,按 <F7> 键也可以启用或关闭图形栅格模式。

用户可以设置捕捉参数和栅格参数,其方法是在菜单栏中选择"工具"→"绘图设置"命令,打开"草图设置"对话框,切换到"捕捉和栅格"选项卡,如图 1-28 所示,从中设置相关的参数和选项即可。用户也可以通过在状态栏中右击"捕捉模式"按钮▦或"栅格显示"按钮▦,接着从快捷菜单中选择相应的"设置"命令来打开"草图设置"对话框。

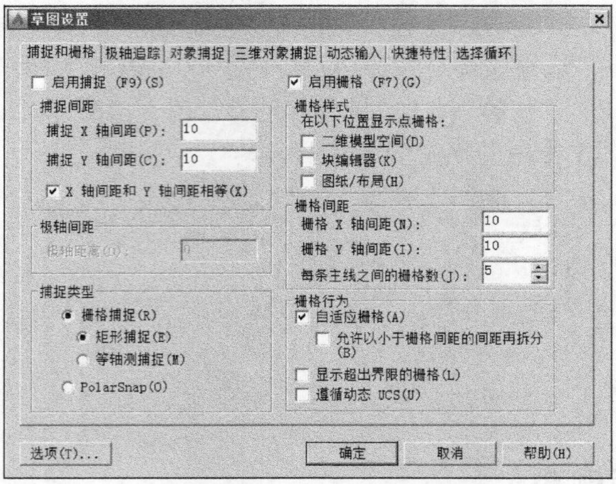

图 1-28　设置捕捉和栅格参数

1.8.2　正交

在状态栏中单击"正交模式"按钮 ⌐ 可以启用或关闭正交模式。按 <F8> 键同样可以快速启用或关闭正交模式。在绘制一些具有正交关系的图形时,启用正交模式是很有实际帮助意义的。

1.8.3　极轴追踪

在状态栏中单击"极轴追踪"按钮 ⟳ 可以启用或关闭极轴追踪模式,按 <F10> 键同样可以快速启动或关闭极轴追踪模式,极轴追踪模式与正交模式不能同时启用。

在"草图设置"对话框的"极轴追踪"选项卡中,可以进行极轴角、对象捕捉追踪和极轴角测量等方面的设置,如图 1-29 所示。

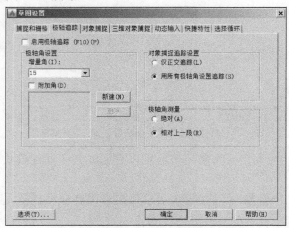

图 1-29　极轴追踪设置

1.8.4　对象捕捉、三维对象捕捉与对象捕捉追踪

在状态栏中单击"对象捕捉"按钮 ⊡ 可以启用或关闭对象捕捉模式,按 <F3> 键同样可以

快速启动或关闭对象捕捉模式,使用对象捕捉模式,可以在对象上的精确位置指定捕捉点。

"草图设置"对话框的"对象捕捉"选项卡用于控制对象捕捉设置,如图 1-30 所示。此外,单击"对象捕捉"按钮 旁的三角按钮 ,从弹出的(图 1-31)快捷菜单中可以快速启用对象捕捉的各种子模式(如"端点""中点""圆心"等)。

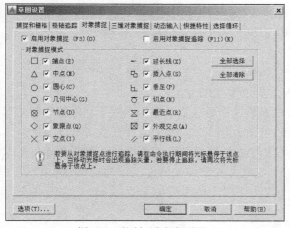

图 1-30　控制对象捕捉设置　　　　　　　图 1-31　单击"对象捕捉"三角按钮

在状态栏中单击"三维对象捕捉"按钮 ,或者按 <F4> 键,可设置是否启用三维对象的捕捉模式。在"草图设置"对话框的"三维对象捕捉"选项卡用于控制三维对象的执行对象捕捉设置,如图 1-32 所示。

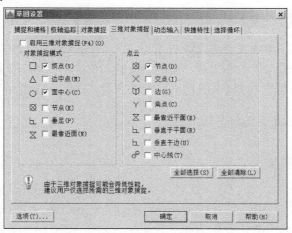

图 1-32　三维对象捕捉设置

在状态栏中单击"对象捕捉追踪"按钮 ,或者按 <F11> 键,可启用或关闭对象捕捉追踪模式。对象捕捉追踪模式通常和对象捕捉模式一起使用。

1.8.5　允许或禁止动态 UCS

使用动态 UCS 功能,可以在创建对象时使 UCS 的 XY 平面自动与实体上的平整面、平面网格元素或平面点云线段临时对齐。执行绘图命令时,可以通过在面的一条边上移动指针对齐 UCS,而无须使用 UCS 命令,结束该命令后,UCS 将恢复到其上一个位置和方向。

动态 UCS 对齐不会检测平整面对象或二维几何图形。

动态 UCS 的 X 轴沿面的一条边定位,且 X 轴的正向始终指向屏幕的右半部分。动态 UCS 仅能检测到实体的前向面。如果打开了栅格模式和捕捉模式,它们将与动态 UCS 临时对齐,栅格显示的界限自动设置。在面的上方移动指针时,通过按 <F6> 键可以临时关闭动态 UCS。

在状态栏中单击"允许 / 禁止动态 UCS"按钮 ⊾(简称"动态 UCS"按钮),可以启用或关闭动态 UCS 模式。按 <F6> 键同样可以启用或关闭动态 UCS 模式。

1.8.6 动态输入

动态输入在绘图区域中的光标附近提供命令界面。

动态工具提示提供另外一种方法来输入命令。当动态输入处于启用状态时,工具提示将在光标附近动态显示更新信息。当命令正在运行时,可以在工具提示文本框中指定选项和值。

完成命令或使用夹点所需的动作与命令提示中的动作类似。如果"自动完成"和"自动更正"功能处于启用状态,程序会自动完成命令并提供更正拼写建议,就像它在命令行中所做的一样。区别是用户的注意力可以保持在光标附近。

1.8.7 动态输入和命令窗口

动态输入不会取代命令窗口。用户可以隐藏命令窗口以增加更多绘图区域,但在有些操作中还是需要显示命令窗口的。按 F2 键可根据需要隐藏和显示命令提示和错误消息。另外,也可以浮动命令窗口,并使用"自动隐藏"功能来展开或卷起该窗口。

1.8.8 控制动态输入设置

单击状态栏上的动态输入按钮 ⊞ 以打开和关闭动态输入。动态输入有三个组件:光标(指针)输入、标注输入和动态提示。在"动态输入"按钮上单击鼠标右键,然后单击"设置",以控制启用"动态输入"时每个组件所显示的内容,如图 1-33 所示。

注 按下 F12 键可以临时关闭动态输入。

1.8.9 指针输入

如果指针(光标)输入处于启用状态且命令正在运行,十字光标的坐标位置将显示在光标附近的工具提示输入框中。可以在工具提示中输入坐标,而不用在命令行上输入值。

第二个点和后续点的默认设置为相对极坐标(对于 RECTANG 命令,为相对笛卡尔坐标)。不需要输入 @ 符号。如果需要使用绝对坐标,请使用 # 符号前缀。例如,要将对象移到原点,请在提示输入第二个点时,输入 #0,0,如图 1-34 所示。

用户可以控制坐标的默认格式,以及动态输入工具提示的显示时间。

1.8.10 标注输入

在启用标注输入时,若命令提示输入第二点,工具提示将显示距离和角度值。在工具提示中的值将随光标移动而改变。按 <Tab> 键后,该字段将显示一个锁定图标,并且光标会受用户输入值约束,随后可以再切换到第二个输入字段中输入下一个值。

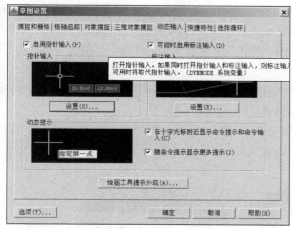

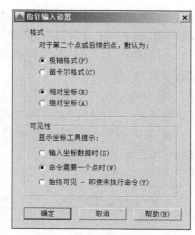

图 1-33 "草图设置"对话框的"动态输入"选项卡　　　　图 1-34 "指针输入设置"对话框

标注输入可用于"ARC""CIRCLE""ELLIPSE""LINE"和"PLINE"。创建新对象时指定的角度需要根据光标位置来决定角度的正方向。

在"动态输入"选项卡的"标注输入"选项组中，单击"设置"按钮，打开如图 1-35 所示的"标注输入的设置"对话框。利用该对话框可以设置夹点拉伸时标注输入的可见性等。

1.8.11 动态提示

启用动态提示时，提示会显示在光标附近的工具提示中。用户可以在工具提示（而不是在命令行）中输入响应。按键盘中的下箭头键 < ↓ > 可以查看和选择选项。按键盘中的上箭头键 < ↑ > 可以显示最近的输入。

注 要在动态提示工具提示中使用粘贴文字，请键入字母，然后在粘贴输入之前用退格键将其删除。否则，输入将作为文字粘贴到图形中。

在"动态输入"选项卡的"动态提示"选项组中单击"绘图工具提示外观"按钮，则弹出如图 1-36 所示的"工具提示外观"对话框，从中进行颜色、大小、透明度和应用场合方面的设置。

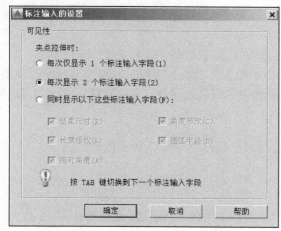

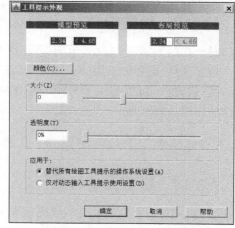

图 1-35 "标注输入的设置"对话框　　　　图 1-36 "工具提示外观"对话框

下面介绍一个启用"动态输入"模式进行制图的简单例子，以让读者对"动态输入"有个较为清晰的认识。该范例的具体操作步骤如下。

（1）启用动态输入模式后，在功能区的"默认"选项卡中单击"绘图"面板中的"圆心，半径"按钮。

（2）输入圆心的 X 坐标为"0"（如图 1-37 所示），按 <Tab> 键，切换到下一个字段输入框，在该框中输入 Y 坐标为"0"（如图 1-38 所示），按 <Enter> 键。

（3）在工具提示栏中输入圆半径为"30"，如图 1-39 所示，然后按 <Enter> 键，完成该圆的创建。

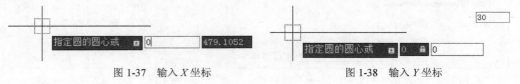

图 1-37　输入 X 坐标　　　　　　　　　　图 1-38　输入 Y 坐标

1.8.12　显示 / 隐藏线宽

在状态栏中单击"线宽"按钮 ▤ 可以显示或隐藏线宽。要设置线宽的相关参数和选项，则右击"线宽"按钮 ▤，从弹出的快捷菜单中选择"线宽设置"命令，弹出如图 1-40 所示的"线宽设置"对话框，然后利用该对话框设置当前线宽、线宽单位，控制线宽的显示和显示比例，以及设置图层的默认线宽值。

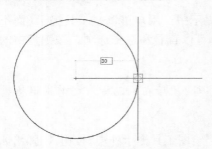

图 1-39　在工具栏提示中输入圆半径　　　　图 1-40　"线宽设置"对话框

1.8.13　快捷特性

对于由"特性"选项板显示的特性，"快捷特性"选项板可显示其可自定义的子集。

自定义快捷特性时，用户可以控制在"快捷特性"选项板上哪些对象类型显示特性以及显示哪些特性。可以启用和禁用的特性特定于选择的对象或通用于所有对象。常规对象特性包括图层、线型、颜色、线宽等。

注 可以将显示在"快捷特性"选项板上的特性与用于鼠标悬停工具提示的特性同步。

1.8.14　设置快捷特性

如图 1-41 所示，在"自定义"选项卡上的"< 工具 >"中的"自定义"设置窗格中，选择"界面"，在如图 1-42 所示的"界面"中选择"快捷特性"分栏。

在"对象"窗格中，单击"编辑对象类型列表"，如图 1-43 所示。

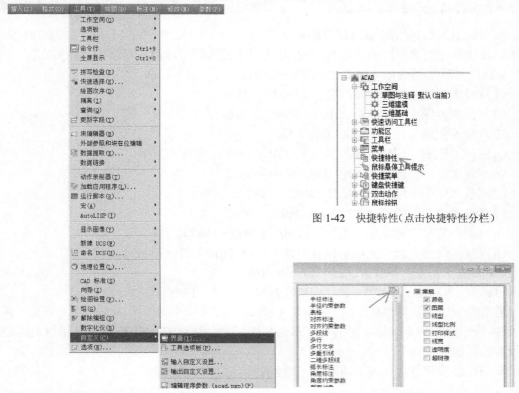

图 1-42　快捷特性（点击快捷特性分栏）

图 1-41　设置快捷特性步骤（点击界面分栏）　　　　图 1-43　设置显示的参数

在"编辑对象类型列表"对话框中，单击要在"快捷特性"选项板中为其显示特性的对象类型。

在选中了一个对象类型后，若选中了相同类型的对象、处于打开状态，将在"快捷特性"选项板上显示该对象类型的特性。清除对象类型旁边的复选标记以从"快捷特性"选项板中删除选定的对象类型。单击"确定"，如图 1-44 所示。

如图 1-45 所示为绘制完圆形后，选择圆形，则图形右上方出现该图形的快捷特性列表，用户可以改变图形的特性，如本例中的半径、直径、周长等特性均可改变。用户也可双击该列表右上角处的"快捷特性按钮"进行快捷特性的设置。

图 1-44　选择要显示快捷特性的对象

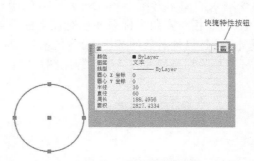

图 1-45　显示圆的快捷特性

1.9 我国计算机辅助制图的有关条例简介

本书的制图都是按照《CAD 工程制图规则》（GB/T 18229—2000）来完成的,该标准规定了用计算机绘制工程图的基本规则,并且适用于建筑等领域的工程制图及相关文件。

《CAD 工程制图规则》（GB/T 18229—2000）引用了如下标准:

(1)《技术制图　标题栏》（GB/T 10609.1—1989）。

(2)《技术制图　明细栏》（GB/T 10609.2—1989）。

(3)《技术制图　通用术语》（GB/T 13361—1992）。

(4)《技术制图　图纸幅面和格式》（GB/T 14689—1993）。

(5)《技术制图　比例》（GB/T 14690—1993）。

(6)《技术制图　字体》（GB/T 14691—1993）。

(7)《技术制图　投影法》（GB/T 14692—1993）。

(8)《图形符号表示规则　总则》（GB/T 16900—1997）。

(9)《技术制图　尺寸注法的简化方法》（GB/T 16675.2—1996）。

(10)《技术制图　图线》（GB/T 17450—1998）。

(11)《技术制图　图样画法》（GB/T 17451~17453—1998）。

需要说明的是,以上标准所包含的条文,通过在标准中引用而构成为标准的条文。标准出版时,所示版本均为有效。所有标准都会被修订,使用标准的各方应探讨使用以上标准最新版本的可能性。

本书在后续章节将详细讲述 CAD 工程制图的基本设置要求。

1.10 小结

本章主要内容总结如下:

(1)AutoCAD 2016 的实用新功能介绍,包括:捕捉闭合多段线的几何中心、尺寸标注文字标尺、文字编辑等方面。

(2)AutoCAD 2016 使用界面介绍,由菜单浏览器按钮、快速访问工具栏、标题栏、功能区面板、状态栏与信息中心、十字光标、UCS 图标、模型和布局选项卡、命令行与命令窗口等组成。进行工程设计时,用户通过面板、工具栏、菜单栏或命令提示窗口发出命令,在绘图区域内画出图形,而状态栏则显示绘图过程中的各种信息,并提供给用户各种辅助绘图工具。

(3)命令输入的简单介绍:AutoCAD 2016 的坐标系统的介绍,主要分为绝对直角坐标系、绝对极坐标系、相对直角坐标系和相对极坐标系 4 种,以及各种坐标系统下的输入;简单介绍绘图基本常识,包含对象的捕捉、命令的撤销、对象的编辑、功能键及组合键的使用。

(4)本书的制图都是按照《CAD 工程制图规则》（GB/T 18229—2000）来完成的。

第 2 章

AutoCAD 2016 绘图的基本操作

使用 AutoCAD 进行图形设计,绘图是最基本的操作。AutoCAD 2016 提供了丰富的绘图命令。在这些绘图命令中,有一些是二维基本绘图命令,它们是进行二维高级绘图和三维绘图的基础,利用这些命令可以绘制出各种基本图形对象。本章将结合实例讲述绘制图形的基本方法。在此之前先介绍使用 AutoCAD 2016 绘制图形的基本知识。

2.1 AutoCAD 2016 绘图入门

本节将首先介绍使用 AutoCAD 2016 绘图的基本步骤、命令以及参数的输入方法。

用 AutoCAD 2016 绘图的基本步骤可表示为:进入 AutoCAD 2016 系统→图形文件的新建(打开)→画图与编辑图形→图形文件的保存→图形文件的打印→退出 AutoCAD 2016 系统。直接双击 AutoCAD 2016 快捷程序的图标即可进入 AutoCAD 2016 系统。

2.1.1 创建一个新图形文件

点击【快速访问】工具栏的【新建】按钮，或者使用 NEW 命令，或使用组合键 CTRL+N，AutoCAD 2016 界面上将弹出选择样板的对话框,如图 2-1a)所示,用户可以根据需要来选择一种样板,也可以选择无样板打开。此时可单击【打开】按钮右边的倒三角按钮弹出如图 2-1b)所示的下拉选项,其中【打开】选项就是按照用户已经选择的样板建立绘图文件;【无样板打开－英制】选项就是新建一个英制的无样板的绘图文件;【无样板打开－公制】选项就是新建一个公制的无样板的绘图文件。

a)新建对话框

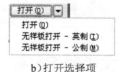

b)打开选择项

图 2-1 新建文件命令

2.1.2 打开一个已有的图形文件

如果要打开已有的图形文件,可选择下列任意一个步骤进行。

(1)点击【快速访问】工具栏的 按钮。

（2）点击菜单栏中的【文件】选项，选择打开文件。

（3）命令：OPEN （在命令行下输入打开 OPEN 命令）。

（4）组合键：CTRL+O。

在 AutoCAD 中响应打开命令，弹出如图 2-2 所示的【选择文件】对话框，通过该对话框即可选取要打开的图形文件。

图 2-2 【选择文件】对话框

在 Windows 界面中双击要打开的 AutoCAD 文件，也直接打开图形。这样就可以在原有图的基础上进行编辑或者绘图了（图 2-3）。

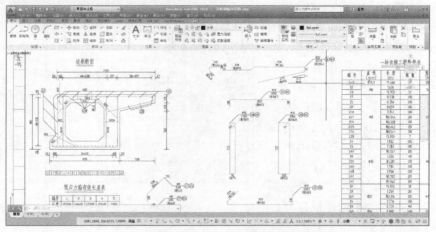

图 2-3 进入绘图编辑操作界面

2.1.3 文件的保存与 AutoCAD 的退出

将现有的绘图文件保存，用户可以选择点击【快速访问】工具栏中的 ![图标] 图标，或在命令行中输入"SAVE"，或直接点击主菜单【文件】中【保存】（【另存为】）选项，还可以使用组合键 CTRL+S（保存）或者 CTRL+Shift+S（另存为）等方法，使用组合键 CTRL+Shift+S 后，AutoCAD 界面上将弹出如图 2-4a）所示对话框，用户可以选择保存路径后，在【文件名】对

话框中输入需要保存的文件名。另外,要注意选择保存的文件类型,如图 2-4b）所示。因为
AutoCAD2016 采用了新的文件格式,所以以前 AutoCAD 版本不能兼容,所以提醒用户需要
在以前版本 AutoCAD 中使用文件时,注意选择保存的文件格式。

a)【图形另存为】对话框   b)选择保存文件类型选项

图 2-4 绘图文件的保存

退出 AutoCAD2016 也可以选择不同的方法:如直接点击窗口中的×图标;直接在命令
行中输入"QUIT";在【文件】主菜单中选择【退出】选项;使用组合键 CTRL+Q 等。如果用户
没有保存当前文件, AutoCAD2016 将提示是否保存文件,用户可点击【是】按钮,进入保存
对话框,或者点击【否】按钮选择退出。

2.2 绘图的基本操作命令

AutoCAD 2016 提供了一些基本绘图命令,其操作命令图标显示在工作界面上侧的功能
区面板里。在后续的小节里,我们将一一介绍各个命令的基本用法。为了便于理解,先作以
下说明。

点击屏幕菜单或下拉菜单或功能区面板上绘图按钮时,命令行中在每条命令前将出现
下画线符号,例如以下几种情况。

点击直线 ╱ 图标时,在命令行内出现提示:

> 命令:_line 指定第一点:20,20 （回车）
>   指定下一点或[放弃(U)]:100,100 (回车)

用键盘输入方式输入,每条命令前面无下画线,例如:

> 命令:Line
>   Line 指定第一点:20,20 （回车）
> 指定下一点或[放弃(U)]:100,100 (回车)

两者效果相同,本书讲述时以键盘输入为准。

当我们在绘图中输入点的坐标时,要尽量多地使用相对坐标和极坐标输入,以提高绘图
精度。

　　每当图形屏幕的底部出现【命令：】提示时，AutoCAD 就处于准备接受命令的状态，用户可以从键盘直接输入命令名，或者用光标点取相应的菜单项即可。然后，AutoCAD 可能又提示输入该命令所需的参数或子命令，直至这些交互信息提供完毕后，命令功能便立即执行。

　　简而言之，一般命令的输入响应过程如下。

> 命令：命令名
> 命令提示信息：参数或子命令

　　其中，命令名和参数输入均需以回车键结尾。对于命令提示序列的正确回答，用户只要掌握下列 4 条有关的符号约定，一切问题便迎刃而解了，例如对下列命令进行说明。

> 命令：_chamfer
> （【修剪】模式）当前倒角距离 1 = 10.0000，距离 2 = 10.0000
> 选择第一条直线或 ［放弃（U）／多段线（P）／距离（D）／角度（A）／修剪（T）／方式（E）／多个（M）］：d
> 指定第一个倒角距离 <0.0000>：1
> 指定第二个倒角距离 <1.0000>：1

　　（1）斜杠【/】作为命令选项（或称子命令）的分隔符。大写字母表示选项的缩写形式。

　　（2）在尖括号"< >"内出现的是默认项或当前值。

　　（3）若想要中途退出命令或使命令作废，则可键入 Esc 键。

　　（4）在"命令："提示下输入回车键，将会重复执行上一条命令。

　　大多数 AutoCAD 命令要求提供某些有关的参数。它们的数据类型包括以下几种。

　　（1）几何量→点、距离或位移、角度。

　　（2）数值型→整数和实数。

　　（3）开关量→ on 或 off。

　　（4）字符串型→文字、属性值、尺寸文字、关键字及文件名。

　　（5）Auto LISP 变量和表达式。

　　其中，点的输入较为复杂，可有下列 6 种不同的方法。

　　① 绝对坐标 $[x, y, z]$。

　　② 相对坐标 $[@\Delta x, \Delta y, \Delta z]$ 或者用 @ 表示上一点。

　　③极坐标 距离 < 角度。

　　④相对极坐标 @ 距离 < 角度。

　　⑤用定点设备在屏幕上拾取点。

　　⑥利用 OSNAP 功能捕捉当前图中的特征点，如 Midpoint（中点）。

注意

　　（1）有些菜单中也随同命令提供相应的参数选项。拾取它们等效于键盘输入。

　　（2）对于采用对话框的命令，其参数是通过各种控件（如滚动条、编辑框、复选框、单选按钮等）来输入的，操作更为简便、直观。

在 AutoCAD2016 中,利用系统提供的追踪和对象捕捉功能,用户几乎可以不用或很少输入坐标就能快速、精确地绘图。此外,利用 AutoCAD 的查询功能,用户可以快速显示图形和图形对象的有关信息。

2.3 工程图样绘图实例

下面结合几个工程图样来讲述基本绘图命令的使用,首先结合一个空心预应力板梁的部分钢筋构造示意图[图 2-5a)]的绘图实例来说明最基本的几个绘图命令的操作;再结合如图 2-5b)所示的道路交叉图的绘制来说明多线命令的使用;实例的绘制包含了许多的基本绘图元素的使用过程,从中我们要重点熟悉基本绘图元素的使用规则,从而掌握基本绘图技巧。

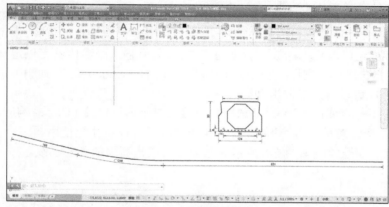

a)预应力板梁钢筋示意图

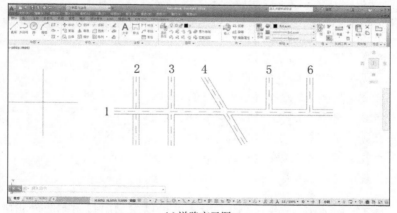

b)道路交叉图

图 2-5 工程图样绘图实例

2.3.1 运用直线 LINE 绘图

绘制直线的命令是 LINE 命令,它是最基本的绘图命令。几乎所有的直线图形都可以用此命令绘制。在此运用直线绘制部分预应力钢绞线为例讲述其用法。

LINE 命令的激活方式有以下 4 种。

(1)单击绘图工具栏或功能区面板中的 ✐ 图标按钮。

(2)从【绘图】主菜单下拉选项中选择【直线】选项。

(3)在命令行直接键入:Line 或 L(小写也可)。

(4)通过点击屏幕菜单【绘制 1】→【直线】选项输入命令。

当用户激活 LINE 命令后,命令行会出现提示,用户可根据需要对 AutoCAD 作出响应,响应过程如下。

```
命令:Line
指定第一点:0,0(回车)
第一点的输入可以用光标拾取点,也可以直接输入点的坐标。
指定下一点或[ 放弃(U)]:-630.6,0(回车)
```

在【指定下一点或[放弃(U)]】的提示后,可以用光标确定端点的位置,也可以输入端点的坐标值来定位,还可以将光标放在所需的方向上,然后输入距离值就可以定义下一个端点的位置了,在【指定下一点或[放弃(U)]】的提示后以 U(Undo)响应,则删去最后画的一条线段,连续使用 U 可以将原线段退回到起点。

若在【指定下一点或[闭合(C)/放弃(U)]】的提示后以【C】(Close)响应,则自动形成封闭的多边形。应注意的是,此功能需要在完成两段直线以后才能使用。

例:利用直线命令绘制如图 2-6 所示的预应力板梁横断面的外轮廓线。

```
命令:Line
指定第一点: 500,500
指定下一点或 [放弃(U)]: @-5,-3.5
指定下一点或 [放弃(U)]: @2,-30.4
指定下一点或 [闭合(C)/放弃(U)]: @-8,-10.3
指定下一点或 [闭合(C)/放弃(U)]: @0,-45.8
指定下一点或 [闭合(C)/放弃(U)]: @124<0
指定下一点或 [闭合(C)/放弃(U)]: @0,45.8
指定下一点或 [闭合(C)/放弃(U)]: @-8,10.3
指定下一点或 [闭合(C)/放弃(U)]: @2,30.4
指定下一点或 [闭合(C)/放弃(U)]: @-5,3.5
指定下一点或 [闭合(C)/放弃(U)]: Close
```

在最后一个点坐标提示时,键入【CLOSE】就可以绘制出封闭截面外轮廓线,如图 2-6 所示。

直线命令的另一种功能是可以画与最近一次绘制的直线或圆弧相连的直线,执行 Line 命令时,在提示【指定第一点:】后,用空格或回车键响应,则新的起点自动设置为刚才画完的直线或弧线的终点上。

若最后绘制的是直线,这种操作可接着上次所画直线的最后端点继续画直线,并出现了【指定下一点或[放弃(U)]:】的命令提示。

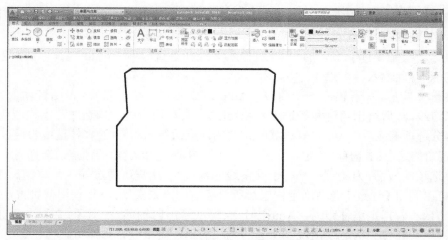

图 2-6 用 LINE 命令画出板梁截面外轮廓线

2.3.2 运用构造线 XLINE 绘图

画构造线的命令 Xline 可用来绘制在两个方向上无限延长的直线。在工程制图中,通常有【长对正,高平齐,宽相等】等要求,当绘制的图形比较大且比较复杂时,利用目测很难实现这样的要求,这时就可以画一些构造线作为辅助线,利用这样的辅助线就可以很容易地绘出所需要的图形。

XLINE 命令的激活方式有以下 5 种。

(1)单击绘图工具栏中的 图标按钮。

(2)单击功能区面板中【绘图】控制台的 图标按钮。

(3)从【绘图】主菜单下拉选项中选择【构造线】选项。

(4)在命令行直接键入:Xline 或 XL。

(5)通过点击屏幕菜单【绘制 1】→【构造线】选项输入命令。

有时想绘制一条线,它只起参照作用,例如可能想要以下几种方式。

(1)从两条垂线的中点绘制两条线,以便用它们的交点作为圆心。

(2)从一个对象向另一个对象绘制一条线,以直观地指示两对象间的关系。

(3)显示模型的同一部分在正视图和侧视图中的联系。

(4)绘制一条经过剖面示出的对象的中心的线,这样可以标出从此中心到某个对象边界的尺寸。

下面来说明构造线命令选项的含义,例如当我们输入 XLINE 命令后。

```
命令:Xline
指定点或［水平(H)/垂直(V)/角度(A)/二等分(B)/偏移(O)］:H
指定通过点: 500,500
指定通过点:(回车)
```

其中,指定点选项使得用户可以用两个点定义 XLINE,在【指定点:】提示下,选一个点,再在【指定通过点】提示下,指明另一个点。

水平选项是指绘制平行于 X 轴的构造线,输入 H 选择水平选项,AutoCAD 以【指定通过点】提示为响应,在此输入一个点。

垂直选项绘制平行于 Y 轴的构造线,输入 V 选择垂直选项,AutoCAD 以【指定通过点】提示为响应,在此输入一个点。

角度选项响应后,若输入一个角度,AutoCAD 要求一个经过点,否则若输入 r 要求选择一条构造线,然后给出角度和经过点,AutoCAD 会利用角度和构造线算出构造线。

二等分选项响应后,AutoCAD 以【指定角的顶点:】指示响应,选择构造线想通过的点,在提示【指定角的起点:】选择一个定义角的基准的点,在提示【指定角的顶点:】选择另一个角点。

偏移选项响应后,为绘制出平行于某条线的构造线,用户可通过输入平移距离来确定构造线,也可以利用【通过】选项确定构造线所要经过的点来实现,不管使用何种方法,下一步都是选择直线,若指定偏移距离,AutoCAD 会再次给出【选择直线对象:】提示,若采用拾取点的方式,用户在希望构造线出现在所选的直线的那一侧拾取一点即可。

例如在以上的板梁样图绘制中,要使横断面之间以及横断面与侧面图之间保持水平向的对齐,就需要在外轮廓线等地方指定相应的参考线。结合前面的参考线,绘制如下(图 2-7)。

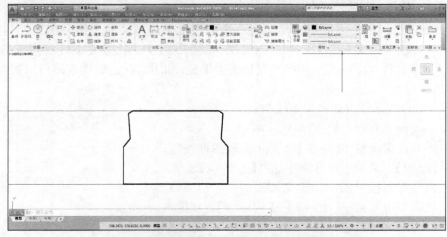

图 2-7　绘制与指定构造线平行且指定距离的构造线

```
命令:Xline
指定点或［水平(H)/垂直(V)/角度(A)/二等分(B)/偏移(O)］:O
指定偏移距离或［通过(T)］<通过>: 90
选择直线对象:　(用鼠标选择前面画的构造线)
指定向哪侧偏移:　(用鼠标点击选定构造线的下侧任意位置)
选择直线对象:(回车)
```

2.3.3　运用多段线 PLINE 绘图

多段线是 AutoCAD 最常用到的对象,用户可以使用多段线来表示墙壁、边界、边缘等,多段线由相连的直线段或弧线序列组成,作为单一对象使用。要想一次编辑所有线段,就要使用多段线。使用多段线时,也可以分别编辑每条线段、设置各线段的宽度、使线段的始末端点具有不同的线宽或者封闭、打开多段线。绘制弧线段时,弧线的起点是前一个线段的端点。可以指定弧的角度、圆心、方向或半径。通过指定一个中间点和一个端点也可以完成弧的绘制。

绘制多段线 PLINE 可以由等宽或不等宽的直线以及圆弧组成。AutoCAD 把多段线看成是一个单独的对象,用户可以用编辑多段线的命令 Pedit 对多段线进行各种编辑操作。

PLINE 命令的激活方式有以下 5 种。

(1)单击功能区面板【绘图】控制台中的 图标按钮。

(2)单击绘图工具栏中的 图标按钮。

(3)从【绘图】主菜单下拉选项中选择【多段线】选项。

(4)在命令行直接键入:Pline 或 PL。

(5)通过点击屏幕菜单【绘制 1】→【PLINE】选项输入命令。

操作格式:单击相应的菜单项、按钮或从命令行输入"Pline"命令后回车,命令行出现以下提示。

　　指定起点:

输入起点后,又出现以下提示。

　　当前线宽为(缺省值):
　　指定下一个点或 [圆弧(A)/ 半宽(H)/ 长度(L)/ 放弃(U)/ 宽度(W)]:
　　指定下一点或 [圆弧(A)/ 闭合(C)/ 半宽(H)/ 长度(L)/ 放弃(U)/ 宽度(W)]:

下面分别介绍以上各选项的含义。

1)圆弧(A)

该选项使 PLINE 命令由绘制直线方式改为绘制圆弧方式,并且产生绘制圆弧的提示。

2)闭合(C)

选择此项,AutoCAD 从当前点到多段线的起始点以当前宽度绘出一条直线,即构成一条封闭的多段线,然后结束 PLINE 命令。

3)半宽(H)

该选项用来确定所绘制多段线的半宽度,即输入值是多段线宽度的一半,选取此项后 AutoCAD 会出现如下提示。

　　指定起始点半宽 < 缺省值 >:

在此提示下,可输入多段线的起始半宽并回车,也可直接回车,即以缺省值为起始半宽,然后 AutoCAD 又会出现以下提示。

　　指定端点半宽:

在此提示下输入多段线另一端点半宽并回车,则又回到执行该选项前的提示状态下。

4)长度(L)

实行该选项,AutoCAD 会出现以下提示。

　　指定直线的长度:

在此提示下输入一长度值，AutoCAD 会以该长度并且沿着上次所绘制直线的方向或切线方向绘制出一条直线，如果前一段线是圆弧，则所绘制的直线大方向为该圆弧终点处的切线方向。

5）放弃（U）

该选项删除最后加到多段线上的直线或圆弧，利用其可以及时修改在绘制多段线的时候发生的错误。

6）宽度（W）

此选项用来确定多段线的宽度，执行该选项后 AutoCAD 会出现以下提示。

指定起点宽度＜缺省值＞：

输入所绘制多段线的起始宽度，回车后又会出现以下提示。

指定端点宽度＜缺省值＞：

即可输入多段线另一端点处的宽度。

需要补充说明的是，当选择 A 选项的时候，PLINE 命令由绘制直线方式改为绘制圆弧方式，并且产生绘制圆弧的提示，以下介绍的是在绘制圆弧过程中出现的命令。

指定圆弧的端点或
［角度（A）/圆心（CE）/闭合（CL）/方向（D）/半宽（H）/直线（L）/半径（R）/第二个点（S）/
放弃（U）/ 宽度（W）］

（1）圆心点（CE）

该选项表示按给定的圆弧圆心绘制圆弧，执行该选项后，AutoCAD 出现以下提示。

指定圆弧的圆心：

确定了圆心的位置后，出现以下提示。

指定圆弧的端点或［角度（A）/ 长度（L）］

此时就可以通过确定圆弧的端点、圆心角或弧长，绘出圆弧。

（2）闭合（CL）

该选项用圆弧封闭多段线。

（3）方向（D）

该选项用来确定所绘制的圆弧在起始点处的切线方向，执行该选项后，AutoCAD 会出现以下提示。

指定圆弧的起点切向：

用户可输入一角度作为起始点方向与水平方向的夹角，也可在此提示下输入一点，AutoCAD 会把圆弧的起点与该点的连线作为弧的起始方向，确定了起始方向后，出现以下提示。

指定圆弧的端点：

此时再输入另一端点即可。

（4）半宽度（H）

该选项用来确定圆弧的起始半宽与终止半宽,其操作过程与前面介绍的过程相同。

（5）直线（L）

该选项用来使 PLINE 从绘制圆弧方式改为绘制直线方式。

（6）半径（R）

该选项用来根据半径绘制圆弧。

（7）第二点（S）

该选项用来根据三点绘制圆弧。

（8）放弃（U）

该选项用来删除上一次所绘制的圆弧。

（9）宽度（W）

该选项用来确定所绘制圆弧的起始点线宽和终点线宽,操作同前。

多段线在工程制图中应用广泛,如在交通土建图中,很多的结构外观以及各种钢筋的绘制往往都可采用多段线来绘制。因为多段线的可操作性比较强,往往可以很容易一次性精确绘制一些比较复杂的线段。下面利用多段线命令绘制图 2-5a） 中的一段预应力钢筋的大样图。绘制的步骤如下,最后的图形如 **2-8** 所示。

```
命令: Pline
指定起点: 0,150
当前线宽为 0.0000
指定下一个点或 [圆弧(A)/半宽(H)/长度(L)/放弃(U)/宽度(W)]: w
指定起点宽度 <0.0000>: 1
指定端点宽度 <1.0000>:
指定下一个点或 [圆弧(A)/半宽(H)/长度(L)/放弃(U)/宽度(W)]: @-630.6,0
指定下一个点或 [圆弧(A)/闭合(C)/半宽(H)/长度(L)/放弃(U)/宽度(W)]: A
指定圆弧的端点或
[角度(A)/圆心(CE)/闭合(CL)/方向(D)/半宽(H)/直线(L)/半径(R)/第二个点(S)/
放弃(U)/宽度(W)]: CE
指定圆弧的圆心: @0,1000
指定圆弧的端点或 [角度(A)/长度(L)]: A
指定包含角: -14
指定圆弧的端点或
[角度(A)/圆心(CE)/闭合(CL)/方向(D)/半宽(H)/直线(L)/半径(R)/第二个点(S)/
放弃(U)/宽度(W)]: L
指定下一点或 [圆弧(A)/闭合(C)/半宽(H)/长度(L)/放弃(U)/宽度(W)]:
@110.8<166
指定下一点或 [圆弧(A)/闭合(C)/半宽(H)/长度(L)/放弃(U)/宽度(W)]:
@84<166
......
```

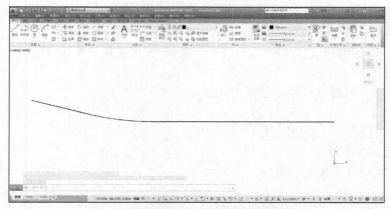

图 2-8　用多段线一次绘制预应力钢筋大样图

2.3.4　运用正多边形 POLYGON 绘图

绘制指定格式的正多边形 POLYGON 有以下 3 种方法。

（1）根据多边形的边数以及多边形上一条边的两个端点按逆时针绘制正多边形。

（2）利用多边形的外接圆绘制正边多边形。

（3）利用多边形的内切圆绘制正边多边形。

POLYGON 命令的激活方式有以下 5 种。

（1）单击功能区面板中【绘图】控制台中的 ⬠ 图标按钮。

（2）单击绘图工具栏中的 ⬡ 图标按钮。

（3）从【绘图】主菜单下拉选项中选择【正多边形】选项。

（4）在命令行直接键入：POLYGON 或 POL。

（5）通过点击屏幕菜单【绘制 1】→【正多边形】选项输入命令。

下面对以第二种方法即利用多边形的外接圆绘制正边多边形，进行板梁横断面内室轮廓线的正多边形绘图举例，绘制后的图形如图 2-9 所示。

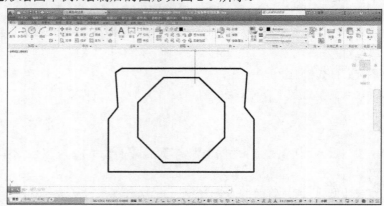

图 2-9　利用多边形的外接圆绘制板梁横断面内室轮廓线

```
命令: Polygon
输入边的数目 <4>: 8
```

指定正多边形的中心点或［边（E）］：551,455
输入选项［内接于圆（I）/外切于圆（C）］<I>：I
指定圆的半径：40 （回车）

说明

工程制图中要严格按照要求选择内接于圆（I），或者外切于圆（C）进行正多边形的绘图操作。

2.3.5 运用矩形 RECTANG 绘图

矩形是绘图中的一个重要的图形元素，AutoCAD 2016 中不仅可以绘制简单的矩形，还可以在其中设置参数；可以指定长度、宽度、面积和旋转参数，还可以控制矩形上角点的类型（圆角、倒角或直角），从而绘制出带有特殊属性的矩形。

RECTANG 命令的激活方式有以下 5 种。

（1）单击功能区面板中【绘图】控制台的 图标按钮。

（2）单击绘图工具栏中的 图标按钮。

（3）从【绘图】主菜单下拉选项中选择【矩形】选项。

（4）在命令行直接键入：RECTANG 或 REC。

（5）通过点击屏幕菜单【绘制 1】→【矩形】选项输入命令。

调用命令：RECTANG 后，命令提示如下：

指定第一个角点或［倒角（C）/标高（E）/圆角（F）/厚度（T）/宽度（W）］：

其中：

①倒角 （C）：用于设置所绘制的矩形倒角的距离，输入 C 后进入其下一级命令选项，提示如下。

指定矩形的第一个倒角距离 <0.0000>：

输入距离，指定为角点处顺时针方向的第一条边的倒角距离。回车后出现以下提示。

指定矩形的第二个倒角距离 <0.0000>：

输入距离，指定为角点处顺时针方向的第一条边的倒角距离。回车后返回上一级命令状态。

②标高（E）：用于设置所绘制的矩形的标高，输入 E 后进入其下一级命令选项，提示如下。

指定矩形的标高 <0.0000>：

输入标高，指定为所绘制的矩形标高，输入正值为在指定 Z 方向上比当前平面高相应距离的平行平面上绘制矩形，负方向为低于当前平面相应距离的平行平面上作矩形。回车后返回上一级命令状态。

③圆角（F）：用于设置所绘制矩形的圆倒角，输入 F 后进入其下一级命令选项，提示如下。

> 指定矩形的圆角半径 <0.0000>:

输入半径,指定为角点处圆倒角的半径。回车后返回上一级命令状态。

④厚度(T):用于设置所绘制矩形的厚度,输入 F 后进入其下一级命令选项,提示如下。

> 指定矩形的厚度 <0.0000>:

输入厚度后,指定为矩形向 Z 向的厚度,类似于拉伸效果,同样表示输入正值为向内的厚度,输入负值表示向外的厚度。回车后返回上一级命令状态。

⑤宽度(W):用于设置所绘制矩形的线宽度,输入 W 后进入其下一级命令选项,提示如下。

> 指定矩形的线宽 <0.0000>:

输入宽度后,指定为矩形的在当前平面内的宽度,回车后返回上一级命令状态。

简单以 2-5a) 图中的预应力板梁端部的矩形外轮廓线为例,讲述简单矩形的绘制步骤,绘制结果如图 2-10 所示。

```
命令: Rectang
指定第一个角点或 [倒角(C)/标高(E)/圆角(F)/厚度(T)/宽度(W)]: 700,500
指定另一个角点或 [面积(A)/尺寸(D)/旋转(R)]: @124,-90
```

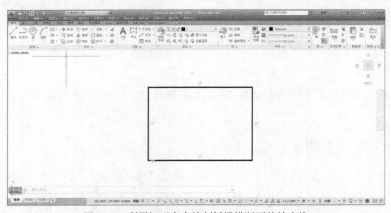

图 2-10　利用矩形命令绘制板梁横断面外轮廓线

2.3.6　运用圆弧 ARC 绘图

绘制圆弧 ARC 有多种方法可供选择。默认的方法是指定三点:起点、圆弧的第二个点和端点。还可以指定圆弧的角度、半径、方向和弦长。圆弧的弦是两个端点之间的直线段。缺省情况下, AutoCAD 2016 将按逆时针方向绘制圆弧。

ARC 命令的激活方式有以下 5 种。

(1)单击功能区面板【绘图】控制台中的 ╱ 图标按钮。

(2)单击绘图工具栏中的 ╱ 图标按钮。

(3)从【绘图】主菜单下拉选项中选择【圆弧】子菜单,再在其下一级菜单中根据需要选择相应的绘图方式。

（4）在命令行直接键入：ARC 或 A。

（5）通过点击屏幕菜单【绘制 1】→【圆弧】选项输入命令。

AutoCAD2016 提供以下 10 种绘制圆弧的方式。

（1）三点绘圆弧。

（2）起点、圆心、端点。

（3）起点、圆心、角度。

（4）起点、圆心、长度。

（5）起点、端点、角度。

（6）起点、端点、方向。

（7）起点、端点、半径。

（8）圆心、起点、端点。

（9）圆心、起点、角度。

（10）圆心、起点、长度。

需要说明的是，方向是指圆弧在起始点处的切线方向。

当命令行提示【包含角度】时，若输入正的角度，则从起始点绕圆心沿着逆时针方向绘制圆弧，否则沿顺时针方向绘制圆弧。

输入的半径必须大于起点与终点之间距离的 1/2。

例如：下面所要绘制图 2-5a）中的预应力钢筋大样图中示意的圆弧，紧接前面所绘的直线段进行绘制，绘制方法如下：

```
命令：ARC
指定圆弧的起点或［圆心(C)］：-630.6,0
指定圆弧的第二个点或［圆心(C)/端点(E)］：C
指定圆弧的圆心：@0,1000
指定圆弧的端点或［角度(A)/弦长(L)］：A
指定包含角：-14    （回车）
```

最后绘制的图线如图 2-11 所示。

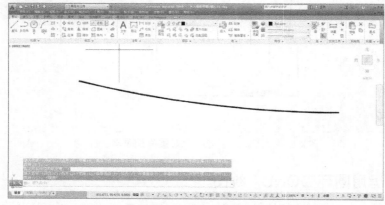

图 2-11　用圆弧命令绘制部分预应力钢筋大样图

2.3.7　运用圆 CIRCLE 绘图

作为一种重要的绘图元素,圆命令在工程图样中使用也相当广泛。

CIRCLE 命令的激活方式有以下 5 种。

(1)单击功能区面板中【绘图】控制台中的 ⊘ 图标按钮。

(2)单击绘图工具栏中的 ⊘ 图标按钮。

(3)从【绘图】主菜单下拉选项中选择【圆】子菜单,再在其下一级菜单中根据需要选择相应的绘圆方式。

(4)在命令行直接键入:CIRCLE 或 C。

(5)通过点击屏幕菜单【绘制 1】→【圆】选项输入命令。

AutoCAD2016 提供以下 6 种绘制圆弧的方式。

(1)圆心、半径。

(2)圆心、直径。

(3)两点。

(4)三点。

(5)相切、相切、半径。

(6)相切、相切、相切。

利用命令的相应提示是不难利用这几种方式来绘制出圆的,在此不再赘述每一种方法,需要说明的是其中的两点法作圆,是相应指定直径来实现的。在此利用此命令来做图 2-5a 中板梁的一个横断面中的钢绞线孔道,说明步骤如下(其中的一个圆的作法),最后的图形效果如图 2-12 所示。

```
命令: Circle
指定圆的圆心或 [三点(3P) / 两点(2P) / 切点、切点、半径(T)]: 503,418
指定圆的半径或 [直径(D)]: 2
```

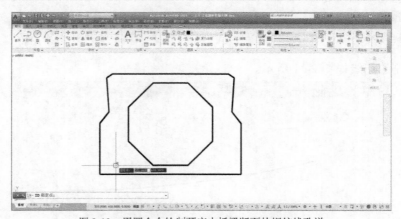

图 2-12　用圆命令绘制预应力板梁断面的钢绞线孔道

2.3.8　运用圆环 DONUT 绘图

使用圆环 DONUT 命令可以画圆环和实心圆,用该命令时要给出圆环的内圆直径和外圆直径以及圆心坐标,当给出的内径为零时,即画出实心圆。

DONUT 命令的激活方式有以下 4 种。

(1)从【绘图】主菜单下拉选项中选择【圆环】子菜单。

(2)在命令行直接键入:DONUT 或 DO。

(3)通过点击屏幕菜单【绘制 1】→【圆环】选项输入命令。

(4)单击功能区面板【绘图】控制台中的◎图标按钮。

可以在指定的位置用指定的内外径给出圆环,并且可通过命令 FILL 决定填充与否。

```
命令: Fill
输入模式 [ 开( ON ) / 关( OFF )] <ON>: ON
```

下面利用此圆环命令来绘制图 2-5a)中的横断面的部分纵向普通主筋,说明步骤如下(其中的一根主筋的作法),最后的图形效果如图 2-13 所示。

```
命令: Donut
指定圆环的内径 <0.5000>: 0
指定圆环的外径 <1.0000>: 2
指定圆环的中心点或 < 退出 >:496,413.5
```

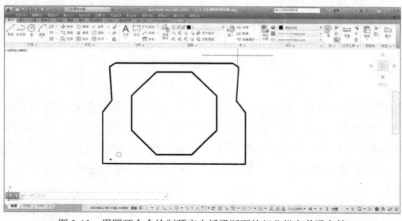

图 2-13　用圆环命令绘制预应力板梁断面的部分纵向普通主筋

2.3.9　运用多线 MLINE 绘图

多线是一种由多条平行线组成的组合对象,这些平行线的线性、数目以及相互之间的间距是可以调整的。多线命令多用于绘制道路图中的道路线形、建筑图中的墙体、电子线路图等平行线。多线可同时绘制 1 ～ 16 条平行线,这些平行线称为元素。通过指定距多线初始位置的偏移量可以确定元素的位置。用户可以创建和保存多线样式,或者使用具有两个元素的缺省样式,还可以设置每个元素的颜色、线型等。

MLINE 命令的激活方式有以下 3 种。

(1)从【绘图】主菜单下拉选项中选择【多线】子菜单。

(2)在命令行直接键入:MLINE 或 ML。

（3）通过点击屏幕菜单【绘制 1】→【多线】选项输入命令。

调用命令：MLINE 后，命令提示如下。

```
命令: Mline
当前设置: 对正 = 上,比例 = 1.00,样式 = STANDARD
指定起点或 [对正(J) / 比例(S) / 样式(ST)]:
```

其中选项含义如下。

①对正（J）

该选项用以确定绘制多线时的偏移方式，选取该项，AutoCAD 出现以下提示。

输入对正类型 [上(T) / 无(Z) / 下(B)] <上>:

下面分别对命令提示中出现的文字给予说明（图 2-14）。

上（T）：该选项表示从左向右绘制多线时，多线上最顶端的线随光标移动。

无（Z）：该选项表示绘制多线时，多线的中心线将随着光标移动。

下（B）：该选项表示，当绘制多线时，多线上的最底端将随着光标移动。

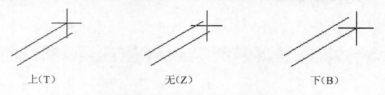

上（T）　　　　　　　无（Z）　　　　　　　下（B）

图 2-14　绘制多线时的 3 种偏移方式

②比例（S）

该选项用来确定所绘制多线的宽度相对于比例因子的比例系数。比例因子以在多线样式定义中建立的宽度为基础。比例因子为 2 绘制多线时，其宽度是样式定义的宽度的 2 倍。负比例因子将翻转偏移线的次序：当从左至右绘制多线时，偏移最小的多线绘制在顶部。负比例因子的绝对值也会影响比例。比例因子为零将使多线变为单条直线。

③样式（ST）

该选项用来确定绘制多线时用的线型式样，缺省线型式样为 Standard，键入 ST，AutoCAD 提示如下。

输入多线样式名或[?]:

此时输入已有的线型样式名即可，也可输入"？"来显示已有的多线线型样式，用户可以根据需要选择复合线型样式。

为了绘制需要的多线形式，在绘制多线之前应该先设置多线的类型。使用以下方法之一。主菜单【格式】中选择【多线样式】菜单项，或者在命令行输入 MLSTYLE，打开如图 2-15 所示的【多线样式】对话框，来设置多线的样式。

①多线样式

在多线样式选项区中可以设置有关多线名称、描述等内容。

【当前多线样式】文字描述：显示当前多线样式的名称，该样式将在后续创建的多线中被用到。

【样式】列表框:显示已加载到图形中的多线样式列表,选中一种多线样式时可以置为当前或进行编辑或者删除。

【说明】文本框:该文本框中显示的有关当前多线类型的描述信息。

【预览】按钮:显示选定多线样式的名称和图像。

【置为当前】按钮:设置用于后续创建的多线的当前多线样式。从"样式"列表中选择一个名称,然后选择"置为当前"。

【新建】按钮:显示"创建新的多线样式"对话框,从中可以创建新的多线样式。

图2-15 【多线样式】对话框

【修改】按钮:显示"修改多线样式"对话框,从中可以修改选定的多线样式。不能修改默认的 STANDARD 多线样式。

【重命名】按钮:重命名当前选定的多线样式。不能重命名 STANDARD 多线样式。

【删除】按钮:从"样式"列表中删除当前选定的多线样式。此操作并不会删除 MLN 文件中的样式。不能删除 STANDARD 多线样式、当前多线样式或正在使用的多线样式。

【加载…】按钮:单击该按钮可以激活如图 2-16 所示的【加载多线样式】对话框,可以从多线的库文件中选取多线的类型。

【保存…】按钮:单击该按钮可以将当前的多线类型全部保存到以 MLN 为后缀名的文件中。在激活的【保存多线类型】对话框中,可以使用新的文件

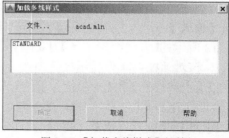

图2-16 【加载多线样式】对话框

名,也可以选择已有的文件将当前的多线添加到该文件中。

②修改元素特性和多线特性

如果需要改变多线的线条数量、线间距、颜色等特征,可单击【多线样式】对话框中的【修改】按钮,它会激活【修改多线样式】对话框,如图2-17所示。

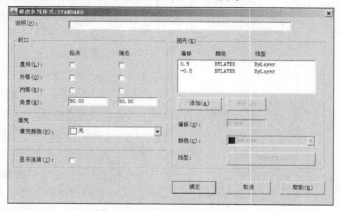

图2-17 【修改多线样式】对话框

【图元】列表框:在此列表框中显示的是当前多线类型的线条特征,在列表框中有多少行就表示该类型的多线含有多少条线。其中【偏移】栏下的内容是样条的偏移量,【颜色】栏下列出的是每条线的颜色,【线型】栏下列出的是每条线的类型。

当多线的线条数量超过 3 条时,列表框的右侧会出现上下滚动按钮,单击此按钮可以选择没有显示出的线条。但要注意的是,多线的偏移是以中间位置为零偏移位置,向上为正向偏移,向下为负向偏移。偏移量越大,该线距中间位置也就越远。

同时还可以在这里设置多线的其他有关特性。

【显示连接】复选框:此复选框可以控制是否在两段线条之间显示连接线,此连接线是顶线和底线交点的连线。

【直线】复选框:该复选框可以控制是否在多线的起始端点处或终止端点处以直线段闭合。

【外弧】复选框:该复选框可以控制是否在多线的起始端点处或终止端点处用外部圆弧闭合。

【内弧】复选框:该复选框可以控制是否在多线的起始端点处或终止端点处用内部圆弧闭合。

【角度】文本框:该文本框决定在多线的两个端点处闭合时,直线段或弧线的角度,缺省的角度为 90°,也就是闭合线与多线相互垂直。

【填充】选项区中的【填充颜色】复选框:该复选框确定使用背景填充的颜色。

在绘制好的多线上可以运用多线编辑命令来对其进行修改。使用以下方法之一:主菜单【修改】中进入【对象】子菜单项选择【多线】选项,或者在命令行输入 MLEDIT,打开如图 2-18 所示的【多线编辑工具】对话框,对多线进行编辑。

该对话框以 4 列显示样例图像。第一列处理十字交叉的多线,从上到下依次为【十字闭合】【十字打开】和【十字合并】。第二列处理 T 形相交的多线,从上到下分别为【T 形闭合】【T 形打开】和【T 形合并】。第三列处理角点连接和顶点,从上到下依次为【角点结合】【添加顶点】和【删除顶点】。第四列处理多线的剪切或接合,从上到下分别为【单个剪切】【全部剪切】和【全部接合】。

在道路设计中,用绘制多线的功能可以快速方便地绘出道路的主体轮廓线。下面以如图 2-5b)所示中的道路交叉图为例来说明多线的绘制。实际在道路设计中还常常结合 EXPLODE 分解以及 TRIM 修剪等修改命令来进行绘制。

图 2-18 【多线编辑工具】对话框

首先,使用 MLSTYLE 命令,打开如图 2-15 所示的【多线样式】对话框,点击【修改】按钮,弹出的【修改多线样式】对话框(图 2-17),在其中默认的两条直线的特性中修改其偏移值为 0.425 与 -0.425,再增加一条道路中线,用【添加】按钮,默认其中的偏移值为零。修改其线型:点击【线型】按钮,弹出【选择线型】对话框,如图 2-19a)所示,因为点画线不是默认加载的线型,再点击其中的【加载】按钮,弹出如图 2-19b)所示的【加载或重载线型】对话框,在其中选择所需的点画线线型 DASHDOTX2,确认后,就将所需的 3 条平行线的多线样式定义完成,可以进入下一步的多线绘制步骤。

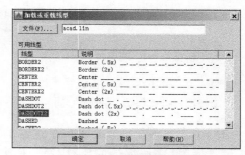

a)【选择线型】对话框　　　　　　　b)【加载或重载线型】对话框

图2-19　为道路中线选择合适的线型

用 MLINE 命令,开始绘制如图 2-20a)所示的道路草图,其绘制的基本操作如直线的绘制,在此不再赘述。

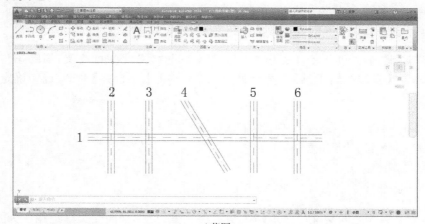

a)草图

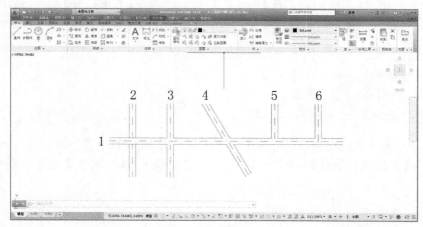

b)完成图

图2-20　用多线命令绘制道路交叉

最后,用 MLEDIT 命令,对前面绘制的道路草图中交叉口进行编辑。

　　道路 1 与道路 2 之间交叉口是道路 1 上跨道路 2 的立交形式,使用【多线编辑工具】中第一列第一个命令【十字闭合】命令,选中确定。命令行如下。

```
命令: mledit    （在对话框中选择相应的命令）
选择第一条多线:（点击直线 2）
选择第二条多线:（点击直线 1）
选择第一条多线或［放弃(U)]:( 回车 )
```

　　道路 1 与道路 3 之间交叉口是道路 1 与道路 3 平面交叉,道路 1 为主干道,道路 3 为次干道。使用【多线编辑工具】中第一列第二个命令【十字打开】命令,选中确定。命令行如下。

```
命令: mledit    （在对话框中选择相应的命令）
选择第一条多线:（点击直线 3）
选择第二条多线:（点击直线 1）
选择第一条多线或［放弃(U)]:( 回车 )
```

　　道路 1 与道路 4 之间交叉口是道路 1 与道路 4 呈 "X" 形平面交叉,道路 1 与道路 4 为同级道路。使用【多线编辑工具】中第一列第三个命令【十字合并】命令,选中确定。命令行如下。

```
命令: mledit    （在对话框中选择相应的命令）
选择第一条多线:（点击直线 4）
选择第二条多线:（点击直线 1）
选择第一条多线或［放弃(U)]:( 回车 )
```

　　道路 1 与道路 5 之间交叉口是道路 1 与道路 5 呈"T"形平面交叉。道路 1 为主干道,道路 5 为次干道。使用【多线编辑工具】中第二列第二个命令【T 形打开】命令,选中确定。命令行如下。

```
命令: mledit    （在对话框中选择相应的命令）
选择第一条多线:（点击直线 5）
选择第二条多线:（点击直线 1）
选择第一条多线或［放弃(U)]:( 回车 )
```

　　道路 1 与道路 6 之间交叉口是道路 1 与道路 6 呈"T"形平面交叉。道路 1 与道路 6 为同级道路。使用【多线编辑工具】中第二列第三个命令【T 形合并】命令,选中确定。命令行如下。

```
命令: mledit    （在对话框中选择相应的命令）
选择第一条多线:（点击直线 6）
选择第二条多线:（点击直线 1）
选择第一条多线或［放弃(U)]:( 回车 )
```

最后的效果样图见图 2-20b）。

2.3.10 运用图案填充 BHATCH 绘图

在实际的工程设计制图中，为了区分各个工程构件以及表现对象的材质，以增强图形的可读性，往往使用图案填充命令对图形进行图案填充。

AutoCAD 2016 提供了灵活的图案填充与编辑功能，在进行图案填充时要注意的是，作为边界的对象在当前屏幕上必须全部可见，否则就会产生错误。

BHATCH 命令的激活方式有以下 5 种。

（1）单击功能区面板的【绘图】控制台中的 图标按钮。

（2）单击绘图工具栏中的 图标按钮。

（3）从【绘图】主菜单下拉选项中选择【图案填充】子菜单。

（4）在命令行直接键入：BHATCH 或 BH。

（5）通过点击屏幕菜单【绘制 2】→【域内填充】选项输入命令。

该命令用于在某一封闭区域内填充关联或非关联图案，执行该命令时候命令窗口中会显示

> 拾取内部点或[选择对象(S) / 设置(T)]:(输入 T)

将显示【图案填充和渐变色】对话框（图 2-21）。

1）设置填充图案特性

填充图案和绘制其他对象一样，尽管用户选择不同的填充图案，但是这些图案所使用的颜色和线型将使用当前图层的颜色和线型。

2）定义要填充图案的区域

用户可以利用【图案填充和渐变色】对话框中的【添加：选择对象】按钮来选择要填充图案的一个或若干个对象。此时，这一个或若干个对象必须形成一个或多个封闭的区域，除此之外，还可以利用【图案填充和渐变色】对话框中的【添加：拾取点】按钮，在要填充图案的区域内拾取一个点，然后由系统自动分析图案填充边界。

结束边界定义后，单击鼠标右键，系统将弹出快捷菜单，从中选择确认，表示确认所选边界并返回到【图案填充和渐变色】对话框状态（或直接回车确认）。如单击【预览】，则可以观察图案填充效果；通过其他几个选项，可确定图案填充区域的图案方案。

3）图案选择和使用

用户在定义了要填充图案的区域之后，即可定义要使用的图案，可以选择以 3 种类型的图案。

（1）预定义：选择已定义在 ACAD. PAT 中的图案。

（2）用户定义：使用当前线型定义的

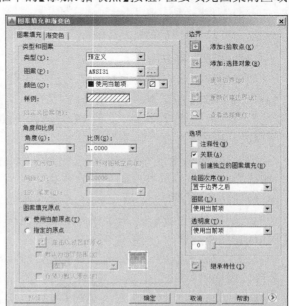

图 2-21 【图案填充和渐变色】对话框

图案。

（3）自定义：选用定义在其他 PAT 文件（不是 ACAD. PAT）中的图案，此时可以通过【图案特性】区中的【自定义图案】指定图案名称。

下面分别进行介绍。

1）预定义图案选择和设置

要选定预定义图案，可通过以下两种方法。

（1）单击【图案】下拉框右侧的【……】按钮打开【填充图案选项板】对话框，从中选择一种。其中【ANSI】中显示所有 AutoCAD 附带的 ANSI 图案；【ISO】中显示所有 AutoCAD 附带的 ISO 图案。【其他预定义】中显示所有 AutoCAD 附带的除 ISO 和 ANSI 之外的其他图案。【自定义】中显示已添加到搜索路径（在【选项】对话框的【文件】选项卡上设置）的自定

图 2-22 【填充图案选项板】对话框

义 PAT 文件中定义的所有图案。如图 2-22 所示。

（2）单击【样例】图案预览小窗口，此时系统也将打开【填充图案选项板】对话框，对于预定义图案，其参数包括缩放比例和角度，其中缩放比例用于设定放大或缩小图案，角度用于旋转图案。

2）为用户定义图案设置参数

要定义一个自定义类型图案，需要为其设定角度、间距和确定是否要选用双向图案，其中【角度】是指直线相对于 X 轴的角度，【间距】用于为用户定义图案设定间距，【双向】选项用于为用户定义图案选用垂直于第一组平行线的第二组平行线，【缩放比例】用于控制图案的密度。

3）图案预览和应用

如果用户在选定图案填充区域后想提前看一下图案设置效果，可单击【图案填充和渐变色】对话框中的【预览】按钮。预览结束后，可单击鼠标右键或按 ESC 键返回【图案填充和渐变色】对话框。调整结束后，可单击【确定】按钮执行图案填充。

4）控制图案的边界和类型

当用户在【图案填充和渐变色】对话框中单击 ⊙（或者输入"alt+>"）图标时，对话框将显示如图 2-23 所示。其各个选项的含义如下。

保留边界：当用户使用 BHATCH 命令来建立图案时，系统建立一些临时多段线来描述边界及孤岛，缺省情况下，系统在创建完图案时自动清除这些多段线，但是如果用户选择了【保留边界】复选框时，则可保留这些多段线。

对象类型：若选择了【保留边界】选项，则本选项无效，用户可在此选择保留对象的类型（多段线或面域）。

定义边界集：该区用于设置通过【拾取点】定义图案填充区域时，BHATCH 命令应如何检查对象，用户可为其定义检查集，从而加快 BHATCH 命令的执行，这对于复杂图形，效果

尤其明显。

孤岛检测样式：该选项控制 BHATCH 如何处理孤岛，有普通（Normal）、外部（Outermost）和忽略（Ignore）3 种选择方式。

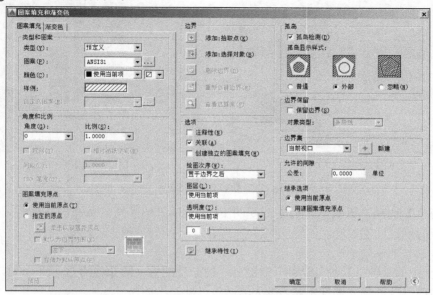

图 2-23　【图案填充和渐变色】更多选项对话框

继承选项：使用"继承特性"创建图案填充时，这些设置将控制图案填充原点的位置，有使用当前的图案填充原点设置和使用源图案填充的图案填充原点两种选择方式。

5）使用渐变色填充图形

当用户在【图案填充和渐变色】对话框中单击【渐变色】选项卡时，系统将显示如图 2-24 所示的对话框。渐变色填充能实现从一种颜色到另一种颜色的平滑过渡。AutoCAD2016 提供了单色与双色两种方案，用户可以在左边单选框选择所需的方案。单击颜色框右边的【…】按钮，可打开如图 2-25 所示的【选择颜色】对话框，从中可以选择所需的颜色（包括真彩色）。如果是单色方案，选中颜色后还可以用颜色框下面的【着色…渐浅】滑动条来调整所选颜色的深浅。

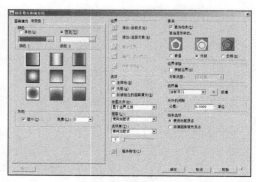

a）单色方案对话框　　　　　　　　　　b）双色方案对话框

图 2-24　【图案填充和渐变色】对话框

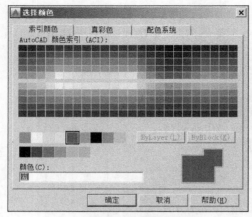 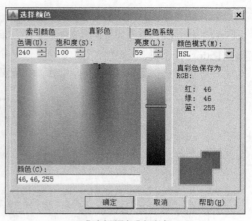

a)【选择颜色】索引颜色　　　　　　　　b)【选择颜色】真彩色

图 2-25　【选择颜色】对话框

　　【渐变色】选项卡下部显示的是渐变图案,共显示了用于渐变填充的 9 种固定图案。这些图案分别是线性、圆柱形、反向圆柱形、球形、反向球形、半球形、反向半球形、曲线形、反向曲线形等。

　　选项卡中的【居中】复选框用于指定对称的渐变配置。如果没有选定此选项,渐变填充将朝左上方变化,创建光源在对象左边的图案。

　　选项卡中【角度】选框用于指定渐变填充的角度。相对当前 UCS 指定角度。此选项与指定给图案填充的角度互不影响。

　　用户在命令提示行输入 BHATCH 后,按依次出现的提示对话框进行操作,选取填充图案、选取要填充的图形,可填充出各种图形。下面以如图 2-26a)所示的桥梁布置图为例进行填充。

　　在命令提示后键入:BHATCH。出现如图 2-23 所示的图案填充和渐变色对话框,选择【AR-CONC】图案,填写比例 0.500,选择填充对象——桥面栏杆,确认填充。再选择【ANSI31】使用比例 100.000,选择其他需要填充的部分,确认填充。反复进行上述操作选择,最后绘制成如图 2-26b)所示的图形。

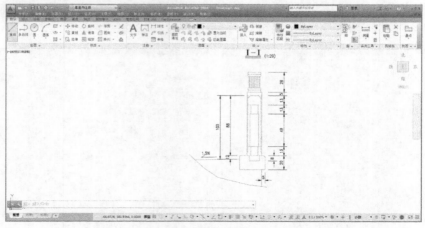

a)填充之前

图　2-26

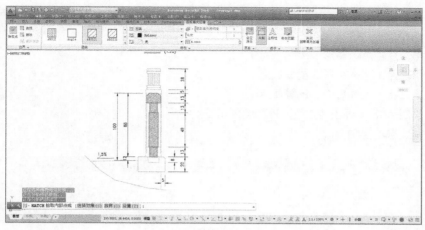

b)填充之后

图 2-26 填充桥梁布置图

2.4 其他的基本绘图命令简介

2.4.1 创建实心多边形 SOLID

创建实心多边形 SOLID 命令可以实现对输入的任意多边形区域填充,使其成为一个实心区域。

SOLID 命令的激活方式为:在命令行直接键入 SOLID。

多边形区域可以看作由三角形或四边形拼成的,用户可以通过连续定义三角形或四边形的顶点构造复杂的多边形;其中前两点定义多边形的一条边,指定第三点是在第二点的对角方向指定点,在"指定第四点"提示下按 ENTER 键将提示创建一个填充三角形。再依次指定点(第四点)和点(第五点)可以创建一个四边形区域。

所以使用此命令要注意的是,输入顶点的顺序决定填充的区域。若要填充全部区域,实际中常采用 BHATCH 命令。

下面举几个填充矩形的小例子来说明 SOLID 命令的使用,命令行如下,最后的图形见图 2-27。

```
命令:Solid
指定第一点:(点选矩形 1 点第一点)
指定第二点:(点选矩形 1 点第二点)
指定第三点:(点选矩形 1 点第四点)
指定第四点或 <退出>:(回车)
命令: Solid
指定第一点:(点选矩形 2 的第一点)
指定第二点:(点选矩形 2 的第二点)
指定第三点:(点选矩形 2 的第三点)
指定第四点或 <退出>:(点选矩形 2 的第四点)
```

指定第三点:(回车)

命令: Solid

指定第一点:(点选矩形 3 的第一点)

指定第二点:(点选矩形 3 的第二点)

指定第三点:(点选矩形 3 的第四点)

指定第四点或 < 退出 >:(点选矩形 3 的第三点)

指定第三点:(回车)

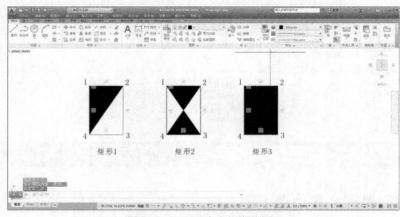

图 2-27 SOLID 命令的使用举例

2.4.2 编辑多段线和三维多边形网格 PEDIT

PEDIT 命令是对于用 PLINE 命令画出的多段线的专门编辑命令。用户可以通过闭合和打开多段线,以及移动、增加或清除单个顶点来编辑多段线。可以在任何两个顶点之间拉直多段线,也可以切换线型以便使每个顶点前或后显示虚线。可以为整个多段线设置统一的宽度,也可以分别控制各个线段的宽度,还能通过多段线创建样条曲线的线性近似值。另外,PEDIT 还可以编辑三维多边形网格和三维多段线等,在此仅以编辑平面多段线为例。

PEDIT 命令的激活方式有以下 3 种。

(1)从【修改】主菜单下拉菜单进入【对象】子菜单选择【多段线】命令。

(2)在命令行直接键入 PEDIT。

(3)通过点击屏幕菜单【修改 1】→【Pedit】选项输入命令。

AutoCAD 2016 的多段线编辑命令功能很强,它可以同时编辑多个多段线对象,下面结合如图 2-28 所示的图形进行命令介绍。

1)用 PEDIT 命令转换多段线

如图 2-28 图一所示,原图为三段不闭合的直线,现在把它们转换成多段线,命令步骤如下。

命令: Pedit

选择多段线或 [多条(M)]:(点选线段 1)

选定的对象不是多段线

是否将其转换为多段线？ <Y> y

输入选项

[闭合(C)/合并(J)/宽度(W)/编辑顶点(E)/拟合(F)/样条曲线(S)/非曲线化(D)/线型生成(L)/放弃(U)]:(回车)

命令: Pedit

选择多段线或[多条(M)]:(点选线段2)

所选对象不是多段线是否将其转换为多段线？ <Y> y

输入选项

[闭合(C)/合并(J)/宽度(W)/编辑顶点(E)/拟合(F)/样条曲线(S)/非曲线化(D)/线型生成(L)/放弃(U)]:(回车)

命令: Pedit

选择多段线或[多条(M)]:(点选线段3)

所选对象不是多段线是否将其转换为多段线？ <Y> y

输入选项

[闭合(C)/合并(J)/宽度(W)/编辑顶点(E)/拟合(F)/样条曲线(S)/非曲线化(D)/线型生成(L)/放弃(U)]:(回车)

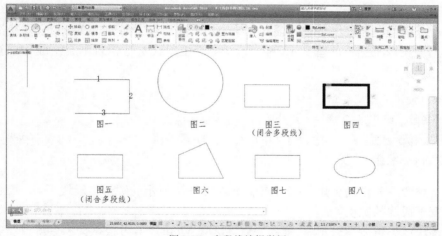

图 2-28 多段线编辑举例

2)用 **PEDIT** 合并多段线

在上述三条多段线生成后,要把它们合并成一条多段线,则操作步骤如下。

命令: Pedit

选择多段线或[多条(M)]:(点选线段1)

输入选项

[闭合(C)/合并(J)/宽度(W)/编辑顶点(E)/拟合(F)/样条曲线(S)/非曲线化(D)/线型生成(L)/放弃(U)]: J

选择对象: 找到 1 个(点选第一段直线)

选择对象: 找到 1 个,总计 2 个(点选第二段直线)

选择对象: 找到 1 个,总计 3 个(点选第三段直线)

选择对象:(回车)

两条线段已添加到多段线

输入选项

[闭合(C)/合并(J)/宽度(W)/编辑顶点(E)/拟合(F)/样条曲线(S)/非曲线化(D)/线型生成(L)/放弃(U)]:(回车)

3）用 PEDIT 闭合多段线

在上述第二步完成后,再进行多段线的闭合操作。

命令:Pedit

选择多段线或[多条(M)]:(点选未封闭的矩形)

输入选项

[闭合(C)/合并(J)/宽度(W)/编辑顶点(E)/拟合(F)/样条曲线(S)/非曲线化(D)/线型生成(L)/放弃(U)]:C

这样就会形成一个闭合矩形。

需要注意的是,PEDIT 的闭合命令对圆是不适用的,也不能改变圆的线宽等参数。

4）拟合多段线

拟合命令就是在多段线所有的顶点并使用指定的切线方向创建圆弧拟合多段线成为圆滑曲线。例如在以上图形的基础上,再对这个矩形多段线进行拟合则会生成一个新的类圆形多段线。

命令: Pedit

选择多段线或[多条(M)]:(点选闭合后的矩形多段线)

[打开(O)/合并(J)/宽度(W)/编辑顶点(E)/拟合(F)/样条曲线(S)/非曲线化(D)/线型生成(L)/放弃(U)]: F

通过上述命令就把闭合矩形拟合成如图 2-28 图二所示的圆形多段线了。

5）改变多段线的宽度

进入多段线编辑命令提示后,键入"W"响应【Width】项,可根据提示重新设置多段线的宽度,使多段线的各段具有相同的宽度值。以图 2-28 图三的矩形多段线为例。

命令: Pedit

选择多段线或[多条(M)]:(选择图三的闭合矩形多段线)

输入选项

[打开(O)/合并(J)/宽度(W)/编辑顶点(E)/拟合(F)/样条曲线(S)/非曲线化(D)/线型生成(L)/放弃(U)]:W

指定所有线段的新宽度: 0.5

则矩形多段线变为如图 2-28 图四所示的图形。

6）改变多段线的顶点

进入多段线编辑命令提示后,键入"E"响应【Edit vertex】项,可根据提示重新设置多段线的顶点。以图 2-28 图五所示的闭合矩形多段线为例。

命令：Pedit

选择多段线或［多条(M)］:(选择图五的矩形多段线)

输入选项

［打开(O)／合并(J)／宽度(W)／编辑顶点(E)／拟合(F)／样条曲线(S)／非曲线化(D)／线型生成(L)／放弃(U)］:E

输入顶点编辑选项

［下一个(N)／上一个(P)／打断(B)／插入(I)／移动(M)／重生成(R)／拉直(S)／切向(T)／宽度(W)／退出(X)］<N>:M

指定标记顶点的新位置:(为第一点指定任意的位置)

［下一个(N)／上一个(P)／打断(B)／插入(I)／移动(M)／重生成(R)／拉直(S)／切向(T)／宽度(W)／退出(X)］<N>:(回车)

则绘出如图 2-28 图六所示的图形。

对于顶点编辑,将其中的参数介绍如下。

(1)下一个(N)

选择【下一个(N)】选项,可以把顶点标记移动到多段线的下一个顶点,即改变当前的编辑顶点。

(2)上一个(P)

选择该选项，AutoCAD 把当前顶点的小叉标记移动到前一个顶点处,即要编辑的顶点前移。

(3)打断(B)

删除多段线上指定两顶点之间的线段,选择该选项，AutoCAD 把当前的编辑顶点作为第一端点,并接着出现如下提示。

输入选项［下一个(N)／上一个(P)／转至(G)／退出(X)］<N>:

其中【下一个(N)】和【上一个(P)】选项分别使编辑顶点后移或前移,以确定第二个端点【转至(G)】选项接受第二个端点,将位于第一端点到第二端点之间的多段线删除,选择【退出(X)】选项则退出【打断】操作,返回到上一级提示。

(4)插入(I)

在当前编辑的顶点后面插入一个新的顶点,选择该选项，AutoCAD 接着出现以下提示。

指定新顶点的位置:

在该提示下确定新顶点的位置即可。

(5)移动(M)

在当前的编辑顶点移动到新的位置,选择该选项，AutoCAD 接着出现以下提示。

指定标记顶点的新位置:

在该提示下确定新位置即可。

（6）重生成（R）

该选项用来重新生成多段线,常与选项宽度（W）连用。

（7）拉直（S）

拉直多段线中位于指定两个顶点之间的线段,执行该选项, AutoCAD 把当前的编辑顶点作为第一拉直端点,并给出如下提示。

> 输入选项[下一个（N）/ 上一个（P）/ 转至（G）/ 退出（X）] <N>:

其中【下一个（N）】和【上一个（P）】选项用来选择第二个拉直端点,【转至（G）】选项执行对位于两顶点之间的线段的拉直,即这两个顶点之间用一条直线代替,【退出（X）】选项表示退出【拉直】操作,返回到上一级提示。

（8）切向（T）

改变当前所编辑顶点的切线方向,执行该选项, AutoCAD 会出现如下提示。

> 指定顶点切向:

用户可以直接输入表示切线方向的角度值,也可以确定一点,之后 AutoCAD 以多段线上的当前点与该点的连线方向作为切线方向,确定顶点的切线方向后 AutoCAD 用箭头表示出其方向。

（9）宽度（W）

修改多段线中当前编辑顶点之后的那一条线段的起始宽度和终止宽度,选择该选项, AutoCAD 依次提示如下。

> 指定下一线段的起点宽度:
>
> 指定下一线段的端点宽度:

用户依次响应后,屏幕上的图形可能不立即改变,需要选择【重生成（R）】选项,才能看到编辑结果。

（10）退出（X）

退出【编辑顶点】操作,返回到上一级提示。

7)用样条曲线拟合多段线

可以使用其中的样条曲线来拟合多段线,拟合中使用选定多段线的顶点作为样条曲线的曲线控制点或控制框架。该曲线（称为样条曲线拟合多段线）将通过第一个和最后一个控制点,除非原多段线是闭合的。曲线将会被拉向其他控制点但并不一定通过它们。控制框架特定部分中指定的控制点越多,曲线上这种拉拽的倾向就越大。AutoCAD 2016 可以生成二次或三次样条拟合多段线。

以图 2-28 中图七闭合多段线矩形为例。

```
命令: Pedit
选择多段线或 [ 多条( M )]:(选择图七的闭合矩形多段线)
输入选项
[打开( O )/ 合并( J )/ 宽度( W )/ 编辑顶点( E )/ 拟合( F )/ 样条曲线( S )/ 非曲线化( D )/
线型生成( L )/ 放弃( U )]:S
```

输入选项

[打开(O)／合并(J)／宽度(W)／编辑顶点(E)／拟合(F)／样条曲线(S)／非曲线化(D)／线型生成(L)／放弃(U)]:(回车)

则绘出如图 2-28 图八所示的图形。

8)其余的选项简介

(1)非曲线化(D)

用于删除拟合曲线或样条曲线插入的多余顶点,并拉直多段线的所有线段。保留指定给多段线顶点的切向信息,用于随后的曲线拟合。使用命令(如 BREAK 或 TRIM)编辑样条拟合多段线时不能使用"非曲线化"选项。

(2)线型生成(L)

用于生成连续线型通过多段线的顶点。关闭此选项,将在每个顶点处以点画线开始和结束生成线型。"线型生成"不能用于带变宽线段的多段线。

(3)放弃(U)

用于撤销操作,可一直返回到 PEDIT 任务的开始状态。

2.4.3 创建多个点对象 POINT 以及块 BLOCK 等功能简介

POINT 命令系统用于在指定位置绘制点、绘制等分点、利用等分点插入块、绘制测量点、利用测量点插入块。

POINT 命令的激活方式有以下 5 种。

(1)单击功能区面板的【绘图】控制台中的 ▪ 图标按钮。

(2)单击绘图工具栏中的 ▪ 图标按钮。

(3)从【绘图】主菜单下拉菜单进入【点】子菜单选择相应的单点或多点等命令。

(4)在命令行直接键入 POINT。

(5)通过点击屏幕菜单【绘制 2】→【点】选项输入命令。

点命令中还有几个要说明的命令如下。

1)点样式

点击【格式】菜单下的点样式(或直接用 DDPTYPE 命令),弹出【点样式】对话框[如图 2-29a)],从中选择一种点样式。

2)定数等分 DIVIDE 命令

DIVIDE 命令用于将点对象或块沿对象的长度或周长等间隔排列。DIVIDE 通过沿对象的长度或周长放置点对象或块,在选定对象上标记相等长度的指定数目。可定数等分的对象包括圆弧、圆、椭圆、椭圆弧、多段线和样条曲线。激活方法为输入 DIVIDE 命令或【绘图】主菜单下进入【点】菜单选择【定数等分】命令,或者通过功能区面板【绘图】控制台选择 ⚟ ,如图 2-29b)所示。

3)定距等分 MEASURE 命令

MEASURE 命令用于将点对象或块在对象上指定间隔处放置,AutoCAD 将标记放置在正在定距等分的对象所处的用户坐标系(UCS)中。激活方法为输入 MEASURE 命令或【绘图】主菜单下进入【点】菜单选择【定距等分】命令。

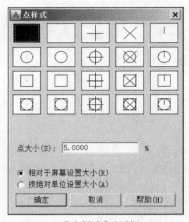
a)【点样式】对话框

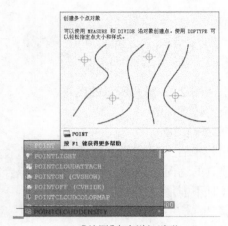
b)【绘图】中点详细说明

图 2-29　创建点对象

块 BLOCK 功能是 AutoCAD 图形中的一个重要工具,块对象是由一个或者多个对象组成的,块可以重复使用,多次插入到不同的图形中。块是 AutoCAD 用户有效组织图形和提高绘图效率的工具。块是多个对象的集合,一组对象被组合成块后,用户就可以根据绘图需要将这组对象任意次数插入到图形中指定的位置,而且还可以使用不同的比例和旋转角度。块是可组合起来形成单个对象(或称为块定义)的对象集合。可以在图形中对块进行插入、比例缩放和旋转等操作,还可以将块分解为组成对象并且修改这些对象,然后重定义这个块。AutoCAD 会根据块定义更新该块的所有引用。

要使用块,首先要定义块。一般在命令行中输入 BLOCK 命令或点击面板绘图工具栏中的 图标,就会弹出如图 2-30 所示的对话框,首先用鼠标在屏幕上点取块的基点 X、Y、Z,然后用鼠标框选需要作为块的图形,最后给块命名,按确定按钮,结束块的定义。

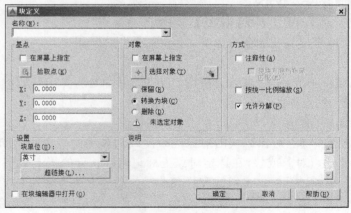

图 2-30　【块定义】对话框

如果需要在其他的图形中使用当前图形的块,需要将其以文件的形式保存下来。

命令是 WBLOCK,使得块也可以用在其他的图形中。

调用 WBLOCK 命令,AutoCAD 弹出如图 2-31 所示的【写块】对话框。

创建了块或者将块保存到文件以后,就可以将块插入到图形中了。

命令：INSERT（或点击绘图工具栏中的 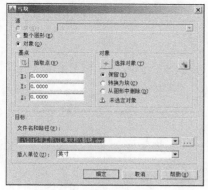 图标，或通过功能区面板选择，调用插入块命令，AutoCAD 弹出如图 2-32 所示的【插入】对话框。）

图 2-31 【写块】对话框

图 2-32 【插入】对话框

该对话框中各个选项的含义如下。

（1）名称

指定要插入的块或者图形的名称，单击下三角按钮，可以从当前图形的已有块列表中选择要插入的块，而单击【浏览】按钮，用户可以通过弹出的对话框指定要插入到当前图形的图形文件。

（2）插入点

该选项区域用于设置块的插入点，用户可以直接在 X、Y、Z 文本框中输入插入点的坐标；也可以选中【在屏幕上指定】的复选框，之后在屏幕上指定插入点。

（3）比例

该选项区域用于设置块的插入比例，拥护可直接在 X、Y、Z 文本框中输入块在 3 个方向的比例，也可以选中【在屏幕上指定】复选框，之后当插入块时，在屏幕上指定比例。

如果选中【统一比例】复选框，则所插入的块在 X、Y、Z 的 3 个方向的插入比例相同，这时 Y、Z 文本框低亮度显示，只需在 X 文本框中输入比例值即可。

（4）统一比例

为 X、Y 和 Z 坐标指定单一的比例值。为 X 指定的值也反映在 Y 和 Z 的值中。

（5）旋转

该选项区域用于设置块插入时的旋转角度。用户可直接在【角度】文本框中输入角度值；也可以选中【在屏幕上指定】复选框，之后在屏幕上指定旋转角度。

（6）分解

该复选框用于设置是否将插入的块分解成各个独立对象。

（7）块单位

显示有关块单位的信息。【单位】文本框中指定插入块的图形单位值。【比例】文本框显示单位比例因子，该比例因子是根据块的单位值和图形单位计算的。

下面用以上的点命令和块命令作以下的图形来说明其使用方法。

首先用定数等分 DIVIDE，把如图 2-31 直线一所示的长度为 1500 的直线分成等距离的 3 份（此时点样式已经设定）。

命令：Divide
选择要定数等分的对象:(点选直线)
输入线段数目或 [块(B)]:3

回车,则生成的结果如图 2-33 直线 1 所示。

命令：Measure
选择要定距等分的对象:(点选直线)
指定线段长度或 [块(B)]:500

用定数等分 Measure,以 500 为间距。结果如图 2-33 直线 2 示。

命令：Measure
选择要定距等分的对象:(点选直线)
指定线段长度或 [块(B)]:B
输入要插入的块名:circle (事先做好的块,保存为文件 circle.dwg)
是否对齐块和对象？ [是(Y) / 否(N)] <Y>:(回车)
指定线段长度:500

回车,则生成的结果如图 2-33 直线 3 所示。

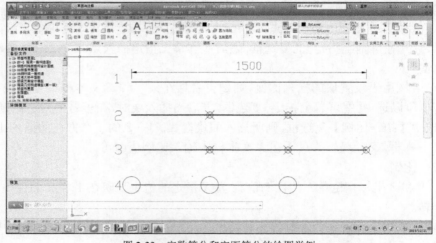

图 2-33　定数等分和定距等分的绘图举例

2.4.4　面域命令

　　面域是以封闭边界创建的二维封闭区域。边界可以是一条曲线或一系列相连的曲线,组成边界的对象可以是直线、多线段、圆、椭圆、椭圆弧、样条曲线、三维面、宽线或实体,这些对象或者是自动封闭的,或者与其他对象有公共端点从而形成封闭的区域,但它们必须共面,即在同一个平面上。可以由多个自封闭的对象或者端点相连构成封闭的对象创建多个面域,如果边界对象内部相交,就不能生成面域(例如,相交的圆弧或自交的曲线),可以分解诸如三维多段线和网格之类的对象,并将其转换为面域,不能通过非闭合对象内部相交构成的闭合区域构造面域（例如，相交的圆弧或自交的曲线）。

创建面域可以有两种不同的方式：将包含封闭区域的对象转换为面域对象 REGION 命令和从封闭区域创建面域或多段线 BOUNDARY 命令。

（1）REGION 命令的激活方式有以下 5 种。

①单击功能区面板【绘图】控制台中的 图标按钮。

②单击绘图工具栏中的 图标按钮。

③从【绘图】主菜单下拉菜单选择【面域】命令。

④在命令行直接键入 REGION 或 REG。

⑤通过点击屏幕菜单【绘制 2】→【面域】选项输入命令。

使用方法为：用以上任一种方法执行 REGION 命令，根据提示选择对象（必须是封闭环），回车确认来创建对象。

（2）BOUNDARY 命令的激活方式主要有以下的方式。

①从【绘图】主菜单下拉菜单选择【边界】命令。

②点击功能区选项板【绘图】控制台中的 按钮。

③在命令行直接键入 BOUNDARY。

④通过点击屏幕菜单【绘制 2】→【边界】选项输入命令。

执行 BOUNDARY 命令后系统将打开如图 2-34 所示的【边界创建】对话框。如果用户在【边界创建】对话框中将【对象类型】设置为面域，单击【拾取点】按钮至绘图窗口，在要创建的面域的区域内单击，系统自动分析边界，按回车结束点选取，系统将给出创建面域提示信息，即可创建面域。

（3）其他几个和面域操作关系紧密的命令。

①并集（UNION）。并集是指两个或多个面域合并成为一个单独面域，而且合并前面域的位置没有关系，执行面域合并的命令可以输入 UNION 或下拉菜单【修改】→【实体编辑】→【并集】。

②差集（SUBTRACT）。面域求差是指从一个面域中减去另一个面域。此命令在计算中空实体特性的时候经常被使用。激活方式可以直接输入 SUBTRACT 或下拉主菜单【修改】→【实体编辑】→【差集】。

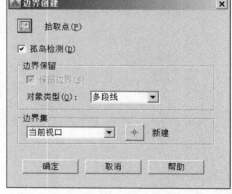

图 2-34 利用【边界创建】对话框创建面域

③交集（INTERSECT）。面域交集操作是指从两个或两个以上面域中抽取其重叠部分的操作。激活方式可以直接输入 INTERSECT 或下拉主菜单【修改】→【实体编辑】→【交集】。

使用面域操作还可以给面域填充图案和着色，从而进一步结合查询命令可以分析面域的几何特性（如面积）和物理特性（如质心、惯性矩等），所以在结构分析中也经常用到。

下面我们以箱形截面的梁横断面的面域操为例来说明面域操作的基本过程（如图 2-35 所示）。

先用 Region 命令对如图 2-35 所示的区域进行面域操作。

命令：REGION

选择对象：指定对角点：找到 43 个

选择对象：

已拒绝 2 个闭合的、退化的或未支持的对象。

已提取 4 个环。

已创建 4 个面域。

最后用 Subtract 命令，将外轮廓线包围的面域减去内轮廓线包围的面域，形成实际混凝土的面域，以便进一步的特性查询。

命令：SUBTRACT

选择要从中减去的实体、曲面和面域 …

选择对象：找到 1 个　　　　　　　　　　（选择外轮廓线）

选择对象：　　　　　　　　　　　　　　（回车）

选择要减去的实体、曲面和面域 …　　　（选择内部三个需要减除的箱室）

选择对象：找到 1 个

选择对象：找到 1 个,总计 2 个

选择对象：找到 1 个,总计 3 个

最后得到如图 2-35 所示中空的面域效果。

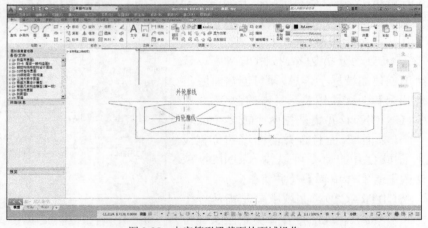

图 2-35　中空箱形梁截面的面域操作

2.4.5　创建样条曲线 SPLINE

样条曲线是经过或接近影响曲线形状的一系列点的平滑曲线。

1）绘制样条曲线

（1）依次单击"常用"选项卡 ➤"绘图"面板 ➤"样条曲线"。

（2）（可选）输入 m（方法），然后输入 f（拟合点）或 cv（控制点）。

（3）指定样条曲线的起点。

（4）指定样条曲线的下一个点。根据需要继续指定点。

（5）按 Enter 键结束，或者输入 c（闭合）使样条曲线闭合。

2）绘制相切于并连接两条直线或曲线的样条曲线

（1）单击"修改"选项卡 ➤"过渡曲线"。

（2）（可选）输入 con（连续性），然后输入相切选项。

（3）在端点附近选择直线或曲线。

（4）选择端点附近的另一条直线或曲线。

3）将样条曲线拟合多段线转换为样条曲线

（1）依次单击"常用"选项卡 ➤"绘图"面板 ➤"样条曲线"。

（2）输入 O（对象）。

（3）选择一条样条曲线拟合多段线并按 Enter 键。

（4）选定的对象由多段线变为样条曲线。

道桥工程中也常需要绘制样条曲线，如绘制变截面桥梁的梁底线、平弯加竖弯的预应力钢绞线以及公式曲线，绘制这类曲线时，可先在 EXCEL 中列出曲线通过点坐标，然后将这些坐标点粘贴到 AutoCAD 命令行中，就可以绘制出所需要的公式曲线。

例如，SPLINE 命令绘制正弦曲线。文本编辑器设置如图 2-36 所示。

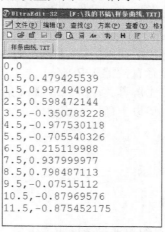

a）EXCEL 中生成曲线节点坐标　　　　b）文本编辑器中去除空格

图 2-36　文本编辑器设置

命令：SPLINE

当前设置：方式＝拟合　　节点＝平方根

指定第一个点或 [方式（M）/节点（K）/对象（O）]：（拷贝图 2-36b）文本编辑器里面的字符）

输入下一个点或 [端点相切（T）/公差（L）/放弃（U）/闭合（C）]：　回车确认，则绘制出如图 2-37 所示的正弦曲线。

2.4.6　创建单向无限长的线 RAY

射线类似于参照线，但射线的特点是以指定点为起点，向某一方向无限延长。如果需要一条仅在一个方向上扩展的线的话，用射线就比较好，画射线的命令 RAY 是绘制以定点为起始点，且在单方向无限延长的直线。

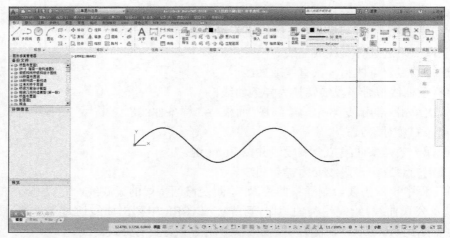

图 2-37　绘制正弦曲线

RAY 命令的激活方式有以下 4 种。

(1)从【绘图】主菜单下拉菜单选择【射线】命令。

(2)点击功能区面板【绘图】控制台的 ✎ 图标按钮。

(3)在命令行直接键入 RAY。

(4)通过点击屏幕菜单【绘制 1】→【射线】选项输入命令。

操作格式:用以上任一方式输入 RAY 命令,AutoCAD 会出现以下提示。

> 指定起点:

输入点后提示:

> 指定通过点:

输入点后则绘出通过该两点的射线。

2.4.7　创建椭圆或椭圆弧 ELLIPSE

画椭圆命令 ELLIPSE 可以创建完整的椭圆或椭圆弧,两者都是椭圆的精确数学表示形式。

ELLIPSE 命令的激活方式有以下 5 种。

①单击功能区面板【绘图】控制台中的 ⬭ 图标按钮。

②单击绘图工具栏中的 ⬭ 图标按钮。

③从【绘图】主菜单下拉菜单选择【椭圆】菜单选择相应的命令。

④在命令行直接键入 ELLIPSE 或 EL。

⑤通过点击屏幕菜单【绘制 1】→【椭圆】选项输入命令句

(1)绘制椭圆的缺省方法是指定第一个轴的端点和距离,此距离是第二个轴的长度的一半。在椭圆中,较长的轴称为长轴,较短的轴称为短轴。长轴和短轴与定义轴的次序无关。绘制椭圆有以下 4 种方法。

①根据椭圆某一轴上的两个端点的位置以及另一轴的半长绘椭圆。

②根据椭圆一根轴上的两个端点的位置以及一转角绘制椭圆。

③根据椭圆的中心坐标、一根轴的一个端点的位置以及另一轴的半长绘制椭圆。

④根据椭圆的中心坐标、一根轴上的一个端点位置以及一转角绘制椭圆。

输入 Ellipse 命令后,提示如下(见图 2-38)。

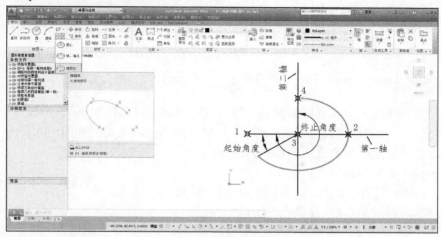

图 2-38　椭圆和椭圆弧绘制说明

指定椭圆的轴端点或[圆弧(A)／中心点(C)]:

其中:

a. 默认的是指定椭圆的一轴的端点,用户输入此端点坐标或点选指定后,程序会出现以下提示。

指定轴的另一个端点:

用户再用上述的方法可以这一轴的另外一个端点,从而指定了椭圆的一个轴。接着程序又会出现以下提示。

指定另一条半轴长度或[旋转(R)]:

用户可以按默认输入椭圆另外半轴的长度,则完成椭圆输入。或者选择输入 R,程序会出现以下提示。

指定绕长轴旋转的角度:

此时用户输入角度,即通过绕第一条轴旋转定义椭圆的长短轴之比。该值(从 0°～89.4°)越大,短轴对长轴的比例就越大。输入零则定义一个圆。从而完成椭圆绘制。

b. 如输入 C,以表示输入中心点来定义椭圆。程序会出现以下提示。

指定椭圆的中心点:

用户可以输入坐标或点选指定椭圆中心点,程序再提示。

指定轴的端点:

用户指定第一轴一端点后,椭圆第一轴自动生成,按之前的介绍输入椭圆。

(2)绘制椭圆弧相当于先绘好椭圆后,再在其基础上确定圆弧的特性来定义圆弧(图2-38)。

输入方法就是在以上说明中输入 A,以响应圆弧命令,输入后程序会出现以下提示。

> 指定椭圆弧的轴端点或 [中心点(C)]:

紧接的操作同椭圆绘制,也有 4 种方法确定椭圆,在绘制好椭圆后,程序会出现以下提示。

> 指定起始角度或 [参数(P)]:

其中起始角度用于定义椭圆弧的第一端点。"起始角度"选项用于从"参数"模式切换到"角度"模式。所处的模式决定了 AutoCAD 如何计算椭圆。需要同样的输入作为"起始角度",但通过以下矢量参数方程式创建椭圆弧

$p(u) = c + a\cos(u) + b\sin(u)$

其中,c 是椭圆的中心点,a 和 b 分别是椭圆的长轴和短轴。

当用户输入起始角度后,程序会出现以下提示。

> 指定终止角度或 [参数(P)/ 包含角度(I)]

其中,终止角度与起始角度相对,参数同以上说明,包含角度是圆弧起始角与终止角之间的夹角。输入相应的值完成圆弧的定义。

2.4.8 创建由连续圆弧组成的多段线以构成云线 REVCLOUD

绘制云线是能将封闭的图形对象转换为云线形或直接用修订云线来创建云线形。

REVCLOUD 命令的激活方式主要有以下 4 种。

(1)单击功能区面板【绘图】控制台中的🔲图标按钮。

(2)单击绘图工具栏中的🔲图标按钮。

(3)从【绘图】主菜单下拉菜单选择【修订云线】菜单命令。

(4)在命令行直接键入 REVCLOUD。

通过以上方式输入 REVCLOUD 命令后,程序提示如下。

> 命令: REVCLOUD
> 最小弧长: 0.5000   最大弧长: 0.5000   样式: 普通   类型: 徒手画
> 指定第一个点或 [弧长(A)/ 对象(O)/ 矩形(R)/ 多边形(P)/ 徒手画(F)/ 样式(S)/ 修改(M)] < 对象 >:

可以通过选择角点或多边形点或者拖动光标来创建新的修订云线,也可以将对象(例如,圆、多段线、样条曲线或椭圆)转换为修订云线。使用修订云线亮显要查看的图形部分。

注 REVCLOUD 在系统注册表中存储上一次使用的弧长。在含有不同比例因子的图形中使用程序时,用 DIMSCALE 的值乘以此值来保持一致。

可以通过向现有的修订云线绘制一条云线来重新定义该修订云线。当系统提示用户选

择要删除的侧边时,将显示生成的修订云线的预览。

在提示命令下,响应不同的子命令会有不同的操作提示,例如键入 R,即选择矩形时将显示以下提示:

第一个角点:

指定矩形修订云线的一个角点。

对角点:

指定矩形修订云线的对角点。

在键入对象命令 O,即选择对象操作时将显示以下提示:

选择对象:

选择已经绘制好的云线。

反转方向:

反转修订云线上连续圆弧的方向。

在键入对象命令 P,即选择多边形操作时将显示以下提示。

起点:

设置多边形修订云线的起点。

下一点:

指定下一点以定义多边形形状的修订云线。

反转方向:

反转修订云线上连续圆弧的方向。

在键入对象命令 F,即选择徒手画操作时将显示以下提示。

指定第一个点:

指定徒手画修订云线的第一个点。

命令子选项的具体意义如下。

弧长(A):

默认的弧长最小值和最大值为 0.5000。 所设置的最大弧长不能超过最小弧长的 3 倍。

对象(O):

指定要转换为云线的对象。

矩形(R):

使用指定的点作为对角点创建矩形修订云线。

多边形(P):

创建非矩形修订云线(由作为修订云线的顶点的 3 个点或更多点定义)。

徒手画(F):

绘制徒手画修订云线。

样式(S):

指定修订云线的样式。

普通:

使用默认字体创建修订云线。

手绘:

像使用画笔绘图一样创建修订云线。

修改(M)：

从现有修订云线添加或删除侧边。

选择多段线：

指定要修改的修订云线。

反转方向：

反转修订云线上连续圆弧的方向。

在绘制过程中还需要注意，按 Enter 键可以在绘制修订云线的过程中终止执行 REVCLOUD 命令。这将生成开放的修订云线。不能使用 Esc 键（其作用为取消）；打开"正交"或"对象追踪"后，可以跟踪修订云线的矩形路径。

如图 2-39 所示为几种云线绘制方法的不同效果。

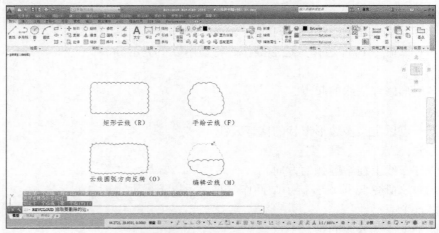

图 2-39　修订云线举例

2.5 小结

本章主要内容总结如下。

（1）介绍 AutoCAD 中文件的新建（NEW）、打开已有文件的命令（OPEN），以及文件的保存（SAVE）、AutoCAD 的退出（QUIT）。

（2）介绍 AutoCAD 中绘图的基本命令、激活方式及各个命令提示行中各项的含义并举例说明，绘图过程中应该注意的问题及绘图技巧。绘图过程中常用的命令有直线（LINE）、构造线（XLINE）、多段线（PLINE）、正多边形（POLYGON）、矩形（RECTANG）、圆弧（ARC）、圆（CIRCLE）、圆环（DONUT）、多线（MLINE，多用于道路绘图）、图案填充（BHATCH），其他的包括绘制实心多边形（SOLID）、编辑多段线和三维多边形网格（PEDIT）、创建点对象（POINT）及块（BLOCK）功能简介、创建面域（REGION）和从封闭区域创建面域或多段线（BOUNDARY）、绘制样条曲线（SPLINE）、绘射线（RAY）、椭圆或椭圆弧（ELLIPSE）、云线（REVCLOUD）。记住一些常用的命令输入方式，可提高绘图速度及精度。

（3）任何复杂的图形都是由简单的点、线、面等基本元素组成的，只有熟练掌握这些基本元素的绘图方法和技巧，才能方便快捷地创建出各种复杂的图形。

第 2 篇
提高与熟练

本篇主要介绍 AutoCAD 2016 的高级处理、操作技巧及复杂命令组合等内容，通过该部分学习，让读者进一步熟练使用 AutoCAD 2016，从而能绘制工程领域中大部分的二维工程图。

第 3 章

高级绘图技巧

3.1 快速绘图的基本操作

3.1.1 透明命令

透明命令允许在另一条命令的运行期间执行。当透明命令执行完毕，AutoCAD 2016 则会继续运行当前被悬挂的命令。目前最为常用的透明命令有：

'HELP（帮助）

'SETVAR（设置系统变量）

'REDRAW（重画）

'REDRAWALL（重画所有视窗）

'ZOOM（缩放）

'PAN（平移）

'VIEW（视图操作）

'GRID（栅格）

'DDRMODES（草图设置对话框）

'DDLMODES（图层控制对话框）

应当注意的是，使用时必须在透明命令名前加上一个单撇号" ' "。

例如，用户正在用 CIRCLE 命令画圆时，突然想了解有关它的具体使用格式，此刻不必从中退出命令，只要在当前任意的提示信息下键入 'HELP 即可。其详细的操作过程如下。

```
命令: CIRCLE
指定圆的圆心或[三点(3P)/两点(2P)/相切、相切、半径(T)]: 'HELP
… …（帮助窗口弹出并显示出有关圆命令的帮助信息）……
正在恢复执行 CIRCLE 命令。
指定圆的圆心或[三点(3P)/两点(2P)/相切、相切、半径(T)]:30,30
```

除 HELP 外，透明地使用 SETVAR 或者 ZOOM、PAN、GRID、VIEW 等命令，也将给绘图编辑带来极大的方便。

另外，AutoCAD 2016 保留了命令注释功能，当鼠标停留在功能区面板或绘图工具栏某个图标按钮上时，会自动显示该图标按钮的含义及所执行操作的图解及命令条目，如图 3-1 所示。

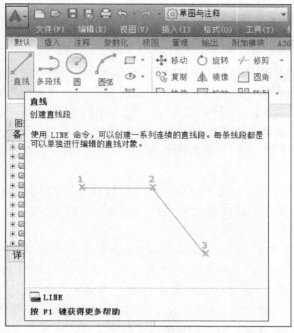

图 3-1　命令注释示例

3.1.2　MULTIPLE—命令重复修饰词

在【命令：】提示下打入 ENTER 键或空格键，将能重复执行上一条命令。但若想要画一簇圆或直线组时，则必须多次重复键入 ENTER。

MULTIPLE 命令可帮助用户更快捷实现以上操作。若它放在任意一条图元绘制、编辑或查询等命令之前，就会自动重复这条命令，一直到输入 CTRL C（或 ESC）为止。

```
命令：MULTIPLE
输入要重复的命令名：circle
指定圆的圆心或［三点（3P）/ 两点（2P）/ 切点、切点、半径（T）］：5,5
指定圆的半径或［直径（D）］<10>：10
指定圆的圆心或［三点（3P）/ 两点（2P）/ 切点、切点、半径（T）］:5,5
指定圆的半径或［直径（D）］<10>：20
… …
```

此时用户能容易地画出一连串的同心圆。

MULTIPLE 命令不发出任何提示，并只放在另一条命令前面使用，所以称它为命令重复修饰词。

3.2　如何精确绘图

为了掌握好 AutoCAD 2016 精确绘图的步骤，用户应该弄清楚下面几个基本概念及其相互关系。

3.2.1 坐标系、绘图单位和窗口

AutoCAD 2016 采用笛卡尔（直角）右手坐标系来确定图中点的位置。X 坐标表示水平距离，Y 坐标表示垂直距离。原点（0，0）一般位于屏幕的左下角。Z 轴垂直于屏幕平面。

两个坐标点之间的距离以绘图单位（Drawing Units）来度量，它本身是无量纲的。但在用户绘图时，也能将绘图单位视为绘制对象的实际单位，如毫米、英寸、米或公里等。一旦图形完成，便可指定合适的比例因子用绘图机输出。（手工绘图与之相反，需先确定比例然后再作图。）

窗口（Window）规定为一个矩形区域。图形屏幕当作【窗口】使用，通过它，用户可看到图的全部或一部分，并能作任意的缩放和平移。值得注意的是，窗口操作不会改变图的绝对尺寸及其比例，只是屏幕显示发生变化。

最终图形要绘制在图纸上，以配合制造、施工使用。图纸有一定的实际尺寸，单位为毫米或英寸，常用规格 A5 ～ A0（即 5 ～ 0 号图纸）。例如 A0 尺寸为 1165mm×817mm。

假定现在我们要绘制一张实际大小为 4000m×3000m 的居民小区布局图。

手工制图需要在大小确定的图纸上进行，所以，必须首先选好绘图比例，才能知道需用的图纸大小。与之相反，AutoCAD 2016 可以在任意大小的屏幕坐标系上绘图，最后才通过绘图机输出图形到图纸上。因此，用户必须改变旧的制图习惯，首先要用 LIMITS 命令设置好绘图极限范围，即等于或大于绘制的整图的绝对尺寸（具体介绍见后面的小节）。最后在用 PLOT 命令出图时，再按照预选的图纸规格来设定绘图比例，或者按要求的绘图比例来选定图纸规格。

3.2.2 设置绘图区域和选择单位制

1）绘图极限范围（LIMITS）

这是指绘图采用的坐标系大小，以绘图单位表示。用 LIMITS（绘图极限）命令来设置绘图极限范围，一般应等于或大于你的整图的绝对尺寸。

LIMITS 命令可以改变栅格覆盖的屏幕面积，但它不影响当前的屏幕显示。LIMITS 命令的格式如下。这里假定要设置一张 4000×3000 大小的图，其物理单位为米（也可假想成任意其他单位）。

```
命令：Limits
重新设置模型空间界限：
指定左下角点或［开（ON）/关（OFF）]<0.0000,0.0000>：  回车
指定右上角点 <420.0000,297.0000>：4000,3000
```

这里左下角和右上角分别为（0，0）和（4000，3000）。若先键入【ON】，则打开绘图极限检查，可帮助用户防止在【图外】绘图。

对于模型空间和图纸空间，LIMITS 命令一般可以规定当前图形极限（边界）和控制对极限的检查。

世界坐标系的绘图极限是用一对二维点表示左下角点和右上角点，以绘图单位表示。

对 Z 方向没有极限。

2）选择单位制（DDUNITS）

在绘图过程中，用户可以临时修改长度单位和角度格式。除早期的 UNITS 命令外，AutoCAD 2016 还提供了通过对话框设置单位制的命令，极大地方便了用户操作。如今，用户也能直观地使用长度单位 LUNITS，长度精度 LUPREC，角度单位 AUNITS，角度精度 AUPREC，零角度方向 ANGBASE 和角度方向 ANGDIR 等系统变量。

为了选择单位制，要键入如下的 DDUNITS 命令。

命令：DDUNITS

于是 AutoCAD 2016 显示出如图 3-2 所示的【图形单位】对话框。

（1）长度区

从中用户可以选择想要的长度类型和精度。类型列表中显示了当前所选长度类型，用户点击下拉框选择所需的长度类型。精度列表显示了当前所选长度格式的默认精度。要修改此值，可从精度列表中拾取所需精度即可。

长度类型中有【分数】【工程】【建筑】【科学】和【小数】等几种。【工程】和【建筑】格式以英尺、英寸方式显示：这些格式假定一个绘图单位表示一英寸。而其他格式不作如此约定，并可以用来表示任何想要的真实世界单位制。

（2）角度区

角度区允许用户设置图形的测量角度的类型和精度值。用户可以相应地设置角度类型为【百分度】【度／分／秒】【弧度】【勘测单位】和【十进制度数】等几种形式。

（3）光源

用于指定光源强度的单位，有【国际】【美国】【常规】等几种形式。

（4）方向

要控制角度的方向，可拾取【方向】按钮来显示方向控制子对话框（图 3-3）。这个对话框允许你设置当前角度测量值的方向。AutoCAD 2016 一般假定 0°方向指向右（东或 3 点钟），而且以逆时针方向增加角度。这是一种默认方式。

图 3-2 【图形单位】对话框

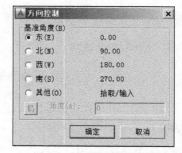

图 3-3 【方向控制】子话框

当前方向角度测量值的设置反映到方向控制子对话框中的 East（东）、North（北）、

West（西）和 South（南）单选按钮的标记上（图 3-3）。为了指定与它们都不相同的方向，可拾取 Other（其他）按钮。这将激活 Pick（拾取）按钮和角度编辑框，可以让用户通过在图形区拾取两个点或者在角度编辑框内输入角度测量值来指定角度。用户也可以在逆时针方向和顺时针方向单选按钮中进行选择。

当然，用户也可以命令行上也可使用 UNITS 以及 LUNITS 等命令选择单位制。

3.2.3　利用栅格、捕捉和正交辅助精确定位

当用户绘制初始对象时，只能通过移动光标和输入坐标的方法来定位，但是，用户在使用光标定位时很难精确地指定某一位置，总存在或多或少的误差。所以必须能够有一些其他方法来辅助光标定位。因此，系统为用户提供了栅格、捕捉和正交辅助绘图功能。

1）显示栅格

栅格是由点构成的图案，显示在图形界限内。使用栅格就像是在图形下放置一张坐标纸。利用栅格可以对齐对象并直观显示对象之间的间距。可以在运行其他命令的过程中打开和关闭栅格。输出图纸时不能打印栅格。用户可以通过单击状态条中【栅格】按钮来打开及关闭栅格显示，也可以在命令行输入 GRID。

执行 GRID 命令的提示如下。

```
命令：grid
    指定栅格间距（X）或［开（ON）/关（OFF）/捕捉（S）/主（M）/自适应（D）/界限（L）/
纵横向间距（A）］<10.0000>：
```

各选项意义如下。

栅格间距 X：缺省选项，用于设置栅格间距，如果其后跟 X，则用捕捉增量（它控制光标移动间隔）的倍数来设置栅格。

开（ON）：打开栅格显示（按 F7）。

关（OFF）：关闭栅格显示（再次按 F7）。

捕捉（S）：设置显示栅格间距等于捕捉间距。

主（M）：即主栅格线，用于指定主栅格线与次栅格线比较的频率。将以除二维线框之外的任意视觉样式显示栅格线而非栅格点。

自适应（D）：控制放大或缩小时栅格线的密度。

```
    打开自适应行为［是（Y）/否（N）］<是>：（输入 Y 或 N）
```

限制缩小时栅格线或栅格点的密度。该设置也由 GRIDDISPLAY 系统变量控制。

```
    允许以小于栅格间距的间距再拆分［是（Y）/否（N）］<是>：
```

如果打开，则放大时将生成其他间距更小的栅格线或栅格点。这些栅格线的频率由主栅格线的频率确定。

界限（L）：显示超出 LIMITS 命令指定区域的栅格。

跟随（F）：更改栅格平面以跟随动态 UCS 的 XY 平面。该设置也由 GRIDDISPLAY 系统变量控制。

纵横向间距(A)：设置显示栅格水平及垂直间距，用于设定不规则的栅格。

2)设置捕捉

捕捉模式用于控制十字光标，使其按照用户定义的间距移动。当捕捉模式打开时，光标似乎附着或捕捉了一个不可见的栅格。捕捉模式有助于使用键盘或定点设备来精确地定位点。通过设置 X 和 Y 的间距可控制捕捉精度。捕捉模式有开关控制，并且可以在其他命令执行期间打开或关闭。

捕捉间距不需要和栅格间距相同。例如，可设置较宽的栅格间距用作参考，同时使用较小的捕捉间距以保证定位点时的精确性。栅格间距可以小于捕捉间距。在 AutoCAD2016 中，有栅格捕捉和极轴捕捉两种，若选用捕捉样式为栅格捕捉，则光标只能在栅格方向上精确移动；若选择捕捉样式为极轴捕捉，则光标可以在极轴方向精确移动。

设置捕捉的命令是：SNAP，热键是 F9。

SNAP 命令有如下选项。

指定捕捉间距或 [打开(ON)/关闭(OFF)/纵横向间距(A)/传统(L)/样式(S)/类型(T)] <0.5000>：

其中具体说明如下。

指定捕捉间距：设置捕捉增量。

开(ON)：打开捕捉。

关(OFF)：关闭捕捉(缺省)。

纵横向间距(A)：设置捕捉水平及垂直间距，用于设定不规则的捕捉。

传统(L)：

指定"是"将导致旧行为。光标将始终捕捉到捕捉栅格。

指定"否"将导致新行为。光标仅在操作正在进行时捕捉到捕捉栅格。

样式(S)：提示选定【标准(S)】或【等轴测(I)】捕捉。其中，【标准】样式设置通常的捕捉方式，【等轴测】模式用于绘制三维图形。

类型(T)：指定捕捉类型，极轴捕捉或栅格捕捉。

用户在使用 SNAP 命令时要注意以下几点。

(1)【样式(S)】选项后的【输入捕捉栅格类型 [标准(S)/等轴测(I)]<S>：】选项用于轴测图绘制，它以 30°、90°、150°、210°、270° 和 330° 为基础。

(2)用户最好将捕捉间隔设为显示栅格的几分之一，这样有利于用户按栅格调整捕捉点。

设置捕捉的另外一种有效的方法是，选择【工具】主菜单下的【绘图设置】选项或者在状态栏中【对象捕捉】及【对象追踪】栏中点击右键选择【设置…】选项，然后利用打开的【草图设置】对话框中的【捕捉和栅格】选项卡来设置[图 3-4a)]。

3)使用正交模式

打开正交模式，意味着用户以正交的方式绘制图形。用户可通过单击状态条上的【正交】按钮、使用 ORTHO 命令、按 F8 键打开或关闭正交模式。

4)利用【草图设置】对话框设置栅格和捕捉

用户可使用 DDRMODES 命令或通过选取下拉主菜单菜单【工具】中的【草图设置】选项来显示【捕捉和栅格】对话框[图 3-4a)]。用户可以利用对话框查看、修改及显示栅格捕捉、正交、极轴追踪和其他工作模式。

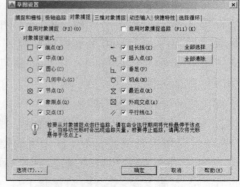

a)【捕捉与栅格】选项卡   b)【对象捕捉】选项卡

图 3-4 【草图设置】对话框

【捕捉和栅格】对话框主要包括了 5 个选项区，其各项设置意义如下。

（1）捕捉

【启用捕捉】用来打开或关闭捕捉方式（等同于按 F9、单击状态行中的【捕捉】按钮）及用来改变捕捉 X、Y 轴间距（缺省值为 10）以及设置两轴间距相等。缺省时关闭捕捉。

（2）栅格

【启用栅格】用来打开或关闭显示栅格（等同于按 F7、单击状态行中的【栅格】按钮），且可用来改变 X、Y 轴栅格间距（缺省值为 10）以及每条主线上的栅格数。缺省时关闭显示栅格。

（3）捕捉类型和样式

在此，用户可以选择捕捉类型是栅格捕捉还是极轴捕捉。如果选用栅格捕捉，可以选择矩形捕捉还是等轴测捕捉；如果选择极轴捕捉，设置为极轴捕捉方式。

（4）极轴间距

【极轴间距】编辑框用于设置极轴捕捉间距。极轴设置在后面还有相应的说明。

（5）栅格行为

该选项组中的参数主要用于创建三维图形，设置"视觉样式"中栅格线的显示样式（三维线框除外）。

3.2.4 精确捕捉对象上的几何点

如果用户想利用移动光标的方法绘制一个新的对象，那么上面所讲的方法是十分有用的。然而，如果用户需要通过已经绘制对象上的几何点定位新的点，那么利用对象捕捉功能就显得十分方便了。对象捕捉模式精确地指定对象上的捕捉点。在运行命令的过程中可以使用对象捕捉，或者设置执行对象捕捉。执行对象捕捉模式可以用状态栏上的【对象捕捉】按钮来开关。可以按 TAB 键在可用的对象捕捉之间循环切换。对象捕捉设置随图形一起存储。

1）通过【对象捕捉】选项卡的设置捕捉

设置执行对象捕捉的步骤如下。

（1）从【工具】主菜单中选择【草图设置】选项。

（2）在弹出的【草图设置】对话框的【对象捕捉】选项卡中选择【启用对象捕捉】（如图

3-4b 所示）。

（3）选择所需的执行对象捕捉，然后选择【确定】。

也可在命令行输入 OSNAP，这时，就会出现启用对象捕捉对话框，就可以选择需要的对象捕捉了。

还可以通过快捷菜单来设置对象捕捉。在状态栏的【对象捕捉】或【对象追踪】上单击右键，然后选择【设置…】。

2）通过【对象捕捉】工具栏来设置捕捉

用户可以在菜单栏中【工具】→【工具栏】→【AutoCAD】，在相应的【对象捕捉】项上打勾，启动【对象捕捉】工具栏，如图 3-5 所示。

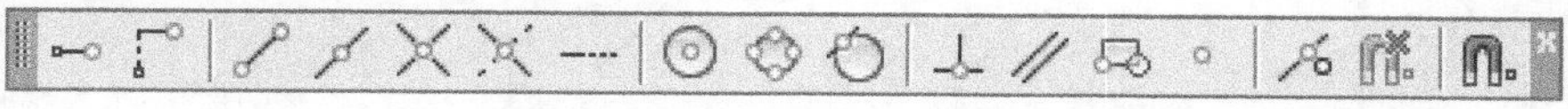

图 3-5 对象捕捉工具栏

工具栏中的各个图标的意义如下。

创建对象捕捉所使用的临时点 TT；捕捉自 FROM；捕捉到端点 END；

捕捉到中点 MID；捕捉到交点 INT；捕捉到外观交点 APPINT；

捕捉到延长线 EXT；捕捉到圆点 CEN；捕捉到象限点 QUA；

捕捉到切点 TAN；捕捉到垂足 PER；捕捉到平行 PAR；

捕捉到插入点 INS；捕捉到节点 NOD；捕捉到最近点 NEA；

禁止对当前对象执行对象捕捉 NON；对象捕捉设置 OSNAP。

3）利用其他方式对当前对象捕捉进行设置

用户在当前绘图中需要捕捉对象特征点，除了上面两种设置方式以外，还可以在绘图时，直接用 Shift＋右键，则弹出如图 3-6 所示的菜单。

此外，用户在绘图以及修改命令中还可以使用利用捕捉命令的透明性来绘图，这点在对快速绘图非常重要，也是用户绘图中经常使用的方法。例如在绘制圆弧时，要使其一个端点位于另外直线中点时，可使用 MID 的透明捕捉命令。

图 3-6 Shift＋右键的对象
捕捉设置菜单

```
命令：Arc
指定圆弧的起点或 [圆心(C)]：mid
于                                      （选择相应的直线中点）
指定圆弧的第二个点或 [圆心(C)／端点(E)]：     （继续圆弧命令）
……
```

4）两个重要的对象捕捉方式：TT 和 FROM

在【对象捕捉】工具栏中，前面两个命令有别于其他的捕捉命令，它们不是直接将所需的绘图点捕捉到对象特征点，而是引用特征点，而后定位到所需绘图的点。

━ TT 用于创建对象捕捉所使用的临时点,结合追踪命令可以将绘图所需的点定位于相应的点上。具体的应用见后面追踪命令介绍。

━ FROM 命令用于使用一个命令定位点自参照点的偏移,在 AutoCAD 定位点的提示下,输入 from,然后输入临时参照或基点(自该基点指定偏移以定位下一点)。输入自该基点的偏移位置作为相对坐标,或使用直接距离输入,如图 3-7 所示。

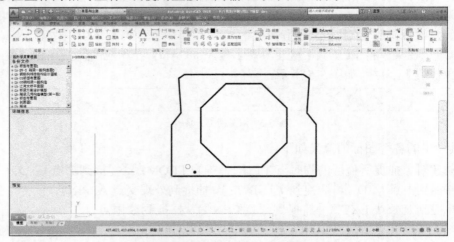

图 3-7　利用 FROM 捕捉命令作孔道圆

如第二章中所举的绘制板梁横断面的预应力钢绞线孔道时,只要知道其与轮廓线端点的相对坐标位置,即可以把此孔道圆做出来,而不用前面的绝对坐标来确定。命令操作步骤如下,最后作出的效果图如下(单个孔道为例)。

```
命令: Circle
指定圆的圆心或 [ 三点( 3P ) / 两点( 2P ) / 切点、切点、半径( T )]: from
基点:                                  ( 选择板梁外轮廓线的左下角点 )
< 偏移 >: @14,8.5                       ( 输入相对坐标值 )
指定圆的半径或 [ 直径( D )]: 2          ( 输入半径值 )
```

5)其他对象捕捉方式简介

在【对象捕捉】选项卡和【对象捕捉菜单】中还有各种直接对象捕捉方式可供选择,下面分别介绍几种捕捉模式的特点(图 3-8)。

【端点(END)】:捕捉到圆弧、椭圆弧、直线、多线、多段线或射线上最近的端点,或者捕捉到宽线、实体或三维面的最近角点。

【中点(MID)】:捕捉到圆弧、椭圆、椭圆弧、直线、多线、多段线线段、实体、样条曲线或参照线的中点。

【交点(INT)】:捕捉到圆弧、圆、椭圆、椭圆弧、直线、多线、多段线、射线、样条曲线或参照线的交点。

注意

如果同时使用【交点】和【外观交点】,将得到不同的结果。

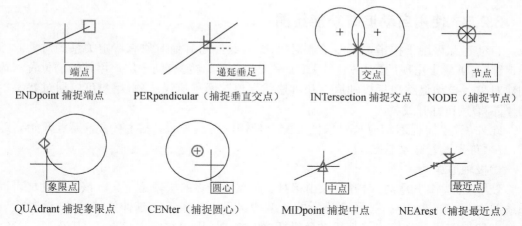

图 3-8 对象捕捉和拾取到的点

【延伸（EXT）】：捕捉到对象的延伸点。可以通过在对象的端点上移动鼠标来建立延伸路径。在端点上放置一个标记。当端点被标记时，光标捕捉到端点的延伸路径。

外观交点（APP）：【外观交点】包括两个独立的捕捉模式：【外观交点】和【延伸外观交点】。在运行【外观交点】对象捕捉模式时，也可以定位【交点】和【延伸交点】捕捉点。

【外观交点】捕捉到两个对象（圆弧、圆、椭圆、椭圆弧、直线、多线、多段线、射线、样条曲线或参照线）的外观交点，这两个对象在三维空间中并不相交，只是在图形显示中相交。【延伸外观交点】捕捉到两个对象的假想交点，也就是使对象沿实际路径延伸后出现的交点。

注意

　　如果同时使用【交点】和【外观交点】，将得到不同的结果。【外观交点】和【延伸外观交点】都能识别面域和曲线的边，但不能识别三维实体的边或角点。

【圆心（CEN）】：捕捉到圆弧、圆、椭圆或椭圆弧的圆心。

【节点（NOD）】：捕捉到一个点对象。

【象限点（QUA）】：捕捉到圆弧、圆、椭圆或椭圆弧的象限点。

【插入点（INS）】：捕捉到一个属性、块、形或文字的插入点。

【垂足（PER）】：捕捉到圆弧、圆、椭圆、椭圆弧、直线、多线、多段线、射线、实体、样条曲线或参照线的垂足。

【切点（TAN）】：捕捉到圆弧、圆、椭圆或椭圆弧的切点。

【最近点（NEA）】：捕捉到圆弧、圆、椭圆、椭圆弧、直线、多线、点、多段线、样条曲线或参照线上的最近点。

【平行（PAR）】：捕捉到与对象平行的延长线。当用户在对象的端点上移动光标时，端点被标记并且光标捕捉到对象的平行对齐路径。对齐路径通过命令的当前起点计算。

【快速捕捉（QUI）】：捕捉到所发现的第一个捕捉点。【快速捕捉】必须与其他对象捕捉模式结合使用。

【关闭（NON）】：关闭对象捕捉模式。

3.2.5 使用自动追踪功能绘图

自动追踪可用于按指定角度绘制对象，或者绘制与其他对象有特定关系的对象。当自动追踪时，屏幕上出现的【对齐路径】（水平或垂直追踪线）有助于用户用精确的位置和角度创建对象。自动追踪包括极轴追踪和对象捕捉追踪两种追踪选项，用户可以通过状态栏上的⟨或⟨按钮打开或关闭。

此外，对象捕捉追踪应与对象捕捉配合使用。也就是说，从对象的捕捉点开始追踪之前，必须首先设置对象捕捉。

1）极轴追踪

使用【极轴追踪】时，对齐路径由相对于起点和端点的极轴角定义。该追踪功能可以在系统要求指定一个点时，按预先设置的角度增量显示一条无限延伸的辅助线，这时就可以沿辅助线追踪得到光标点。当极轴角设置为 25°时，用户在确定起点后，可沿 0°、25°、50°或 75°等方向进行追踪。

用户可通过单击状态条上的【极轴】按钮、按 F10 键打开或关闭极轴追踪。在使用【极轴追踪】时，角度的增量是一个可以设置的值。

（1）设置追踪角

要设置极轴角，可选择【工具】→【绘图设置】菜单或在【极轴】状态栏上单击右键选择其中的【设置…】选项，然后在打开的【草图设置】对话框中选择【极轴追踪】选项卡，对话框如图3-9 所示。

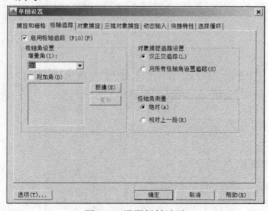

图 3-9 设置极轴追踪

【极轴追踪】选项卡中与极轴追踪相关的设置项如下。

【启用极轴追踪】：打开极轴追踪模式。

【增量角】：选择极轴角的递增角度。

【附加角】：除了根据角增量设置的极轴角外，用户还可以添加非递增角度。例如，如果想追踪 35°，可以添加 35°作为附加极轴角。

【极轴角测量】：①绝对：以当前 UCS 的X 轴为基准计算极轴追踪角。②相对上一段：以最后创建的对象为基准计算极轴追踪角。

（2）设置极轴捕捉

缺省情况下，捕捉类型为矩形捕捉，因此，打开捕捉后，光标沿极轴追踪时仍遵循 X、Y捕捉设置移动光标。如果用户希望光标沿极轴精确移动，可设置极轴捕捉。为此，可选择【草图设置】对话框中的【捕捉和栅格】选项卡，然后选中【极轴捕捉】单选钮，并利用【极轴间距】编辑框设置极轴捕捉间距[图 3-3a）]。

通过上述的捕捉设置，下面我们举例画两条夹角为 45°的直线段，在设置增量角为45°并打开极轴后，点击直线命令，指定第一条直线段的起终点后，光标自动提供 45°整数倍数的角度方向上的对齐路线，根据光标下显示的距基准点的角度，用户可以方便地绘制出两条夹角为 45°的直线，如图 3-10 所示。

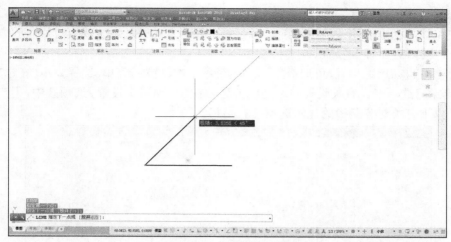

图 3-10　极轴追踪绘图举例

（3）正交模式对极轴追踪的影响

如前所述，若打开正交模式，光标将限制沿水平或垂直方向移动。因此，正交模式和极轴追踪模式不能同时打开。

（4）自定义极轴角

在使用极轴追踪时，用户除了可利用前面设置的极轴角外，还可通过输入下面的字符：【极轴角度】来自定义极轴角，如下例所示。

```
命令： _line（发出直线命令）
指定第一点:（用鼠标点击屏幕上一点，指定直线起点）
指定下一点或［放弃(U)］: <60 （自定义极轴角）
角度替代: 60
指定下一点或［放弃(U)］:（指定直线下一点）
```

2）使用对象捕捉追踪

对象捕捉追踪是按照与对象的某种特性关系来追踪，可根据捕捉点沿正交方向或极轴方向进行追踪。使用对象捕捉追踪的步骤如下：

（1）单击状态栏上的【对象捕捉】按钮和【对象捕捉追踪】按钮打开对象捕捉和对象捕捉追踪设置。

（2）启动一个绘图或图形编辑命令。

（3）将光标移动至一个对象捕捉点附近并稍作停留以临时获取点，已获取的点将显示一个小【+】号，请注意，此时不要单击。

（4）获取点后，将光标沿正交方向或极轴移动打开对齐路径。

（5）将光标沿对齐路径移动，待找到满足条件的点后单击确定点。

要启用或关闭对象捕捉追踪，可单击状态栏上的【对象追踪】按钮，或在【草图设置】对话框的【对象捕捉】选项卡选中【启用对象捕捉追踪】复选框。要设置对象捕捉追踪方向，可在【草图设置】对话框的【极轴追踪】选项卡中选中【对象捕捉追踪设置】区中的【仅正交追踪】或【用所有极轴角设置追踪】单选钮。

3）修改自动追踪设置

用户可以根据需要修改自动追踪显示对齐路径的方式以及系统获取对象点的方式。例如,可以改变【对齐路径】的显示方式和长度。

如要修改自动追踪设置,可选择【工具】主菜单下的【选项】菜单,选择弹出的【选项】对话框中的【绘图】选项卡。有关设置自动追踪的选项在【自动追踪设置】选项区中,用户可以打开或关闭以下有关对齐路径的显示选项(图3-11)。

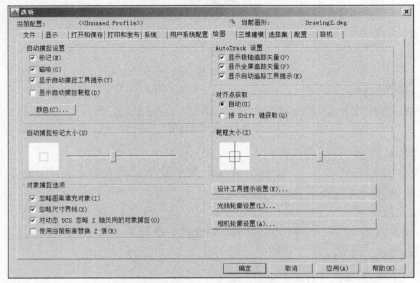

图3-11　自动追踪设置

【显示极轴追踪矢量】:清除该选项后不显示极轴追踪路径。

【显示全屏追踪矢量】:清除该选项后只显示对象捕捉点到光标之间的对齐路径。

【显示自动追踪工具栏提示】:用于控制是否显示自动追踪工具栏提示。工具栏提示用户可以在【对齐点获取】区中选择对象追踪获取对象点有以下两种方法。

（1）自动:自动获取对象点。如果选择了该选项,按下 Shift 键将不捕捉对象点。

（2）用 Shift 键获取:仅按住 Shift 键并使光标越过对象捕捉点时,才捕捉对象点。

4）使用临时追踪点 TT

利用临时追踪点,用户可在一次操作中创建多条追踪线,然后根据这些追踪线确定所要定位的点。它也是一种重要的间接对象捕捉方式。

用户可以利用临时追踪点命令的透明性,在其他命令执行中输入 TT 执行点的捕捉。下面结合一个利用极轴追踪和设置临时追踪点的例子,来简单说明其应用原理。如图3-12所示,其中圆的中心距离直线中点20,与水平直线所成的角度为90°。在画好直线的基础上,首先在如图3-9所示极轴追踪选项卡中将极轴追踪的增量角设置为90°,将追踪设置为用所有极轴角设置追踪,确定应用。接着命令绘制圆如下。

```
命令: CIRCLE
指定圆的圆心或［三点(3P)／两点(2P)／切点、切点、半径(T)］: tt
指定临时对象追踪点: mid
```

> 于 （将临时追踪点设置于直线段的中点上并回车确定）
> 指定圆的圆心或［三点(3P)／两点(2P)／切点、切点、半径(T)］:
> （在追踪的极轴坐标上的路径确定圆心点并回车确定）
> 指定圆的半径或［直径(D)］<15.0000>: 15

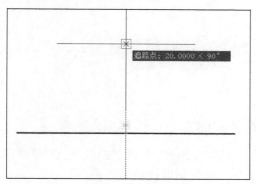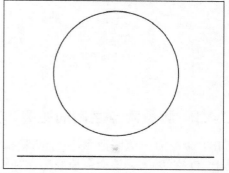

图 3-12　利用临时追踪点绘图举例

3.3 绘制辅助构造线

手工制图时，用户经常需要画一些很轻的临时线作为辅助线，以帮助精确调整或设置对象。例如，寻找三角形的中心、创建对象捕捉使用的临时交点等。

AutoCAD 2016 提供了两种类型的辅助构造线，即构造线和射线。其中，构造线为两端无限延伸的直线，射线为一端固定，另一端无限延伸的直线，因此，由于辅助构造线的尺寸为无限长，它将不影响图形缩放。除此之外，构造线和其他对象具有完全相同的特性，如具有图层、颜色、线型特征等，用户可以像操作其他对象一样来操作构造线，如移动、复制或旋转构造线，还可以通过修剪构造线使其成为直线。

为了便于管理构造线（例如，通过冻结或关闭图层来隐藏构造线），用户最好将构造线绘制在单独的图层上。

此外，用户也可以使用点对象作为辅助点或标记点，然后使用 Node（捕捉结点）对象捕捉模式捕捉它们。

3.4 查询距离、面积和点坐标

在实际的绘图中，用户往往要不断地检查和校对所绘图形的准确性，所以要经常用到查询图形的特征。在 AutoCAD2016 中，有 5 个命令分别用于查询对象的不同属性，分别为 DIST、AREA、MASSPROP、LIST 和 ID 命令，作用分别为测量两点之间的距离和角度、对象或指定区域的面积和周长、面域或实体的质量特性、对象的数据库信息、位置的坐标。它们共同放置于【查询】工具栏中，激活方式同其他工具栏，可以单击菜单栏中的【工具】|【查询】命令，在弹出的子菜单中选择相应的命令，如图 3-13a）所示。也可以如同调出【对象捕捉】工具栏一样，启动【查询】和【测量工具】工具栏，如图 3-13b）所示。

a) 查询子菜单

b) 查询和测量工具栏

图 3-13　查询命令

3.4.1　测量两点之间的距离和角度 DIST

DIST 命令为一透明命令,用于测量拾取两点间的距离、两点虚构线在 XY 平面内的夹角(对于 3D 空间)等。该命令最好配合对象捕捉方法使用以便精确测量。

DIST 命令的常用激活方式有以下 3 种。

(1)单击测量工具栏中的 ▦ 图标按钮。

(2)从【工具】主菜单下拉菜单选择【查询】子菜单,再选择其中的【距离】命令。

(3)在命令行直接键入 Dist。

执行 DIST 命令,按提示依次指定起终点后,结果显示如下("XXX"表示某一具体数据)。

> 距离 = XXX,XY 平面中的倾角 = XXX, 与 XY 平面的夹角 = XXX
> X 增量 = XXX, Y 增量 = XXX, Z 增量 = XXX

3.4.2　计算对象或指定区域的面积和周长 AREA

AREA 命令用于计算对象或指定区域的面积和周长。

用户也可通过选择封闭对象(如圆、封闭多段线)或拾取点来测量面积,多点之间以直线(实际不一定存在)连接,且最后一点和第一点形成封闭区域。用户甚至可以选取一条开放多段线,此时 AREA 假定多段线之间有一条连线使之封闭,AREA 然后计算出相应的面积,而所计算出的周长则为真正多段线的长度。所有点要在当前 UCS 的 XY 坐标面相平行的平面内。

AREA 命令的常用激活方式有以下 3 种。

(1)单击测量工具栏中的 ▱ 图标按钮。

(2)从【工具】主菜单下拉菜单选择【查询】子菜单,再选择其中的【面积】命令。

(3)在命令行直接键入 Area。

按照以上的任一方法执行 AREA 命令后,程序提示如下。

> 指定第一个角点或 [对象(O) / 增加面积(A) / 减少面积(S)] < 对象(O) >:

其中:

①【第一角点】是默认的指定方式,用于用户指定封闭对象的第一个角点,用户可以直接输入其坐标或在绘图区中指定角点,依次输入角点,以回车来结束。

②【对象】用于用户直接指定查询对象,以"O"来响应。

③【增加面积】用于多个对象的面积查询,可以计算各个定义区域和对象的面积、周长,同时也可以计算所有定义区域和对象的总面积,以"A"来响应。

④【减少面积】与【增加面积】选项相反,可以定义从总面积中减去指定面积,以"S"来响应。

按照提示指定封闭对象或指定封闭线段的特征点后,程序计算得出结果如下("XXX"表示某一具体数据):

```
面积 = XXX,周长 = XXX
```

3.4.3 计算面域或实体的质量特性 MASSPROP

MASSPROP 命令用于计算二维和三维对象的特性,这些特性在分析图形对象的特点时非常重要。质量属性查询 AutoCAD 提供点坐标(ID)、距离(Distance)和面积(area)的查询,给图形的分析带来了很大的方便。但是在实际工作中,有时还需查询实体质量属性特性,AutoCAD 2016 提供实体质量属性查询(MassProp),可以方便查询实体的惯性矩、面积矩和实体的质心等。需要注意的是,对于曲线、多义线构造的闭合区域,应先用 REGION 命令将闭合区域面域化,再执行质量属性查询,才可查询实体的惯性矩、面积矩和实体的质心等属性。

MASSPROP 命令的常用激活方式有以下 3 种。

(1)单击查询工具栏中的 图标按钮。

(2)从【工具】主菜单下拉菜单选择【查询】子菜单,再选择其中的【面域 / 质量特性】命令。

(3)在命令行直接键入 Massprop。

应该注意的是,查询的对象必须是面域,否则失效。有关面域操作查看第 2.4.4 节所述。例如查询图如图 2-35 图二所示—箱形截面的特性执行如下。

```
-----------------    面域    -----------------
面积:                      13442.5000
周长:                      1134.9682
边界框:          X: 499.7178—739.7178
                 Y: 131.4645—291.4645
质心:            X: 619.7178
                 Y: 225.2531
惯性矩:          X: 722494855.5236
                 Y: 5209573557.7686
惯性积:          X Y: 1876483736.0621
旋转半径:        X: 231.8341
                 Y: 622.5311
主力矩与质心的 X - Y 方向:
                 I: 40436438.2786 沿 [1.0000 0.0000]
                 J: 46978796.5625 沿 [0.0000 1.0000]
是否将分析结果写入文件? [是(Y)/否(N)] <否>: y
```

查询结果为当前坐标下的特征值,命令最后询问是否要保存结果文件,如果用户以"Y"来响应,则弹出如图 3-14 所示的保存对话框,用户制定目录和文件名后,可以以".mpr"为扩展名的文本文件。

图 3-14 保存特征文件对话框

3.4.4 显示选定对象的数据库信息 LIST

LIST 用于显示对象类型、对象图层、相对于当前用户坐标系(UCS)的 X、Y、Z 位置以及对象是位于模型空间还是图纸空间等信息。

LIST 命令的常用激活方式有以下 3 种。

(1)单击查询工具栏中的 图标按钮。

(2)从【工具】主菜单下拉菜单选择【查询】子菜单,再选择其中的【列表】命令。

(3)在命令行直接键入 LIST。

如果颜色、线型和线宽没有设置为 BYLAYER,LIST 命令将列出这些项目的相关信息。如果对象厚度为非零,则列出其厚度。Z 坐标的信息用于定义标高。如果输入的拉伸方向与当前 UCS 的 Z 轴(0,0,1)不同,LIST 命令也会以 UCS 坐标报告拉伸方向。

LIST 命令还报告与特定的选定对象相关的附加信息。

以下是如图 2-35 中所示的箱形截面的列表结果。

```
REGION      图层: 0
                   空间: 模型空间
          句柄 = 969
                   面积: 13442.5000
                   周长: 1134.9682
       边界框: 边界下限 X = 499.7178 , Y = 131.4645 , Z = 0.0000
              边界上限 X = 739.7178 , Y = 291.4645 , Z = 0.0000
```

3.4.5 显示位置的坐标 ID

ID 命令用于显示所选点的坐标,或在用户输入的坐标位置显示一个标志。

ID 命令的常用激活方式有以下 3 种。

（1）单击查询工具栏中的 图标按钮。

（2）从【工具】主菜单下拉菜单选择【查询】子菜单，再选择其中的【点坐标】命令。

（3）在命令行直接键入 ID。

用以上任一种方法输入命令，指定点后，结果如下：（XXX 是指代的数字）

```
X = XXX        Y = XXX        Z = XXX
```

3.5 绘制道路回头曲线实例

下面利用前章介绍的基本绘图命令及本章讲述的精确绘图命令绘制一条如图 3-15 所示的回头曲线。回头曲线是一种广泛应用于道路工程中的平面线形，特别在山区或地形困难等自然展线困难地区的道路设计。下面详细讲述回头曲线的绘制方法。

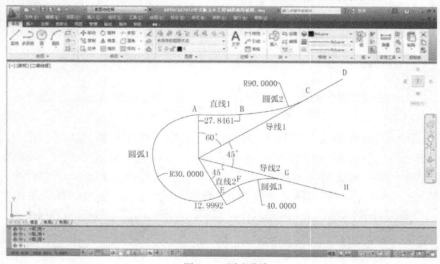

图 3-15 回头曲线

通常回头曲线有不同的绘制方法，简单来说主要可以有以下 4 种。

（1）用 LINE 直线、ARC 圆弧绘图命令并辅助以捕捉命令进行绘制。

（2）用 PLINE（多段线）命令进行绘制。

（3）用 LINE 直线、CIRCLE 圆命令进行绘制并辅助以编辑命令中的 TRIM 剪切、ERASE 删除命令进行绘制。

（4）用 LINE 直线、ARC 圆弧、编辑命令中的 FILLET 倒角命令进行绘制。

为节约篇幅，本节只介绍第一种绘图方法，此种方法综合运用了直线、圆弧等绘图命令和多个精确捕捉、追踪命令，读者可仔细研读本例，进而掌握本章所讲述的基本方法。其余的方法会用到一些编辑命令，我们会在第四章中进行这些编辑命令的详细讲述。

首先，新建一个新的绘图文件，在绘图区域中可以任意定一个点作为圆弧 1 与直线 1 的交点 A，应该注意到通过 A 半径方向是竖直方向即 Y 方向。所以该圆弧知道了一个端点 A、半径 R30 以及圆心角 210°，所以圆弧唯一确定，由此就很容易将圆弧作出，命令以及说明如下，圆弧的完成图如图 3-16 所示。

命令：ARC

指定圆弧的起点或［圆心（C）］：　　　　　（在绘图区域中任意指定一点作为圆弧上端点 A）

指定圆弧的第二个点或［圆心（C）/ 端点（E）］：c　　　　（响应绘制圆心）

指定圆弧的圆心：@0,-30　　　　　　　　　　（指定圆心的相对 A 的坐标）

指定圆弧的端点（按住 Ctrl 键以切换方向）或［角度（A）/ 弦长（L）］：a　（响应圆心角）

指定夹角（按住 Ctrl 键以切换方向）：210　　　　　（指定圆心角度）

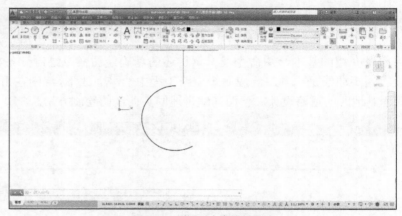

图 3-16　用圆弧命令绘制圆弧

　　绘制完圆弧 1 后，开始绘制直线 1 和直线 2。其中直线 1 与圆弧 1 相切于 A，并且知道半径 AO 为竖直的直线，所以直线方向很容易确定为水平方向；而直线 2 与圆弧相切于 E 点，故可以推出直线 2 与 X 轴所成的角度为 30°，所以直线的方向也能确定。此外，知道了两条直线的长度，所以很容易将两条直线作出，命令和说明如下，完成结果见图 3-17。

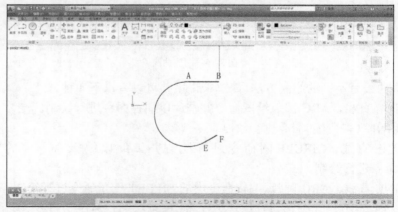

图 3-17　完成直线 1 与直线 2 的绘制

命令：Line

指定第一点：end　　　　　　　　　　　　（激活捕捉端点捕捉）

于　　　　　　　　　　　　　　　　　　　（点击端点 A）

指定下一点或［放弃（U）］：@27.8461,0（输入直线 1 的端点 B 相对于端点 A 的坐标）

指定下一点或［放弃（U）］：　　　　　　（回车完成直线 1）

命令：Line
指定第一点：end   （激活捕捉端点捕捉）
于   （点击端点 E）
指定下一点或 ［放弃(U)］：@13.4315<30（输入直线 2 端点 F 相对于端点 E 的坐标）
指定下一点或 ［放弃(U)］：   （回车完成直线 2）

在绘制圆弧 2 和圆弧 3 之前，必须先绘制出导线 1 和导线 2，这两条导线都通过圆弧 1 的圆心，又分别知道导线与 X 轴的夹角，又知道导线的长度，所以很容易用前面绘制直线 1 和直线 2 所用的方法作出。在此换一种方法，即用极轴追踪的方法，步骤、命令以及说明如下。

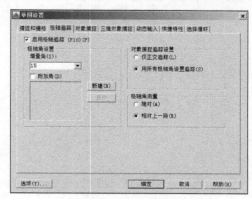

图 3-18 【极轴追踪】选项卡设置

首先设置极轴追踪，在状态栏的【极轴】上右键单击选择【设置】命令，打开【极轴追踪】选项卡，首先勾选【启用极轴追踪】复选框，在其中的极轴增量角设置为 15°，并且将对象捕捉追踪设置成【用所有极轴角设置追踪】，如图 3-18 所示，然后确认应用设置。

接着就可以开始绘制导线 1，步骤命令以及说明如下。

命令：Line
指定第一点：cen   （激活圆心捕捉）
于   （指定圆心 O）
指定下一点或 ［放弃(U)］： （在此状态时，使用极轴追踪，在如图 3-19 所示的状态下
                           直接输入导线的长度）
110
指定下一点或 ［放弃(U)］： （回车确认完成导线 1 绘制）

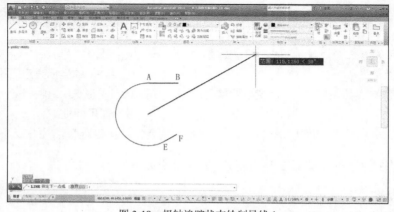

图 3-19 极轴追踪状态绘制导线 1

导线 2 的绘制类似于导线 1 的绘制，命令与说明如下，最后绘制完的导线如图 3-20 所示。

命令：Line
指定第一点：cen　　　　　　　　　（激活圆心捕捉）
于　　　　　　　　　　　　　　　　（指定圆心 O）
指定下一点或［放弃(U)］：100　　（在此状态时，使用极轴追踪，直接输入导线的长度）
指定下一点或［放弃(U)］：　　　　（回车确认完成导线 2 绘制）

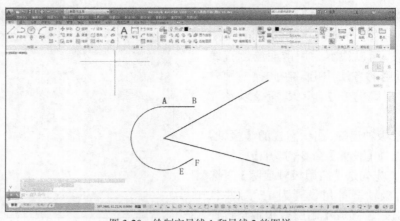

图 3-20　绘制完导线 1 和导线 2 的图样

　　绘制完导线 1 和导线 2 后就可以进行圆弧 2 和圆弧 3 的绘制。圆弧 2 与直线 1 相切于端点 B，并且知道直线 1 平行于 X 轴以及圆弧的半径，所以通过 B 的圆弧半径垂直于直线 1，故容易确定圆弧 2 的圆心，最后还知道另外的端点 C 是圆弧 2 与导线的切点，所以很容易就可以绘制出圆弧 2。而圆弧 3 的情况与圆弧 2 差不多，只是绘制圆弧 2 时端点 B 与端点 C 所构成逆时针方向，而圆弧 3 的 F 和 G 所构成的角度为顺时针方向。因为圆弧命令默认为逆时针方向，故圆弧 3 应该从 G 绘制到 F，因此应该先指定圆弧 3 的圆心，而后指定端点 G，最后指定端点 F。最后要说明的是，圆弧 3 的绘制用到了定位点自参照点的偏移命令 FROM，读者从中可以体会到该命令的用处。命令步骤说明如下。

命令：Arc
指定圆弧的起点或［圆心(C)］：end　　　　　　　　　（激活端点捕捉）
于　　　　　　　　　　　　　　　　　　　　　　　　　（指定端点 B）
指定圆弧的第二个点或［圆心(C)/端点(E)］：c　　　　（响应圆心命令）
指定圆弧的圆心：@0,90　　　　　　　　　　　　　　　（用相对 B 的坐标指定圆弧 2 的坐标）
指定圆弧的端点(按住 Ctrl 键以切换方向)或［角度(A)/弦长(L)］：per
　　　　　　　　　　　　　　　　　　　　　　　　　　（激活垂足捕捉）
到　　　　（当出现如图 3-21 所示的状态时用鼠标指定端点 C，完成圆弧 2 的绘制）

绘制圆弧 3 的过程比圆弧 2 略为复杂，步骤说明如下。

命令：Arc
指定圆弧的起点或［圆心(C)］：c　　　　　（响应圆心命令）
指定圆弧的圆心：from　　　　　　　　　　（激活定位点自参照点的偏移命令）

基点：end	（激活端点捕捉）
于 ＜偏移＞：@40<-60	（指定直线 2 端点 F 作为参照点后，输入圆心相对 F 的坐标，从而指定圆弧的圆心）
指定圆弧的起点：per	（激活垂足捕捉）
到	（在类似于如图 3-22 所示的状态下的确定圆弧端点 G）
指定圆弧的端点或［角度（A）／弦长（L）］：end	（激活端点捕捉）
于	（指定端点 F，完成圆弧 3 的绘制）

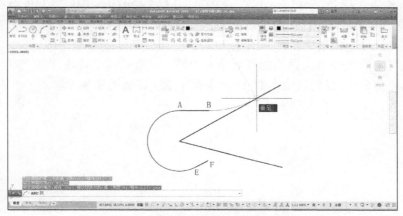

图 3-21　绘制圆弧 2 中的垂足捕捉状态

最后绘制完成的图形如图 3-22 所示。

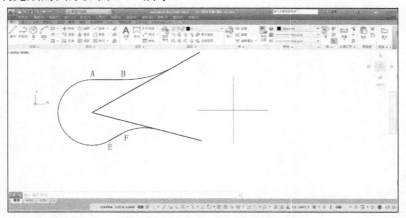

图 3-22　完成以上绘图步骤后的图样

最后进行必要的修改与标注命令后，就可以得到如图 3-15 所示的图形，在此不再论述，读者可以结合后面章节学习，自己练习。

3.6 小结

本章主要内容总结如下。

（1）介绍 AutoCAD 2016 中快速绘图的基本操作及其注意事项并举例加以说明，例如透明命令：'HELP（帮助）、'SETVAR（设置系统变量）、'REDRAW（重画）、'REDRAWALL（重画所有视窗）、'ZOOM（缩放）、'PAN（平移）、'VIEW（视图操作）、'GRID（栅格）、'DDRMODES（草图设置对话框）、'DDLMODES（图层控制对话框）以及命令重复修饰词 MULTIPLE。

（2）介绍精确绘图需要明确的几个概念，坐标系、绘图单位、设置绘图区域（LIMITS）、选择单位制（DDUNITS）。利用栅格（GRID）、捕捉（SNAP）、正交模式（ORTHO）辅助绘图及命令中各选项如何设置等内容；同时也介绍了使用自动追踪功能绘图、借助构造线辅助绘图。5 个常用的查询命令简介，分别为 DIST、AREA、MASSPROP、LIST 和 ID 命令，作用分别为测量两点之间的距离和角度、对象或指定区域的面积和周长、面域或实体的质量特性、对象的数据库信息、位置的坐标。掌握上述一些命令，可快速实现精确绘图。

（3）用前述命令实现道路回头曲线的精确绘制。综合运用了直线、圆弧等绘图命令和多个精确捕捉、追踪命令，仔细研读本例，进而掌握本章所讲述的基本方法。

第4章

线型和图层的使用与管理

4.1 线型的使用与管理

AutoCAD 2016 提供了丰富的线型,它们存放在线型库 ACAD.LIN 和 ACADISO.LIN 文件中,用户可以根据需要,使用不同的线型,区分不同类型的图形对象,以符合行业制图标准,此外,当用户发现有些线型不能满足实际需要时,还可以自己定义所需的线型。在实际的线型定制时,用户可采用创建新的线型文件或修改已有的线型文件的方式。

4.1.1 加载线型

线型在创建后不能自动加载到图形中,需要通过【线型管理器】来实现。

可以使用主菜单的【格式】中的【线型】或直接用命令 LINETYPE 来激活线型管理器,激活后, AutoCAD 弹出如图 4-1 所示的【线型管理器】对话框。

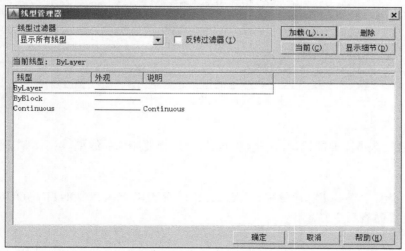

图 4-1 【线型管理器】对话框

对话框的各个选项的含义如下。

(1)线型过滤器

【线型过滤器】选项区域用于设置 AutoCAD 在线型列表中显示线型的条件,只有满足该条件的线型才被显示出来并加以管理,其中的下拉列表框中共有以下 3 种条件可以选择。

①显示所有线型。

②显示所有使用的线型。

③显示所有依赖于外部参照的线型。

【反向过滤器】复选框则用于设置显示线型的条件为与下拉列表框确定的相反条件。

（2）当前线型

显示当前所使用的线型。

（3）线型列表框

列表框中显示出满足过滤条件的线型,其中【线型】列显示线型的设置或线型名,【外观】列显示各线型的外观形式;【说明】列显示对各线型的说明。

（4）加载

该按钮用于加载线型。单击该按钮,AutoCAD 弹出如图 4-2 所示【加载或重载线型】对话框,在该对话框中,顶部的文本框显示的是线型文件的名称,AutoCAD 默认的线型文件为 acadiso.lin,用户也可以通过单击"文件"按钮,选择其他的线型文件。线型文件所具有的可用线型就显示在下面的列表框中,【可用线型】列表框列出对应的线型文件所具有的线型名称及说明。用户可以选择需要加载的线型,然后单击【确定】按钮,即将线型加载到当前图形中。

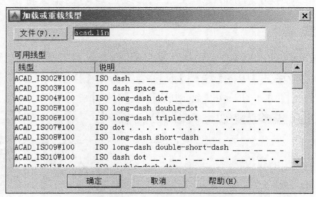

图 4-2 【加载或重载线型】对话框

（5）删除

用于删除一些不需要的线型,在线型列表框中选择要删除的线型,然后单击【删除】按钮。

> **注意**
>
> 在【线型管理器】对话框中,BYLAYER、BYBLOCK、CONTINUOUS 线型和任何当前使用的线型不可删除。

（6）当前

该按钮将选择的线型设置为当前线型,在线型列表框中选择某一线型,然后单击【当前】按钮即可。

用户可以在【随层】【随块】或某一具体线型之间做出选择,各种选择方式的含义如下。

①随层:线型为随层方式,即将当前图层的线型作为当前线型,这是常用到的情况。

②随块:线型为随块方式,即将当前图层的线型为 CONTINUOUS。在该线型设置下绘制的对象创建成块后,块成员的线型将随着块的插入而与插入时的当前层的线型一致。

③设置成某一具体线型:将选中的某一线型设置为当前线型,以后在各图层上新绘制的对象均为该线型,不再随着所在图层线型的变化而变化。

（7）显示细节

单击该按钮，【线型管理器】对话框变为如图4-3所示格式。

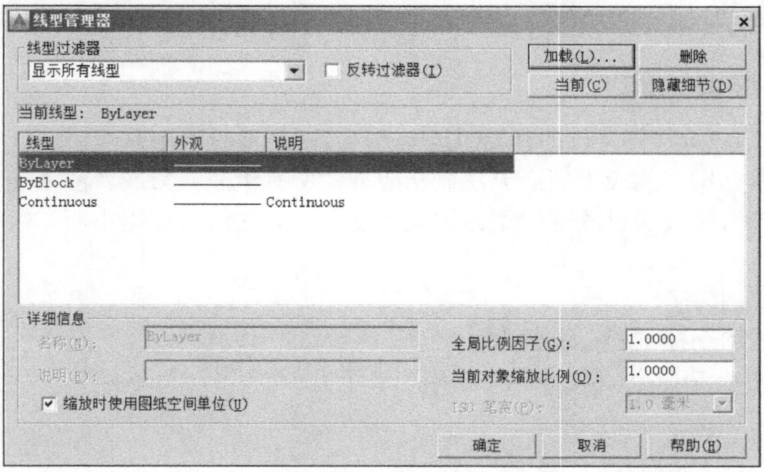

图4-3 显示细节后的【线型管理器】对话框

这时【线型管理器】对话框多了一个【详细信息】选项区域，该选项区域中各个选项详细说明了当前选中线型的特性信息，其中【全局比例因子】文本框设置线型的全局比例因子，它将影响所有使用该线型的图形对象（包括已有的和以后绘制的对象）的比例效果，【当前对象缩放比例】文本框设置以后绘制的使用该线型的图形的比例因子；【ISO笔宽】下拉列表框确定ISO线型的笔宽。

4.1.2 使用线型

把 AutoCAD 提供的线型或者用户制定的线型加载进来以后，就可以使用这些线型绘图了，使用的线型有以下3种方式。

（1）设置为当前线型

将某种线型设置为当前线型后，所有绘制的新图形都是使用该线型，设置当前图形线型有两种方法：一是在如图4-1所示的【线型管理器】对话框中，选择线型，然后单击【当前】按钮；二是在未选择对象时在功能区面板【特性】控制台中，从  下拉列表框中选择线型，如图4-4所示。

图4-4 【对象特性】工具栏的
【线型】下拉列表框

（2）在图层中使用

在图层中使用线型是最易于管理的方法，AutoCAD 每一个图层可以使用不同的线型，创建图层时，需要将线型设置好，将来绘制在该图层上的图形对象都将使用该线型（结合图层的使用）。

（3）修改线型

一个已有的图形对象的线型是可以修改的，修改对象的线型通常选择要修改的对象后点击功能区面板【特性】控制台中的图标，在【特性】对话框中【线型】项中进行修改，如图4-5所示；或者通过菜单栏中的【修改】|【特性】命令打开【特性】对话框；或通过

图4-5 【特性】对话框

PROPERTIES 命令直接打开特性对话框。

此外,在未调用任何命令的情况下,选择要修改的对象,然后从功能区面板【特性】控制台中,从 ▤ ——————ByLayer ▼ 下拉列表框中选择线型,也可以修改对象的线型。

4.1.3　线型比例

在 AutoCAD 中,除了 CONTINUOUS 线型外,每一种线型都是线段、空白段、点或文字所组成的序列,当图形线段太短而无法显示线型的所有组成元素或者图形线段太长而线型组成元素太密时,可以通过改变线型比例系统变量的方法放大或缩小所有线型的每一小段的长度。

(1)全局比例因子

LTSCALE 用于控制所有线型的比例因子。

输入 LTSCALE 命令,AutoCAD 会出现以下提示。

> 输入新线型比例因子 <1.0000>:

用户在此提示下输入线型的比例值,AutoCAD 会按比例重新生成所有图形。

(2)对象线型的比例因子

AutoCAD 还有一个控制线型比例因子的系统变量:CELTSCALE。用该变量设置线型比例后,所绘制新图形的线型比例均为此线型比例,而之前所绘制的对象则不受影响。

用户也可以通过【特性】对话框来设置图形对象的线型比例。

4.1.4　线宽设置

除了绘制矩形、多段线时可以设置线的宽度外,AutoCAD 绘制的其他所有线条都是以默认宽度为零来显示的,如果需要,必须另外进行线宽设置。

用户可以在主菜单【格式】中选择【线宽】项或直接输入命令 LWEIGHT 来激活【线宽设置】对话框,或通过功能区面板【特性】控制台中的 ▤ ——————ByLayer ▼ 下拉菜单中的【线宽设置】来激活【线宽设置】对话框,如图 4-6 所示。

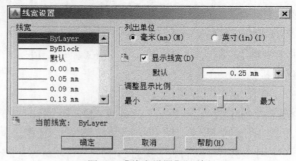

图 4-6　【线宽设置】对话框

对话框中各个主要选项的含义如下。

(1)线宽

【线宽】选项区域设置图形线条的宽度,AutoCAD 在列表框中提供有二十多种线宽,用户可从中选择即可。

（2）列出单位

设置线宽的单位，AutoCAD 提供【毫米】和【英寸】两种单位。

（3）显示线宽

该复选框设置是否使用此对话框设置的线宽值来显示图形,通过单击 AutoCAD 窗口状态栏上的【线宽】按钮也可以实现线宽显示与不显示之间的切换。

（4）默认

设置 AutoCAD 的默认线宽值,即取消【显示线宽】复选框的选择后,AutoCAD 显示的线宽,用户可以从相应的下拉列表框中作选择。

（5）调整显示比例

确定线宽设置的显示比例,利用响应的滑块调整即可。

小技巧

在绘制矩形、多段线时,可以在命令行直接输入相应的命令设置线的宽度,通过此方式设置的线宽不受图形空间的约束。

4.2 图层的使用与管理

4.2.1 图层的使用技巧

图层是用来组织图形中对象分类的工具,运用它可以很好地组织不同类型的图形信息,将同一类对象组织成一个图层。图形中每一个对象都保存在其图层中,每个图层都有与其相关联的颜色、线形、线宽和打印样式等特性。

可以用图层将图形中的对象分组,同时用不同的颜色、线型和线宽识别不同的对象,用户可以按照绘图的需要来定义图层、颜色、线形和线宽等对象特征,对象可以直接使用其所在图层定义的特性,也可以专门给特定对象指定特定特性。对象的颜色特性有助于区分图形中相似的元素,线型特性则可以轻易区分不同的绘图元素（例如中心线或隐藏线）。线宽特性用宽度表现为对象的大小或分类。

充分利用图层、颜色、线型和线宽等对象特性组织所绘制的图形,是一个非常好的习惯,不仅可以提高图形的表达能力和可读性,也可更加容易地处理图形中的各种信息。

例如,在土木建筑图中,要表示上水管道、下水管道、煤气管道、暖气管道、照明线为电话线等,可以将它们分别画在不同的图层上,各层使用不同的颜色、线型加以区分。又如在电路设计中可以将布线图画在一图层上,将不同类型元件画在不同图层上,各层间使用不同的颜色和线型。在多层印刷电子线路图的绘制时,使用分层功能同样简便,使用分层功能绘图时,可以打开一图层绘制,而关闭其他层,使一张复杂的图分解在若干层上分别绘制,需要时可以打开某些层进行叠加。叠加后的图形是一张各层间相互联系,又彼此独立的"复合图"。在这张图中,既可以对其中的某一层进行单独操作,也可以对全体进行统一操作。

4.2.2 图层的特性

下面通过【图层特性管理器】（Layer Properties Manager）来了解 AutoCAD2016 赋予图

层的特性。使用下列方法之一可以打开该对话框。

（1）通过主菜单中的【工具】|【工具栏】|【AutoCAD】,激活【图层】工具栏；单击【图层】工具栏中的 图标(工具栏如图 4-7 所示)。

（2）选择【格式】主菜单中的【图层】选项。

（3）单击功能区面板中【图层】控制台的 图标。

（4）在命令行输入"LAYER"或"DDLMODES"。

需要注意的是，"LAYER"命令是透明命令,可以在其他的命令执行时使用。

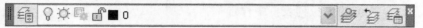

图 4-7 【图层】工具栏

执行上述任一操作后打开【图层特性管理器】,如图 4-8 所示。

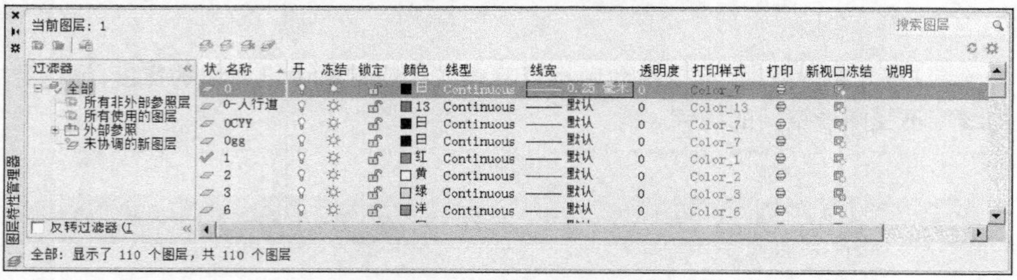

图 4-8 【图层特性管理器】对话框

从图 4-8 可以看出以下信息。

（1）每一图层都有一个图层名。0 层是 AutoCAD 定义的默认层，0 层的线型是连续线，线宽是 0.25mm，颜色是 7 号颜色（白色或黑色,这由软件的背景决定,如果将背景设置为白色，0 图层颜色则为黑色）。

（2）在一幅图中可以有很多层，图层的数目不受限制。对每一图层上的对象数也没有限制。

（3）一般情况下,每一图层具有一种线型、一种线宽和一种颜色,画在其上面的对象通常都继承该层的这些特性，AutoCAD 将这种继承称为"随层"。例如第一层的线型是连续型，线宽是 0.25mm，颜色是黑色,打印样式是"Color_7"。那么画上去的线就继承了所在层的线型、线宽、颜色等特性。将线型、线宽、颜色和打印样式设置为"随层"，可以把图形组织得井井有条。当然也可以为同一图层上的对象设置不同的线型、线宽、颜色等特性。

（4）在 AutoCAD 2016,每一图层可以设置一种打印样式,它使得 AutoCAD 可以利用图层控制打印输出的样式,也就是控制某个图层中图形输出时的线型、线宽、颜色等外观。修改打印格式可以覆盖掉对图形对象的颜色、线型、线宽的设置。

（5）AutoCAD 只能在当前图层上进行绘图。当前图层必须有而且只有一个,通过简单的切换可以改变当前层。这样就可以在不同的层上绘制出不同的图形对象。AutoCAD 在"对象特性"工具栏中会显示出当前层的层名、特性、状态等信息。

（6）同一图中的所有图层具有相同的坐标系统、绘图界限和显示时的缩放倍数。因此,各层之间相互完全对齐。可以对位于不同图层上的对象同时进行编辑、修改的操作。

（7）同一层的图形对象处于同一种状态。图层的状态包括打开／关闭、冻结／解冻、锁

定 / 解锁、打印 / 不打印。通过对图层状态的操作，可以决定各图层的可见性与可操作性。

对话框中几种符号介绍如下。

（1）开灯💡和闭灯💡

开灯💡表示图层打开，闭灯💡表示图层关闭。图层关闭时其上的图形不能显示，但应该注意的是使用 HIDE（重生）命令时，该图层仍然会遮盖其他对象。隐藏图层后，使用该图层仍然可以绘制图形，只是不能看见。

（2）解锁🔓和闭锁🔒

解锁🔓表示图层解锁，闭锁🔒表示图层被锁定。被锁定时，不能对图层上的图形对象进行编辑、修改的操作，也不能绘制新的图形对象。

（3）雪花❄和太阳☀

雪花❄表示冻结，图层上的图形对象也就不能被显示出来。从可见性来说，冻结的层与关闭的层是相同的，区别是冻结层的图形对象不参加 AutoCAD 图形处理的运算，而关闭层上的对象，则要参加运算。所以，在复杂的图形中，冻结不需要的层可以大大加快系统重新生成图形的速度。

太阳☀表示解冻。

（4）打印🖨和不打印🖨

打印🖨表示所在层可以打印，不打印🖨表示所在层不能打印。

（5）新视口冻结📑和解冻📑

在新布局视口中冻结或解冻选定图层。例如，在所有新视口中冻结 DIMENSIONS 图层，将在所有新创建的布局视口中限制该图层上的标注显示，但不会影响现有视口中的 DIMENSIONS 图层。如果以后创建了需要标注的视口，则可以通过更改当前视口设置来替代默认设置。

以上几种符号所代表的状态可以在图层特性管理器中鼠标单击来切换对象，也可以在【图层】工具栏中通过鼠标单击加以切换。但应该注意的是，当前图层不能选为冻结状态。

> **注意**
>
> 在 AutoCAD 2016 中，图层各列属性可以显示或隐藏，只需要在图层列标题上右击，并启用或禁用相应选项即可。

4.2.3 图层的创建与使用

在使用 AutoCAD 绘图前，一般应创建若干新层，为层上的对象设置颜色、线型、线宽等特性，并控制层的各种状态。

1）创建新图层

打开图层特性管理器，单击🖉【新建】按钮，AutoCAD 会自动创建一个名为【图层 1】的新图层，接下来用户可以更改图层名称并设置其属性。如果【图层 1】已经存在，那么新创的图层就为【图层 2】，依次类推，如图 4-9 所示。

利用【图层特性管理器】一次也可以创建多个图层，单击【新建】按钮后，在名称栏下输入新层名，紧接着再单击【新建】按钮，可以再输入下一个新层名，图层名最多可以包含 255 个字符，需要注意的是图层的名称不能包含通配符（* 和？）和空格。层名显示在图层列表框中。

新建图层还可在图形列表框中单击鼠标右键,弹出快捷菜单,选择其中的【新建图层】项,如图 4-9 所示。

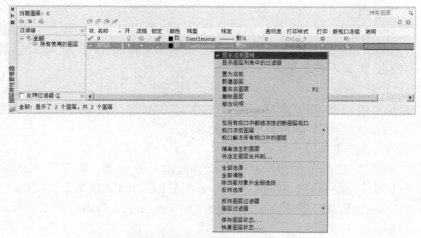

图 4-9　使用快捷菜单进行图层操作

2)删除图层

在图层特性管理器中的图形列表区中,选择要删除的图层后单击 ✖【删除】按钮。也可以利用如图 4-9 所示快捷菜单进行操作。

需要注意的是,以下图层是不能删除的:图层【0】及当前图层;外部参考使用的图层;包含图形对象的图层;图层 DEFPOINTS。

3)设置当前图层

选择要设置的图层,单击对话框中的 ✔【置为当前】按钮,就可以将这一图层设置为当前图层。当前图层会出现在标准工具栏的层列表框的顶部。将一个关闭的层设置为当前层后,AutoCAD 会把它打开。

4)设置图层的属性

每个图层都具有线型、颜色、状态等属性,下面来学习如何使用图层特性管理器来观察和设置图层属性的方法。

（1）设置线型

例如:在图 4-9 中,选中【图层 1】,单击【线型】栏中的相应名称【continuous】,这时会弹出【选择线型】对话框（图 4-10），使用该对话框可以设置图层的线型。在该对话框的"已加载的线型"列表框中的线型是已经载入了当前图形文件中的。

如果在此列表框中,没有需要的线型,可以单击【加载】按钮,打开【加载和重载线型】对话框（图 4-2），从中可以选取任意一种线型载入当前图形文件,方法是选取一种线型后,单击【确定】按钮,系统会

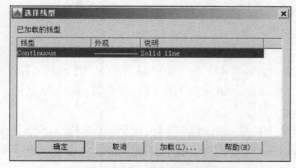

图 4-10　【选择线型】对话框

自动返回【选择线型】对话框。刚才所选的线型将出现在【已加载的线型】列表框中。

在【选择线型】对话框中的【已加载的线型】列表框中任意选取一种线型,然后单击【确定】按钮,会自动返回图层特性管理器中,可以发现所选图形的线型已经改变了。

（2）设置颜色

在列表框中选择一个图层,然后单击该图层的【颜色】栏中的文字或符号,这时会出现如图 4-11 所示的【选择颜色】对话框,使用该对话框可以设置图层的颜色。

用户可以根据需要,在【选择颜色】对话框的【索引颜色】或者【真彩色】中选取一种满意颜色,确认后返回图层特性管理器,可以看到所选图层的颜色已经改变为指定的颜色。以后使用该图层画图时,所画图形的缺省颜色就是该图层的颜色。

（3）设置图层状态

每个图层都有以下几种状态:打开和关闭,冻结和解冻,锁住和解锁,详见第 4.2.2 节。

（4）设置线宽

按下列方法可以设置图层的线宽。

在一个图层的【线宽】栏上单击左键可以打开【线宽】对话框,如图 4-12 所示。

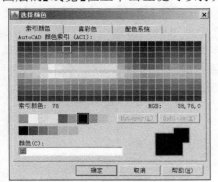

图 4-11 【选择颜色】对话框　　　　图 4-12 【线宽】对话栏

滚动式列表框中任选一种线宽的类型可以作为所选图形的线宽,则该图层上图形的缺省线宽就是在对话框中选取的类型。线宽将影响到打印出图形的线条宽度。

5）通过图层过滤器选择设置图层

AutoCAD 在图层特性管理器中,提供了过滤器功能。通过它可以在一幅具有大量图层的图形中,筛选出具有共同特征或特性的层,形成图层,显示在图层列表框内,以便于控制它们的状态和对它们进行设置和修改。

【新建特性过滤器】按钮 位于如图 4-13 所示的图层特性管理器对话框的左上角。点击按钮便弹出【图层过滤器特性】对话框（图 4-14）。

图 4-13 【图层特性管理器】对话框

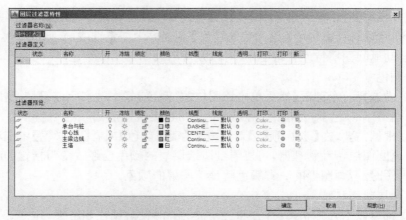

图 4-14 【图层过滤器特性】对话框

【图层过滤器特性】对话框根据图形中图层的名称、颜色、线型、线宽等特性来过滤、筛选图层,从而方便地指定它们的各种状态:打开还是关闭,冻结还是解冻,锁定还是解锁,打印还是不打印等。例如,在【图层过滤器】对话框的【颜色】编辑框中键入【红色】,就可以从所有图层中,筛选出有【红色】的层,并在图层特性管理器中列出来(图 4-15)。由此可以看出,利用图层过滤器可以有效地组织和控制图层。

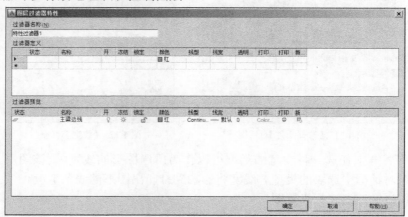

图 4-15 在图层特性管理器中过滤图层

【图层过滤器】对话框的编辑栏中,可以使用通配符【*】和【?】。【新建组过滤器】按钮可以创建一个图层过滤器,其中包含用户选定并添加到该过滤器的图层。

4.2.4 设置图层的特性

1)利用对象特性工具栏设置对象特性

前面已经知道如何使用层定义来控制图形的颜色、线型、线宽。缺省状态下,当绘制图形时将呈现当前层的颜色、线型和线宽及打印样式,也就是"随层"。但是,也可以单独地设置某个对象的颜色、线型和线宽特性。

使用随层的好处是只用一个命令就可以改变层中所有对象的特性,便于区分不同层上的图形对象,也便于图形的组织与管理。如果要单独设置某个对象的特性,可以选定它,然后利用功能区面板的【特性】控制台,直接从【颜色控制】⚫下拉列表(图4-16)中选择颜色;从【线型控制】≣下拉列表选择线型;从【线宽控制】≣下拉列表中选择线宽。

利用【格式】下拉菜单栏中的【图层】【颜色】【线型】选项设置与上述操作等效。

2)修改图形的特性

在绘图过程中,可以根据需要对某个图形对象的特性进行修改。可以利用 AutoCAD 提供的图形【特征】管理器来进行修改。

(1)激活方式

①点击功能区面板【特性】控制台中的 ▲图标。

②从【修改】下拉菜单中选择【特性】选项。

③直接输入命令 PROPERTIES。

④在选择对象后,从右击快捷菜单中选择【特性】选项。

命令激活后,屏幕会出现【图形对象特征管理器】窗口,如图4-17所示。

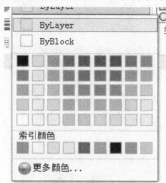

图4-16 【颜色控制】下拉列表　　　图4-17 【特性】管理器

(2)使用【图形对象特征管理器】。

选择要修改的对象后,在打开的【对象特征】管理器中选择相应项,进行修改就可以了。

4.3 用线型和图层来绘制某斜拉桥主塔的俯视图

下面结合本章中所论述的线型和图层的有关知识来绘制某斜拉桥主塔的局部俯视图。因为俯视图中的各个部分的可见性的不同,所以在视图中用不同的线型来表示,如图4-18所示。

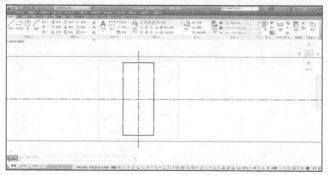

图4-18 某斜拉桥的主塔局部俯视图

绘图步骤如下。

（1）点击功能区面板中【图层】控制台中的 图层特性图标，根据需要在其中建立要设置的图层，各图层的名称和特性如图 4-19 所示。

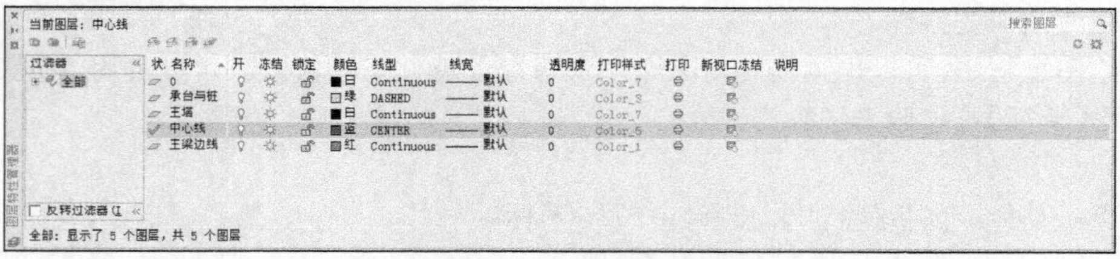

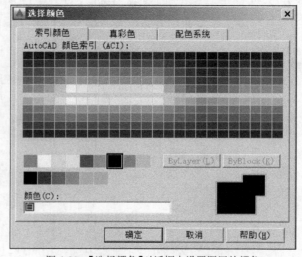

图 4-19 【图层特性管理器】中建立图层

其中将【中心线】图层的颜色设置为蓝色，方法为直接点击【中心线】图层的颜色图标，弹出如图 4-20 所示的【选择颜色】对话框，在其中选择蓝色后确认就可以了。

图 4-20 【选择颜色】对话框中设置图层的颜色

其他的颜色设置方法类同，除此之外，还需要设置一些图层线型，例如【承台与桩柱线】图层的线型应设置为【DASHED】样式，其方法为在【图形特征管理器】中选择【承台与桩柱线】中的线型项，弹出如图 4-21 所示的【选择线型】对话框，因为在其中没有所需的【DASHED】样式，所以点击其中的【加载】按钮，弹出如图 4-22 所示的加载或重载线型对话

图 4-21 【选择线型】对话框

框中选择【DASHED】样式,确认后,返回【选择线型】对话框,选择新加载的【DASHED】样式,确认后就可以将【承台与桩柱线】图层的线型设置完毕,其余【中心线】图层的【CENTER】线型样式设置方法也基本一致。

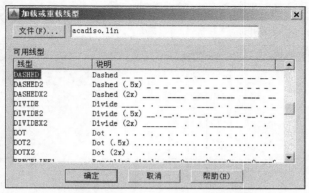

图 4-22 【加载或重载线型】对话框中加载所需的线型

（2）将【中心线】设置为当前图层,根据斜拉桥的整个桥型布置图的情况来合理选择主塔中心线的位置,用直线命令即可以绘制如图 4-23 所示的中心线图示。

图 4-23 用直线绘制出主塔中心线

（3）绘制主梁,同样先将【主梁线】设置为当前图层,依据主梁与主塔中心线的位置用直线命令就可以绘制出如图 4-24 所示的图形。

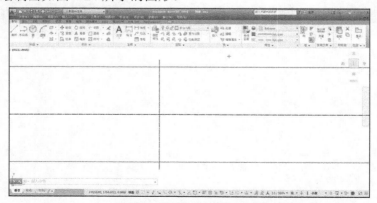

图 4-24 用直线命令主梁中心线

（4）接着绘制主塔线，先将【主塔】设置为当前图层，采用矩形命令就可以绘制出如图4-25所示的图形。

（5）最后绘制承台以及桩柱，先将【承台与桩柱线】图层设置为当前图层，根据实际的图形尺寸，分别用矩形和圆命令（当然还可以结合后面需要介绍的阵列命令加快绘图），就可以得到如图4-18所示的最后图形。

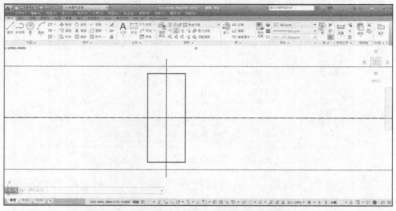

图 4-25　用矩形命令绘制出主塔的轮廓线

4.4 小结

本章主要内容总结如下。

（1）介绍了通过【线型管理器】来加载线型；用户如何使用线型：使用当前线型、在图层中使用及修改现行3种方式；以及用 LTSCALE 或 CELTSCALE 命令来控制线型的比例因子，应注意两个命令的区别；通过主菜单【格式】中选择【线宽】项或直接输入命令 LWEIGHT 来激活【线宽设置】对话框进行线宽设置。

（2）介绍了图层的使用技巧，图层的特性（用"LAYER"或"DDLMODES"打开图层特性管理器，详细介绍了其中各选项的含义及应用）；图层的创建与使用及设置图层特性的方法：利用对象特性工具栏、在命令行输入"PROPERTIES"等或使用【图形对象特征管理器】。

（3）用某斜拉桥主塔俯视图绘制实例说明线型和图层的应用。在 AutoCAD 2016 中，所有的图形对象都具有颜色、线型、线宽和图层这4个基本的属性，使用不同的属性可绘制不同的图形对象。通过创建和管理图层，不仅可以提高绘制复杂图形的效率，还能节省图形的存储空间。

图形的编辑

在绘图时,利用 AutoCAD2016 提供的绘图命令只能绘制一些基本对象。为了获得所要的图形,在很多情况下都必须对这些图形对象进行处理(即编辑),例如移动和旋转对象、延伸和拉长对象、为对象进行圆角和倒角。此外,为了加快绘图速度,用户还可根据已有的对象创建新的对象,如复制对象、创建镜像对象、创建对象阵列等。

AutoCAD2016 提供了以下两种编辑方法。

(1)先启动命令,再根据提示选择要编辑的对象。

(2)先选择对象,再启动命令进行编辑。

如果希望系统支持第二种编辑方法,则必须在【选项】对话框的【选择集】选项卡中选定【先选择后执行】复选框,但是,无论使用哪种方法进行编辑,选择对象都是重要的一环。因此,本章首先介绍如何选择对象,然后再介绍对象的各种编辑操作。

5.1 图形对象的选择

编辑图形对象前,先要创建对象的选择集。选择集可以包含单个对象,也可以包含更复杂的编组。例如,在某图层上具有某种颜色的对象的集合。用户既可以在运行编辑命令之前创建选择集,也可以在运行编辑命令之后创建选择集。如果 HIGHLIGHT 系统变量设置为开,AutoCAD 将亮显被选择的对象。

(1)用户还可以对同一选择集进行多种修改,创建选择集的方法如下。

①选择编辑命令,然后选择对象并按回车键。

②输入 SELECT,然后选择对象并按回车键。

③用定点设备选择对象,然后运行编辑命令。

④定义编组。

(2)响应【选择对象】的提示有多种方法。可以选择最近创建的对象、前面的选择集或选择图形中的所有对象。可以向选择集中添加对象或从中删除对象,也可以用多种选择方法构造一个选择集。下面介绍几种选择方式。

①直接点取方式。

②窗口方式。

③组方式。

④前一方式。

⑤最后方式。

⑥全部方式。

⑦不规则窗口方式。

⑧不规则交叉窗口方式。

⑨围线方式。

⑩扣除方式。

⑪返回到添加方式。

⑫交替选择方式。

⑬快速选择。

⑭用选择过滤器选择。

（3）下面分别介绍上述 14 种选择方式。

①直接点取方式

直接点取方式是一种默认的选择方式。选择过程为通过鼠标（或键盘以及其他定位设备）移动点取框,使其压住希望选取的对象,然后按鼠标左键,该对象会以高亮度的方式显示,表示其已经被选中。

②窗口方式

当出现选择物体提示时,如果将点取框移动到图中的空白地方并按鼠标左键, AutoCAD 会出现以下提示:

指定对角点:

此时如果将点取框移到另一位置后按鼠标左键, AutoCAD 会自动以这两个点作为矩形的对顶点,确定一默认的矩形窗口。如果矩形窗口是从左向右拖动,那么位于窗口内部的对象被选中,而位于窗口外部以及窗口边界相交的对象未被选中,如果矩形窗口是从右向左拖动的,那么不仅位于窗口内部的对象均被选中,而且与窗口边界相交的对象也被选中。

③组方式

在【选择对象:】命令提示下输入 GROUP,根据出现的命令提示中输入相应数据即可。取消组合的命令是 UNGROUP。

④前一方式、后一方式

在【选择对象:】提示下键入 P 后回车,则将执行当前编辑命令以前最后一次构造好的选择集作为当前的选择对象。

在【选择对象:】提示下键入 L 后回车,则 AutoCAD 自动选择最后绘出的那个对象。

⑤全部方式

在【选择对象:】提示下键入 ALL 后回车, AutoCAD 则自动选择当前图上的所有对象。

⑥不规则窗口方式、不规则交叉窗口方式

在【选择对象:】提示下键入 WP 后回车,则可以构造一个任意不规则多边形,仅在此多边形内的对象才能被选中。

在【选择对象:】提示下键入 CP 后回车,则可以构造一个任意不规则的多边形,在此多边形内的对象以及与多边形相交的对象都能被选中。

⑦围线方式

该方式与不规则交叉窗口方式相似,但它不用围成一封闭的多边形,执行该方式时,与围线相交的图形均会被选中,在【选择对象:】提示下输入 F 后即可进入此方式,以回车确认。此方式对需要选择多个对象编辑时,非常方便。

⑧扣除方式

在此模式下,可以让一个对象退出选择集。在【选择对象:】提示下键入 R 即可进入该模式,然后单击不想被编辑的图形,进行编辑操作时,就只会对部分图形进行编辑了。

⑨返回到添加方式

在扣除模式下,即【删除对象:】提示下键入 A 并且回车,AutoCAD 会提示【选择对象:】,则返回到加入模式(ADD)。

⑩交替选择方式

当在【选取对象:】提示下选取某对象时,如果该对象与其他一些对象相距很近,那么就很难准确地点取到此对象。但是用户可以使用【交替对象选择法】。在【选取对象:】提示下,按下 CTRL 键,将点取框压住要点取的对象,然后单击鼠标左键,这时候点取框所压住的对象之一被选中。如果该选中的对象不是所要的对象,松开 CTRL 键,在提示【循环 开】状态下继续单击鼠标左键,随着每一次鼠标的单击,AutoCAD 会依次选中点取框所压住的对象,这样用户就可以方便地选择某一对象了。

⑪快速选择

用户通过快速选择可得到一个按过滤条件构造得出的选择集。当用户需要选择大量具有某些共性的对象时,可利用【快速选择】(QSELECT)或【对象选择过滤器】对话框根据对话特性(如图层、线型、颜色等)或对象类型(如直线、多段线、图案填充等)创建选择集。例如,只选择图形中所有线型为【HIDDEN】的对象,不选择其他线型的对象,或者选择除线型为【HIDDEN】以外的所有对象。

通过快速选择,可以根据指定的过滤条件快速定义一个选择集。利用【对象选择过滤器】,可以快速命名保存过滤器以供将来使用。

对于局部打开的图形,【快速选择】不考虑未被加载的对象。

例如,在绘制工程图(如图 5-1 所示主梁一般构造图)时,常常把其中的标注设为同一种颜色,如果需要对其中的属性加以改变,可以采用快速选择的命令,点击工具菜单下的【快速选择】选项(或在命令行输入 QSELECT),此时会弹出如图 5-2 所示对话框。

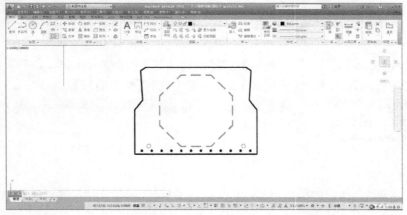

图 5-1 主梁一般构造图

在如图 5-2 所示的对话框中进行如下设置。

a. 在【快速选择】对话框的【应用到】下拉列表中选择【整个图形】。

b. 在【对象类型】下拉列表中选择【所有图元】。

c.【特性】列表区选择【图层】。

d. 在【运算符】列表区选择【= 等于】。

e. 在【值】下拉列表中选择【wailunkuo】。

f. 在【如何应用】设置区选择【包括在新选择集中】单选钮。

g. 选择【确定】按钮关闭【快速选择对话框】，AutoCAD 选择图形中"wailunkuo"图层的对象（图5-3）。

AutoCAD 将会亮显选中的图层为 wailunkuo 的图形（图 5-3）。

可以使用【排除在新选择集之外】选项将对象排除在当前选择集外。在上面的例子中，假如按照前面方法已经将图形中所有的注释对象选中，想将图中的红黄色对象从已选择的对象中排除，其步骤如下。

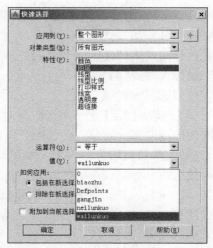

图 5-2 利用【快速选择】对话框创建选择对象

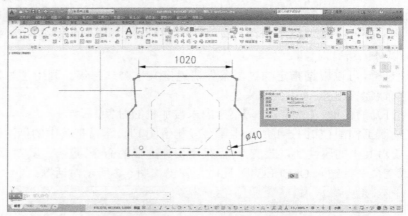

图 5-3 通过快速选择选定图层为钢筋的对象

a. 从【工具】菜单中选择【快速选择】打开【快速选择】对话框，如图 5-4a)所示。

b. 在【快速选择】对话框的【应用到】下拉列表中选择【整个图形】。

a) 快速选择对话框

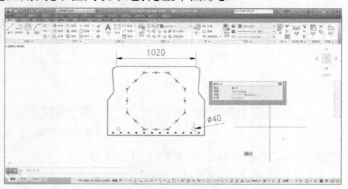

b) 利用快速选择去掉红色对象

图 5-4 将对象排除在当前选择集外

c. 在【对象特性】下拉列表中选择【所有图元】。

d. 在【特性】列表区中选择【颜色】。

e. 在【运算符】下拉列表中选择【＝等于】。

f. 在【值】编辑框中选择"红"。

g. 在【如何应用】设置区选择【包括在新选择集之中】单选钮,则生成如图 5-4b)所示的图形。

对于任何一种方法,如果想将颜色、线型或线宽作为过滤器选择集的条件,都要首先考虑图形中对象的这些特性是否被设置为【随层】。例如,一个对象被显示是因为它的颜色设置为【随层】,而某一图层的颜色是蓝色。所以要将蓝色的对象创建为选择集,就需要设计一个过滤器。设置过滤器的步骤如下。

(1)在命令提示下输入 FILTER 打开【对象选择过滤器】对话框(图 5-5)。

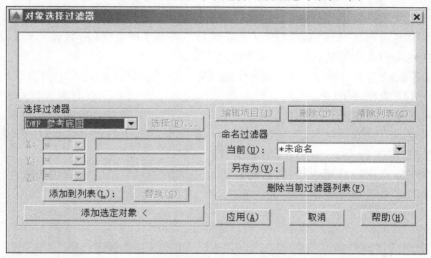

图 5-5 【对象选择过滤器】对话框

(2)在【选择过滤器】下选择【** 开始 OR】,并单击【添加至列表】按钮,表示以下各项目为逻辑【或】关系。

(3)在【选择过滤器】下选择【** 开始 AND】,并单击【添加至列表】按钮,表示以下各项目为逻辑【与】关系。

(4)在【选择过滤器】下选择【图层】,然后单击【选择】按钮,打开【选择图层】对话框,选择蓝色所在的图层,并单击【添加至列表】按钮。

(5)在【选择过滤器】下选择【颜色】,然后单击【选择】按钮,打开【选择颜色】对话框,选择颜色为【ByLayer】,并单击【添加至列表】按钮。

(6)在【选择过滤器】下选择【** 结束 AND】,并单击【添加至列表】按钮,表示结束逻辑【与】关系。如果还有其他蓝色图层,应再次执行第(3)～(5)将其添加到列表中。

(7)再次在【选择过滤器】下选择【颜色】,并单击【选择】按钮,在打开的【选择颜色】对话框中选择【蓝色】,并单击【添加至列表】按钮。

(8)在【选择过滤器】下选择【** 结束 OR】,并单击【添加至列表】按钮,表示结束逻辑【或】关系(图 5-6)。

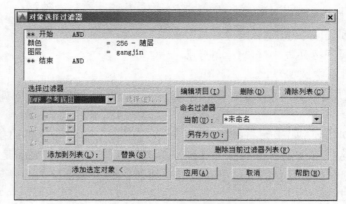

图 5-6　设置对象选择过滤器

①使用对象选择过滤器

要使用命名对象选择过滤器,可在【对象选择过滤器】对话框【命名过滤器】设置区中的【当前】下拉列表中进行选择,然后单击【应用】按钮。

若单击【删除当前过滤器列表】按钮,将删除当前过滤器。如果希望创建新对象选择过滤器,可单击【清除列表】按钮,然后按照前面介绍的方法设置并保存对象选择过滤器。

②编辑对象选择过滤器

要编辑对象过滤器中的条目,可在列表中选择条目后单击【编辑项目】按钮,然后在【选择过滤器】设置区进行设置,并单击【替换】按钮。

要删除对象选择过滤器中的条目,可在列表中选定条目后单击【删除】按钮。

要直接向对象选择过滤器中添加对象,可单击【添加选择的对象】按钮,然后在绘图窗口选择对象。

5.2 图形对象的删除

删除对象是 AutoCAD 的一项基本操作,也是用户在作图中最常使用的命令之一。简单来说,删除对象的操作方法有以下几种。

(1)使用删除命令 ERASE。

(2)选择要删除对象后,直接用键盘上的 DELETE 键。

(3)选择对象,用剪切命令,如"Ctrl+X",将对象剪切到剪贴板上,以便以后的粘贴使用。

(4)使用 PURGE 清理命令,删除不使用的命名对象,包括块定义、标注样式、图层、线型和文字样式。

其中,用户可以根据自己的爱好自由选择使用,但是最为常用的是前面两种方法。

5.2.1　删除图形对象命令 ERASE

在图形编辑过程中使用删除(ERASE)命令可以把选中的对象从图形中删除对象。

1)ERASE 命令常用激活方式

(1)启动【修改】工具栏(具体方法见前面章节),单击【修改】工具栏中的 ✐图标按钮。

(2)单击功能区面板【修改】控制台中的图标 ✐。

（3）从【修改】主菜单中选择【删除】选项。

（4）在命令行直接键入：ERASE 或 E。

2）命令的使用

激活以上 ERASE 命令后，命令提示行出现提示，用户可根据需要对 AutoCAD 作出响应，响应过程说明如下。

> 命令：ERASE
>
> 选择对象：（用户选择需要删除的对象，可用前面所说的各种选择方式）
>
> 选择对象：（继续选择对象或以回车结束选择确认删除）

另外，还可以先选择对象，单击【删除】按钮即可删除对象；如果先选择了对象，在显示了夹点后按 DELETE 也可以删除对象。

5.2.2 恢复删除误操作 UNDO 以及 OOPS

1）撤销 UNDO 命令

用户因为意外，删除了一些不应删除的对象。如同其他命令的撤销一样，用第一章中介绍的撤销命令 UNDO 可对这样的误操作进行恢复。当然也可以用其快捷键 "Ctrl+Z" 或点击快速访问工具栏里的放弃 ⤺ ▾ 图标来恢复。图标右侧的小三角用于选择放弃到前面操作的那一步。

2）OOPS 命令

OOPS 命令可恢复由上一个 ERASE 命令删除的对象，也可以在 BLOCK 或 WBLOCK 命令之后使用 OOPS，因为这些命令可以在创建块后，删除选定的对象。

注意

OOPS 只能恢复最后一次执行的删除操作，如果要连续向前恢复所做的操作，就要使用撤销 UNDO 命令；OOPS 命令不能恢复 PURGE 命令删除的图层上的对象。

5.3 改变图形的位置和大小

使用 AutoCAD2016 可以方便地移动图形或改变图形的大小，通过选用移动 MOVE、旋转 ROTATE、对齐 ALIGN 等命令可对图形对象进行移动、旋转和对齐的操作，选用比例 SCALE 命令可改变图形的大小，达到期望的效果。

5.3.1 图形的移动 MOVE

在图形编辑过程中使用移动（MOVE）命令可以把选中的图形从一个位置移动到另一个位置，不改变它的大小和方向，移动后原图形消失。可使用捕捉模式、坐标、夹点和对象捕捉模式的方法进行对象的移动。

1）MOVE 命令常用激活方式

（1）单击【修改】工具栏中的 ✛ 图标按钮。

（2）单击功能区面板【修改】控制台中的图标 ✛ 。

（3）从【修改】主菜单中选择【移动】选项。

（4）在命令行直接键入：MOVE 或 M。

2）命令的使用

激活以上 MOVE 命令后，命令提示行出现提示，用户可根据需要对 AutoCAD 作出响应，响应过程说明如下。

命令：MOVE

选择对象：（在图形中选择需要移动的对象）

选择对象：（继续选择或回车确认已经完成选择）

指定基点或位移：（指定图形移动的基点，可以输入坐标或直接在屏幕中指定点）

指定位移的第二点或 ＜用第一点作位移＞:（指定图形移动的基点，可以输入坐标或直接在屏幕中指定点，相对于第一点）

3）举例

例如将图 5-7 中的圆以圆心为基点移动到下矩形的右端点，方法为激活 MOVE 命令后，响应及操作说明过程如下。

命令：MOVE

选择对象： 找到 1 个（选择圆作为移动对象）

指定基点或[位移（D）] ＜位移＞：（选择圆心作为移动的基点）

指定第二个点或 ＜使用第一个点作为位移＞:（指定下面矩形的右角点作为第二点）

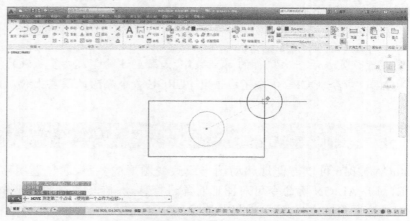

图 5-7 移动命令示例

5.3.2 改变图形的方向 ROTATE

在图形编辑过程中使用旋转 ROTATE 命令可以使图形绕一个指定基准点，按指定的角度及方向旋转，从而改变图形的方向。

1）MOVE 命令常用激活方式

（1）单击【修改】工具栏中的 图标按钮。

（2）单击功能区面板【修改】控制台中的图标 。

（3）从【修改】主菜单中选择【旋转】选项。

（4）在命令行直接键入：ROTATE 或 RO。

2）命令的使用

激活以上 ROTATE 命令后，命令提示行出现提示，用户可根据需要对 AutoCAD 作出响应，响应过程说明如下。

```
命令：rotate
UCS 当前的正角方向：ANGDIR＝逆时针  ANGBASE=0
选择对象：（在图形中选择需要旋转的对象）
选择对象：（继续选择或回车确认已经完成选择）
指定基点：（指定图形旋转的基点，可以输入坐标或直接在屏幕中指定点）
指定旋转角度或［复制（C）／参照（R）］<0>：
```

其中：

（1）【旋转角度】是指确定对象绕基点旋转的角度。旋转轴通过指定的基点，并且平行于当前用户坐标系的 Z 轴。

用户可以按照默认，在此输入对象绕基点旋转的角度值或在屏幕中直接指定旋转路径。

（2）【复制（C）】指旋转对象的同时创建对象的复制件。

（3）【参照（R）】是指定当前的绝对旋转角度和所需的新旋转角度。【参照】选项用于将对象与用户坐标系的 X 轴和 Y 轴对齐，或者与图形中的几何特征对齐。

输入"R"响应如下。

```
指定参照角 <0>：（用户通过输入值或指定两点来指定角度）
指定新角度或[ 点（P）]<0>：（用户输入值或指定两点来指定新的绝对角度）
```

旋转角度为"参照角"与新角度之差。

3）举例

使用两种旋转方式对同样一个三角形对象进行旋转，其中的图 5-8（图左 2）为直接给定旋转角度的方法得到的图形（上图为原图，下图为旋转后的图形），其做法与说明如下。

```
命令：rotate
UCS 当前的正角方向：ANGDIR＝逆时针  ANGBASE=0
选择对象：总计 2 个（选择矩形以及字母 B 为旋转对象）
选择对象：   （回车确认）
指定基点：   （指定 A 点作为基点）
指定旋转角度或［参照（R）］：45 （指定旋转的角度）
```

再使用指定 A 点和 B 点为参照点的旋转方式，结果如图 5-8（图左 1）所示，其中上图为原图，下图为旋转后的图形，操作过程如下。

```
命令：rotate
UCS 当前的正角方向：ANGDIR＝逆时针  ANGBASE=0
选择对象：找到 1 个（选择矩形为旋转对象）
```

选择对象：　　（回车确认）

指定基点：　　　（指定 A 点作为基点）

指定旋转角度，或［复制（C）/参照（R）］<0>：r　（响应参照选项）

指定参照角 <0>：　　（指定 A 点作为参照的第一点）

指定第二点：　　（指定 B 点作为参照的第二点）

指定新角度：45　（指定参照旋转后的角度）

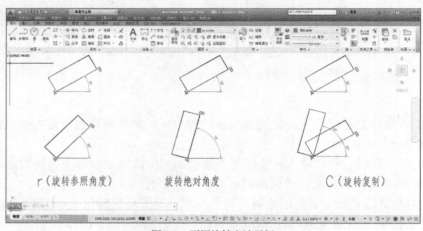

图 5-8　不同旋转方法示例

再使用旋转复制方式，结果如图 5-8（图左 3）所示，其中上图为原图，下图为旋转后的图形，操作过程如下。

命令：rotate

UCS 当前的正角方向：ANGDIR= 逆时针　ANGBASE=0

选择对象：找到 1 个（选择矩形为旋转对象）

选择对象：　　（回车确认）

指定基点：　　（指定 A 点作为基点）

指定旋转角度，或［复制（C）/参照（R）］<0>：c（响应旋转复制选项）

旋转一组选定对象。

指定旋转角度，或［复制（C）/参照（R）］<45> 45　（指定旋转复制后的角度）

5.3.3　改变图形的大小 SCALE

在图形生成过程中常需要放大或缩小已有的图形，使用比例（SCALE）命令，可以很方便地将已有图形按需要的比例进行任意缩放，SCALE 命令按给定的基准点并以 X，Y，Z 方向相同的比例因子，放大或缩小选定的图形对象，但不能独立放大或缩小被选择对象 X，Y，Z 坐标值，也不能改变选择对象之间的比例。

1）SCALE 命令常用激活方式

（1）单击【修改】工具栏中的 ⬚ 图标按钮。

（2）单击功能区面板【修改】控制台中的图标 ⬚。

（3）从【修改】主菜单中选择【缩放】选项。

（4）在命令行直接键入：SCALE 或 SC。

2）命令的使用

激活以上 SCALE 命令后，命令提示行出现提示，用户可根据需要对 AutoCAD 作出响应，响应过程说明如下。

```
命令：scale
选择对象：
（在图形中选择需要缩放的对象）
选择对象：
（继续选择或回车确认已经完成选择）
指定基点：
（指定图形缩放的基点，可以输入坐标或直接在屏幕中指定点）
指定比例因子或［复制（C）/参照（R）］<1.0000>：
```

其中：

（1）【比例因子】指按指定的比例放大选定对象的尺寸。大于 1 的比例因子使对象放大。介于 0~1 的比例因子使对象缩小。

用户可以按照默认，在此输入对象缩放的比例因子或在屏幕中直接指定缩放路径。

（2）【复制（C）】指创建要缩放的选定对象的复制件。

（3）【参照（R）】指按参照长度和指定的新长度缩放所选对象。

用户如输入"R"响应，则提示如下。

```
指定参照长度 <1.0000>：（指定距离或按回车默认为 1）
指定新的长度或［点（P）］<1.0000>：
```

（指定新距离，或输入点 P，用两点来定义长度）

如果新长度大于参照长度，对象将放大。

3）举例

如图 5-9 所示的图形中的圆形按照圆心为基点进行缩放，缩放比例为 2，结果图形 5-9 中的上图为原图，下图为缩放后的图形，过程说明下。

```
命令：scale
选择对象：找到 1 个（选择矩形）
选择对象：（回车确认）
指定基点：（选择圆心为缩放的基点）
指定比例因子或［复制（C）/参照（R）］：2（输入缩放的比例）
```

5.3.4 对齐图形对象 ALIGN

对齐（ALIGN）命令用于移动和旋转被选择的对象，从而达到与另一图形对象对齐的目的。此命令同时移动和改变所选对象的位置和方向，通过输入两组点：源点和目标点，即可确定所选图形对象的新方向和新位置。一对点可移动所选择的对象；两对点用于二维图形对象的对齐排列；三对点用于三维对象的对齐排列。实际上 ALIGN 命令相当于 MOVE、ROTATE 与 SCALE 命令功能的组合。

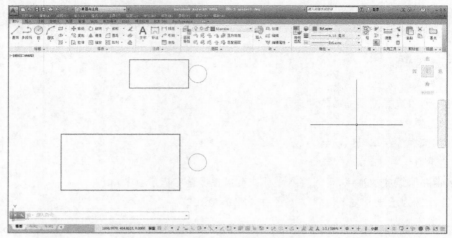

图 5-9　缩放图形示例

1）ALIGN 命令常用激活方式

（1）从【修改】主菜单中选择【三维操作】中的【对齐】子选项。

（2）单击功能区面板【修改】控制台中的 图标按钮。

（3）在命令行直接键入：ALIGN 或 AL。

2）命令的使用

激活以上 ALIGN 命令后，命令提示行出现提示，用户可根据需要对 AutoCAD 作出响应，响应过程说明如下。

> 命令:align
> 选择对象:（选择需要对齐的源对象）
> 选择对象:（继续选择或回车确认已经完成选择）
> 指定第一个源点:（指定第一个源点，最好在源对象上指定）
> 指定第一个目标点:（指定第一个目标点，最好在目标对象上指定）
> 指定第二个源点:（继续指定第二个源点或回车确认完成指定）
> 指定第二个目标点:（继续指定第二个目标点）
> 指定第三个源点或 <继续>:（继续指定第三个源点或回车确认完成指定）
> 是否基于对齐点缩放对象？[是(Y)／否(N)]<否>:（用于确认是否对源对象进行缩放，"Y"缩放，"N"不缩放）

对齐命令实际上是把源对象上的源点分别对齐于目标对象上的目标点。几点补充说明如下。

（1）当采用一对源点和目标点时，相当于把对象以源点为基点移到目标点。

（2）当指定两对源点和目标点时，对象不仅移动而且转动，即源对象的两个源点连线与目标对象的两目标点连线对齐，多用于平面对象的对齐。

（3）在指定的两对源点和目标点时，可以选择对象在对齐时是否目标物体相符。

（4）当指定三对源点和目标点时，对象在三维空间中不仅移动而且转动，即源对象的三源点构成平面与目标对象的三目标点构成平面对齐，多用于三维对象的对齐。

3）举例

对如图 5-10（左上）所示的五边形进行图形对齐操作，将 1 与 2 作为第一对源点和目标点，将 3 与 4 作为第二对源点与目标点。其中的图 5-10（左下）为进行缩放时的图形，图5-10（右下）为对齐后不缩放的图形。

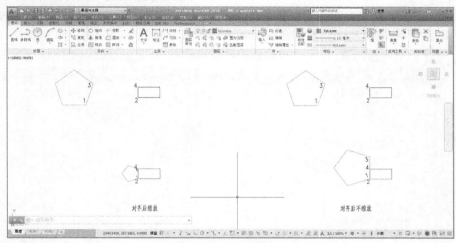

图 5-10 对齐对象图形的举例

5.3.5 拉伸图形对象 STRETCH

拉伸（STRETCH）命令与 MOVE 命令功能类似，它可以移动图形的指定部分，同时保持图形未动部分相连。

1）命令激活常用方法

（1）点击【修改】工具栏中的【拉伸】图标按钮 。

（2）从【修改】下拉菜单中选择【拉伸】选项。

（3）单击功能区面板【修改】控制台中的 图标按钮。

（4）在命令行直接键入：STRETCH。

2）命令的使用

激活以上 STRETCH 命令后，命令提示行出现提示，用户可根据需要对 AutoCAD 作出响应，响应过程说明如下。

```
命令：stretch
以交叉窗口或交叉多边形选择要拉伸的对象 ...
选择对象:（交叉窗口或交叉多边形选择要拉伸的对象）
选择对象:（继续选择对象或以回车确认选择完成）
指定基点[或位移(D)] <位移>:（指定拉伸的基点或拉伸的位移）
指定第二个点或 <使用第一个点作为位移>:
```

（如果输入第二点，对象将从基点到第二点拉伸矢量距离。如果在"指定第二点"提示下回车，STRETCH 将把第一点当作 X，Y 位移值。）

此处的交叉窗口选择与窗口选择的操作方法类似，只是在确定选取对象时框选的方向是先确定右上角点，然后向左侧拖动至左下角点来定义选取范围，当确定选取范围后，所有完全或部分包含在交叉窗口中的对象均被选中。

3）举例

对图 5-11 所示的图形进行拉伸操作，其中图左为原图，图右为拉伸之后的图形。

需要注意的是，使用 STRETCH 命令时，选取不同的拉伸窗口范围，可得到不同的拉伸结果。选择对象全部在窗口内时，拉伸命令相当于移动命令 MOVE；单击【拉伸】按钮后，命令行提示信息中有一个位移选项，可以用来设置相对距离和方向，且最后输入的位移值会被保留。

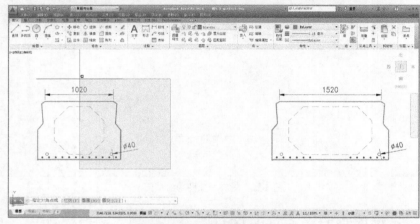

图 5-11　使用 STRETCH 命令绘图

5.4　图形的复制

在绘图过程中，经常遇到有些图形需要反复绘制或绘制相似副本的情况，AutoCAD 2016 提供了多种处理这样图形的方法，可以大大简化作图过程，主要有复制、镜像、阵列以及偏移等方法。

5.4.1　图形的简单复制 COPY

复制 COPY 命令可以将选中的图形对象复制到指定的位置上，并且使原图形在原处保持不变。

1）COPY 命令激活常用方法

（1）单击【修改】工具栏中的 图标按钮。

（2）单击功能区面板【修改】控制台中的 图标按钮。

（3）从【修改】下拉菜单中选择【复制】选项。

（4）在命令行直接键入：COPY 或 CO 或 CP 等。

2）命令的使用

激活以上 COPY 命令后，命令提示行出现提示，用户可根据需要对 AutoCAD 作出响应,响应过程说明如下。

> 命令：copy
>
> 选择对象：（选择要复制的对象）
>
> 选择对象：（继续选择对象或以回车确认选择完成）
>
> 当前设置：复制模式 = 多个
>
> 指定基点或[位移（D）／模式（O）]＜位移＞:（指定复制的基点或输入"D"使用坐标指定相对距离和方向或输入"O"控制是否自动重复该命令）
>
> 指定第二个点或［阵列（A）］＜使用第一个点作为位移＞:（指定复制的第二点,如果在"指定位移的第二个点"的提示下回车,则第一个点被当作相对于 X、Y、Z 的位移）

5.4.2　镜像复制图形 MIRROR

镜像（MIRROR）命令将选中的图形进行镜像复制,原图形对象可以在原处保留,也可以删除,经常用于对称图形的绘制。对于对称图形,用户可以只画一半的对象,再使用此命令进行镜像,以提高用户绘图的效率。

1)Mirror 命令激活常用方法

（1）单击【修改】工具栏中的 ⚖ 图标按钮。

（2）单击功能区面板【修改】控制台中的 ⚖ 图标按钮。

（3）从【修改】下拉菜单中选择【镜像】选项。

（4）在命令行直接键入：MIRROR 或 MI。

2)命令的使用

激活以上 MIRROR 命令后,命令提示行出现提示,用户可根据需要对 AutoCAD 作出响应,响应过程说明如下。

> 命令:mirror
>
> 选择对象：（选择需要镜像的对象）
>
> 选择对象：（继续选择或用回车确认选择结束）
>
> 指定镜像线的第一点:（指定镜像线的第一点）
>
> 指定镜像线的第二点:（指定镜像线的另外一点）
>
> 要删除源对象吗？［是（Y）／否（N）]＜N＞:（如果用户输入"Y"响应,则将被镜像的图像放置到图形中并删除原始对象,而用户输入"N"以响应,则将被镜像的图像放置到图形中并保留原始对象）

3)举例

镜像命令是快速绘图时使用的重要功能之一,也是我们平时经常用到命令之一。下面举一个例子:在桥梁横断面布置图绘制中,主梁横断面往往只需绘制一个,如图 5-12a)所示,然后对其进行镜像命令就可以得到多个横断面的图形,如图 5-12b)所示。步骤与说明如下。

> 命令：mirror
>
> 选择对象：指定对角点：找到 46 个（框选单个横断面的所有对象）

选择对象:	（回车确认）
指定镜像线的第一点:	（点取横断面边线的一点）
指定镜像线的第二点:	（点取横断面边线的另一点）
要删除源对象吗？ ［是(Y) / 否(N)］ <N>:	（回车确认不删除源对象）

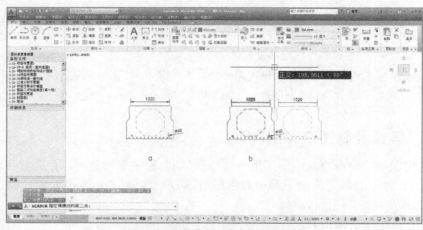

图 5-12　用镜像复制命令绘制横断面

4）镜像文字和属性

在 AutoCAD2016 的默认情况下，镜像文字和属性时，它们在镜像图像中不会反转或倒置，文字的对齐和对正方式在镜像对象前后都是相同的，如图 5-13 所示。在这种情况下系统变量"MIRRTEXT"的值为零（其初始值为零，保持文字方向）。

当"MIRRTEXT"的值为 1 时，镜像显示汉字。

系统变量"MIRRTEXT"将对使用"TEXT""ATTDEF"或"MTEXT"命令、属性定义和变量属性创建的文字产生影响。

> **注意**
>
> 　　如果文字和常量属性属于某个图形块的一部分，那么镜像插入块时，块中的文字和常量属性都作为整体将被反转，而不管参数"MIRRTEXT"如何设置。

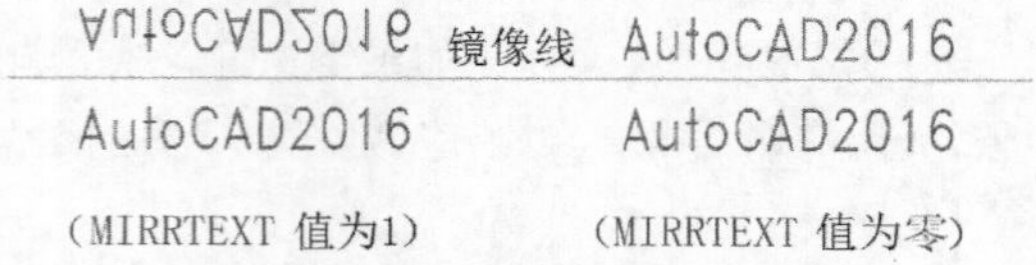

AutoCAD2016　镜像线　AutoCAD2016

AutoCAD2016　　　　AutoCAD2016

（MIRRTEXT 值为1）　　（MIRRTEXT 值为零）

图 5-13　MIRRTEXT 参数设置的影响

5.4.3　图形的多重复制 ARRAY

对所选定的图形对象进行有规律的多重复制可用阵列（ARRAY）命令，该命令包括"矩形阵列"（图标为 矩形阵列）；"路径阵列"（图标为 路径阵列）；"环形阵列"（图标为 环形阵列）。所谓矩形阵列是指按行与列排列出整齐的多个相同对象组成的图案；路径阵列是指沿整个路径或者部分路径平均分布而多个相同的对象组成的图案，路径可以是直线、多段线、三维多段线、样条曲线、螺旋、圆弧、圆或者椭圆；环行阵列则是围绕中心点的多个相同对象组成的环形图案。

1）命令激活常用的四种方法

（1）单击【修改】工具栏中的 🔲 图标按钮。

（2）单击功能区面板【修改】控制台中的 🔲 图标按钮。

（3）从【修改】下拉菜单中选择【阵列】选项。

（4）在命令行直接键入：ARRAY 或 AR。

2）命令的使用

激活以上 ARRAY 命令后，命令行会出现选择对象的提示，然后按提示一次操作即可。

（1）矩形阵列（ARRAYRECT）

使用矩形阵列可以方便地制作工程图样中经常遇到的图形重复，如图 5-14 所示的绘制桥梁横断面，制作过程如下。

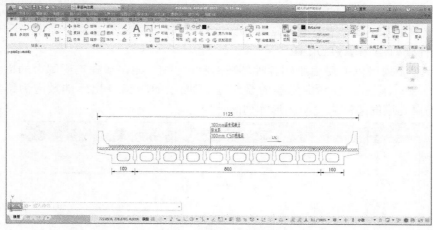

图 5-14　绘制桥梁断面举例

首先，在图形中建立如图 5-15 所示的单个横断面，以此为原本。等距离列出多个横断面，如图 5-16 所示。

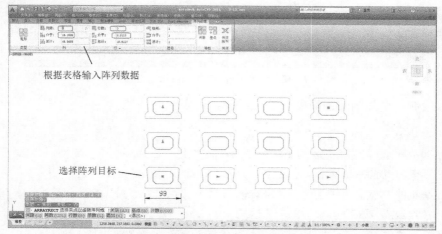

图 5-15　选择单个横断面作为阵列对象（根据表格提示输入阵列数据）

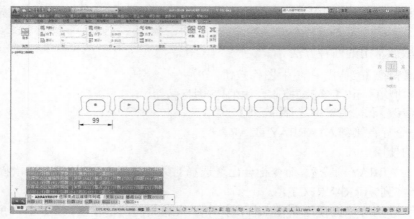

图 5-16　等距离阵列出多个横断面

阵列命令在信息窗口的内容特别繁多,建议用户进行具体阵列操作时,根据工具栏上的阵列设置对话框进行阵列参数设置。

(2)环行阵列(**ARRAYPOLAR**)

利用环形阵列可以方便地绘制各种环形对称地图形,如在基础工程图中的横断面上纵向主钢筋的绘制、圆柱形横断面钢筋的绘制等,下面以如图 5-17 所示的预应力锚垫板中的预应力钢筋束孔道的绘制来说明环形阵列的使用。

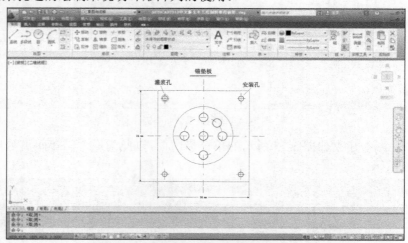

图 5-17　预应力锚垫板的钢筋束孔道的绘制举例

首先,绘制一个外围的钢筋束孔道,如图 5-18 所示。

```
命令: arraypolar
选择对象: all ( 选择已经画好的外围的钢筋束孔道 )
选择对象: ( 回车确认 )
指定阵列的中心点或[ 基点( B ) / 旋转轴( A )]: ( 点击中心圆孔的圆心 )
输入项目数或[ 项目间角度( A ) / 表达式( E )] <4>: 8
指定填充角度( += 逆时针、-= 顺时针 )或表达式( EX ) <360>: 回车
```

按 Enter 键接受或[关联(AS)／基点(B)／项目(I)／项目间角度(A)／填充角度(F)／行(ROW)层(L)／旋转项目(ROT/)退出(X)] ＜退出＞:(回车确认退出)

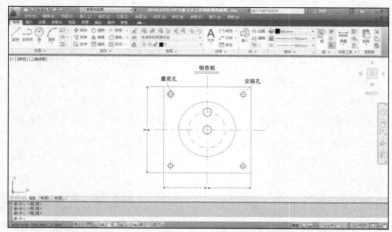

图 5-18　首先绘制一个外围的钢筋束孔道圆

完成后的图形如图 5-17 所示。

（3）路径阵列（ARRAYPATH）

使用路径阵列可以方便地制作工程图样中经常遇到的沿直线、多段线、样条曲线、螺旋、圆弧等路径的图形重复，如图 5-19 所示的主梁横断面沿着 4% 的横坡分布，制作过程如下。

图 5-19　路径阵列绘制举例

首先，在图形中建立如图 5-20 所示的坡度线，并在起点绘制一个标准横断面。

命令：ARRAYPATH
选择对象：指定对角点：找到 15 个(选择已经画好的横断面)
选择对象：
类型 ＝ 路径　关联 ＝ 否
选择路径曲线：　　　　　　　　　　(选择已经画好的坡度直线)
选择夹点以编辑阵列或［ 关联(AS)／方法(M)／基点(B)／切向(T)／项目(I)／行(R)／层(L)／对齐项目(A)/z 方向(Z)／退出(X)] ＜退出＞: m 　(键入 m,选择阵列方法)

输入路径方法 [定数等分 (D) / 定距等分 (M)] < 定距等分 >：　m　　 （ 键入 m，选择定距等分 ）

选择夹点以编辑阵列或 [关联 (AS) / 方法 (M) / 基点 (B) / 切向 (T) / 项目 (I) / 行 (R) / 层 (L) / 对齐项目 (A) / z 方向 (Z) / 退出 (X)] < 退出 >：　t　　 （ 键入 t，选择切向对齐 ）

指定切向矢量的第一个点或 [法线 (N)]：　　 （ 选择已经画好的坡度直线的左端点 ）

指定切向矢量的第二个点：　　　　　　　　　 （ 选择已经画好的坡度直线的右端点 ）

选择夹点以编辑阵列或 [关联 (AS) / 方法 (M) / 基点 (B) / 切向 (T) / 项目 (I) / 行 (R) / 层 (L) / 对齐项目 (A) / z 方向 (Z) / 退出 (X)] < 退出 >：　I　（ 键入 i 设置距离 ）

指定沿路径的项目之间的距离或 [表达式 (E)] <15.1886>：10 （ 设置间距为 10 ）

最大项目数 = 10　　　　　 （ 设置阵列个数为 10 ）

指定项目数或 [填写完整路径 (F) / 表达式 (E)] <10>：　　　　　 （ 回车确定 ）

选择夹点以编辑阵列或 [关联 (AS) / 方法 (M) / 基点 (B) / 切向 (T) / 项目 (I) / 行 (R) / 层 (L) / 对齐项目 (A) / z 方向 (Z) / 退出 (X)] < 退出 >：　　　　　 （ 回车退出 ）

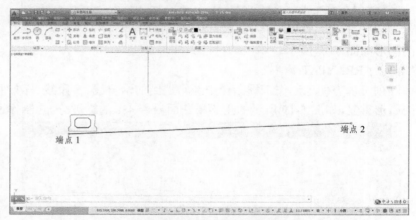

图 5-20　绘制坡度直线和横断面

完成后的图形如图 5-19 所示（上图）。

选择 1、2 点为切向矢量方向，如图 5-21 所示。

命令：ARRAYPATH

选择对象：指定对角点：找到 15 个　　　 （ 选择已经画好的横断面 ）

选择对象：

类型 = 路径　关联 = 否

选择路径曲线：　　　　　　　　　　　　　 （ 选择已经画好的坡度直线 ）

选择夹点以编辑阵列或 [关联 (AS) / 方法 (M) / 基点 (B) / 切向 (T) / 项目 (I) / 行 (R) / 层 (L) / 对齐项目 (A) / z 方向 (Z) / 退出 (X)] < 退出 >：t　　 （ 键入 t，选择切向对齐 ）

指定切向矢量的第一个点或 [法线 (N)]：　 （ 选择阵列对象的点 1 ）

指定切向矢量的第二个点：　　　　　　 （ 选择阵列对象的点 2 ）

选择夹点以编辑阵列或 [关联 (AS) / 方法 (M) / 基点 (B) / 切向 (T) / 项目 (I) / 行 (R) / 层 (L) / 对齐项目 (A) / z 方向 (Z) / 退出 (X)] < 退出 >：i

指定沿路径的项目之间的距离或［表达式(E)］<14.85>: 10

最大项目数 = 10

指定项目数或［填写完整路径(F)/表达式(E)］<10>:

选择夹点以编辑阵列或［关联(AS)/方法(M)/基点(B)/切向(T)/项目(I)/行(R)/层(L)/对齐项目(A)/z 方向(Z)/退出(X)]< 退出 >:若选择切向方向为

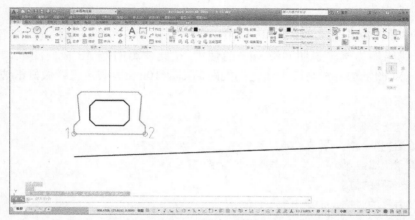

图 5-21 选择 1、2 点为切向矢量方向点

完成后的图形如图 5-19 所示(下图)。

综上在进行路径上的阵列复制时,要选择好切线方向,不同的切向方向阵列出的图形差异很大。

5.4.4 构造偏移对象 OFFSET

偏移(OFFSET)命令用于构造一个与指定图形对象保持等距离的(可能是放大也可能是缩小的) 新图形对象。创建偏移的新对象有两种方法:一种是指定距离,另一种是指定通过点。利用它可以生成同心圆、平行线以及平行曲线等。

1)OFFSET 命令激活常用方法

(1)单击【修改】工具栏中的 图标按钮。

(2)单击功能区面板【修改】控制台中的 图标按钮。

(3)从【修改】下拉菜单中选择【偏移】选项。

(4)在命令行直接键入:OFFSET 或 O。

2)命令的使用

激活以上 OFFSET 命令后,命令提示行出现提示,用户可根据需要对 AutoCAD 作出响应,响应过程说明如下。

```
命令: offset
当前设置:删除源 = 否    图层 = 源    OFFSETGAPTYPE=0
指定偏移距离或［通过( T )/删除( E )/图层( L )］< 通过 >:
（指定偏移的距离或输入 "T" 以响应通过指定点的对象或输入 "E" 响应偏移源对象后将其删除或输入"L"响应将偏移对象创建在当前图层上还是源对象所在的图层上）
```

选择要偏移的对象或［退出（ E ）/ 放弃（ U ）］< 退出 >:（选择需要偏移的对象）

指定要偏移的那一侧上的点,或 退出（ E ）/ 多个（ M ）/ 放弃（ U ）]< 退出 >:

（指定偏移的方向,只要鼠标在偏置方向上点击一下即可 ）

选择要偏移的对象或[退出（ E ）/ 放弃（ U ）]< 退出 >:

（继续选择偏移对象进行偏移操作或以回车结束偏移操作 ）

3)举例

偏移 OFFSET 命令在实际绘图中应用范围很多,特别是再作辅助线时。下面以图 5-18 所示的图框线绘制为例来说明 OFFSET 的使用,在此使用的是 A3 横向图纸,并且是不带装订边的形式（图纸边界线与图框线之间的距离都是 10mm）,假定已经做好纸边界线,说明如下。

命令: OFFSET

当前设置:删除源 = 否　图层 = 源　OFFSETGAPTYPE=0

指定偏移距离或［通过（ T ）/ 删除（ E ）/ 图层（ L ）］< 通过 >: 10

（输入要偏移的值 ）

选择要偏移的对象或［退出（ E ）/ 放弃（ U ）]< 退出 >:

（选择图纸边界线 ）

指定要偏移的那一侧上的点,或[退出（ E ）/ 多个（ M ）/ 放弃（ U ）]< 退出 >:

（在图纸的任意内部点击 ）

选择要偏移的对象或[退出（ E ）/ 放弃（ U ）]< 退出 >: ...

直至绘图完成,回车确认。

得到如图 5-22 所示的图框线。

图 5-22　使用 OFFSET 偏移操作绘制图框线

5.5 图形边、角、长度的编辑操作

AutoCAD 提供了非常完善的图形编辑功能,不仅可以对图形进行复制、移动、旋转等工

作,还可以根据需要对图形中的边、角等进行断开(BREAK)、修剪(TRIM)、延长(EXTEND)等编辑操作,也可以实现对图形倒棱角(CHAMFER)和倒圆角(FILLET)的功能。

5.5.1 打断图形线 BREAK

打断(BREAK)命令用来切掉图形对象(例如,直线、构造线、射线、多段线、样条曲线、圆、圆弧等)的一部分,或把它们切断为两部分。

1)命令激活常用方法

(1)单击【修改】工具栏中的⌐或⌐图标按钮。

(2)单击功能区面板【修改】控制台中的⌐或⌐图标按钮。

(3)从【修改】下拉菜单中选择【打断】选项。

(4)在命令行直接键入:BREAK 或 BR。

2)命令的使用

激活以上 BREAK 命令后,命令提示行出现提示,用户可根据需要对 AutoCAD 作出响应,响应过程说明如下。

> 命令:BREAK
>
> 选择对象: (点选对象,此时要注意可以以点选点作为打断第一点)
>
> 指定第二个打断点或[第一点(F)]:(指定打断第二点或输入"F"来重新指定第一点)

注意

(1)在选择对象时,用户就用点取的方法点击了对象,这时系统就把这个点作为删除线的起点,如果用户重新指定第一点需键入 F,这时以用户指定的点作为起点。对于圆弧的打断,系统默认的是逆时针的方向,也就是说删除的是逆时针走向的一段弧。

(2)BREAK 将实体两点截开,在选取第二点时如用【@】来回答,可由第一点将实体分开。

3)举例

利用 BREAK 命令打断圆,如图 5-23 所示,其中如图 5-23 中图 1 和图 3 是其中的两个原图,利用不同顺序指定打断点,分别可以得到如图 5-23 中图 2 和图 4 所示的图形。

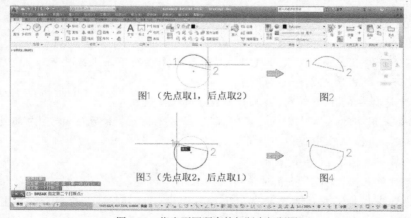

图 5-23　指定不同顺序的打断点打断圆

5.5.2 修剪图形 TRIM

当使用上述 BREAK 命令要删去一个图形对象与其他图形对象相交点间的部分时,需要准确地拾取要删去部分的两个端点。而修剪(TRIM)命令则无须精确地指定端点就能准确地删去这一部分,它将要删去的图形对象作为被切边,与其相交的图形对象作为剪切边。灵活的运用修剪功能,既可以提高绘图精度也可以提高效率。

1)命令激活常用方法

(1)点击【修改】工具栏中的 ⊬ 图标按钮。

(2)单击功能区面板【修改】控制台中的 ⊬ 图标按钮。

(3)从【修改】下拉菜单中选择【修剪】选项。

(4)在命令行直接键入:TRIM 或 TR。

2)命令的使用

激活以上 TRIM 命令后,命令提示行出现提示,用户可根据需要对 AutoCAD 作出响应,响应过程说明如下。

```
命令: trim
当前设置:投影 =UCS,边 = 无
选择剪切边 ...
选择对象或 < 全部选择 >:
( 选择修剪边,如直接回车,则全部对象都默认为修剪边 )
选择对象:
( 继续选择修剪边或回车确认选择完成 )
选择要修剪的对象,或按住 Shift 键选择要延伸的对象,或 [ 栏选( F )/ 窗交( C )/ 投影
( P )/ 边( E )/ 删除( R )/ 放弃( U )]:
```

说明

(1)直接点选需要修剪掉的对象。

(2)如同时按住"Shift"则命令自动切换为延伸,此时点选的为延伸对象。

(3)如果用户输入"F"以响应栏选,则选择与选择栏相交的所有对象。

AutoCAD 出现以下提示。

指定第一个栏选点:(指定选择栏的起点)

指定下一个栏选点或 [放弃(U)]:(指定选择栏的下一点或输入 u)

指定下一个栏选点或 [放弃(U)]:

(指定选择栏的下一个点、输入 u 或按 ENTER 键)

(4)如果用户输入"C"以响应窗交,则选择矩形区域(由两点确定)内部或与之相交的对象。则 AutoCAD 出现以下提示。

指定第一个角点:(指定点)

指定对角点:(指定第一点对角线上的点)

应注意某些要修剪的对象的交叉选择不确定。TRIM 将沿着矩形交叉窗口从第一个点以顺时针方向选择遇到的第一个对象。

（5）如果用户输入"P"以响应投影,则 AutoCAD 出现以下提示。

输入投影选项[无(N)/UCS（U）/视图（V)]<UCS>：

其中：

①"无"表示：指定无投影。AutoCAD 只修剪在三维空间中与剪切边相交的对象。

②"UCS"表示：指定在当前用户坐标系 XY 平面上的投影。AutoCAD 修剪在三维空间中不与剪切边相交的对象。

③"视图"表示：指定沿当前视图方向的投影。AutoCAD 修剪当前视图中与边界相交的对象。

（6）如果用户输入"E",以响应边,则 AutoCAD 出现以下提示。

输入隐含边延伸模式[延伸(E)/不延伸(N)]< 不延伸 >：

其中：

①此选项用于指定是在另一对象的隐含边处修剪对象,还是仅在与该对象在三维空间中相交的对象处进行修剪。

②"延伸"表示：沿自身自然路径延伸剪切边使它与三维空间中的对象相交。

③"不延伸"表示：指定对象只在三维空间中与其相交的剪切边处修剪。

（7）如果用户输入 "R",以响应删除,即删除选定的对象。此选项提供了一种用来删除不需要的对象的简便方式,而无须退出 TRIM 命令。

AutoCAD 出现以下提示。

选择要删除的对象或 < 退出 >：

（使用对象选择方式并按 ENTER 键返回到上一个提示）

（8）如果用户输入"U",则表示撤销由 TRIM 最近所作的修改。

注意

因为不支持常用的 Window 和 Crossing 选取方式,用户一般需要依次点选需要修剪的对象,最后以回车结束命令。但是在有规则的图形中要修剪大量的线,通过一个一个的点选显然过于麻烦,此时可以结合前面图形选择说明中所说的方法来同时选取对象,从而提高绘图效率。如使用 FENCE 选取方式。当 TRIM 命令提示选择要剪除的图形时,输入【F】,然后在屏幕上画出一条虚线,回车,这时被该虚线接触到的图形全部被剪切掉。

3）举例

修剪图形命令在实际的绘图中是非常频繁使用的命令,下面结合装配式钢筋混凝土边板钝角加强钢筋图（图 5-24)中的 N1~N6 钢筋的绘制来说明剪切命令的使用。

例如对如图 5-25 所示的图形进行剪切操作时,要剪掉冗余的线段。

```
命令: trim
当前设置:投影 = 视图,边 = 延伸
选择剪切边 ...
选择对象: 找到 1 个
选择对象: 找到 1 个,总计 1 个 (选择图示的剪切线作为剪切边)
```

选择对象：（回车确认）

选择要修剪的对象，或按住 Shift 键选择要延伸的对象，或［栏选(F)/窗交(C)/投影(P)/边(E)/删除(R)/放弃(U)］：＜对象捕捉 关＞ f （使用 FENCE 选取方式）

第一栏选点：　　（指定选区线的第一点）

指定下一个栏选点或［放弃(U)］：（指定选区线的第二点）

指定下一个栏选点或［放弃(U)］：　　（回车确认）

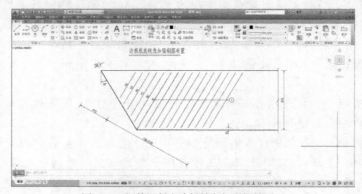

图 5-24　钢筋混凝土边板钝角加强钢筋图示

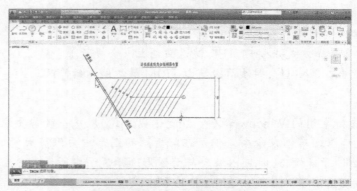

图 5-25　剪切命令操作前的图形

剪切时要避免将箍筋剪切掉，所以要分开几个部分进行剪切。结果的图形如图 5-26 所示。

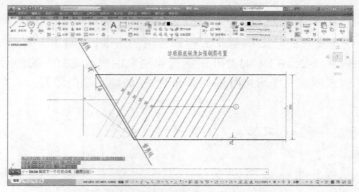

图 5-26　修剪后图形

5.5.3 延伸图形对象 EXTEND

延伸（EXTEND）命令与 TRIM 的作用相反,它能使图形中指定的图形对象,使其准确地到达由一个或多个图形对象所限定的边界上,这个边界称为界限边,被延伸的图形对象称为延伸边。也可以将对象延伸到它们将要相交的某个边界上,这个边界称为隐含边界。与 TRIM 命令类似,界限边同时也可以作为延伸边使用。

1)命令激活常用方法

（1）点击【修改】工具栏中的 -/ 图标按钮。

（2）单击功能区面板【修改】控制台中的 -/- 下拉列表中 -/ 图标按钮。

（3）从【修改】下拉菜单中选择【延伸】选项。

（4）在命令行直接键入:EXTEND 或 EX。

2)命令的使用

激活以上 EXTEND 命令后,命令提示行出现提示,用户可根据需要对 AutoCAD 作出响应,响应过程说明如下。

```
命令: EXTEND
当前设置:投影 =UCS,边 = 无
选择边界的边 ...
选择对象或 < 全部选择 >:（选择延伸边界,如直接回车,则全部对象都默认为延伸边界）
选择对象:（继续选择延伸边界或回车确认选择完成）
选择要延伸的对象,或按住 Shift 键选择要修剪的对象,或  [栏选( F )/ 窗交( C )/ 投影( P )/ 边( E )/ 删除( R )/ 放弃( U )]:
```

说明

（1）直接点选需要延伸的对象。

（2）如同时按住"Shift"则命令自动切换为修剪,此时,点选的为修剪对象。

（3）其他选项以及说明类似于前面的修剪命令,在此不再赘述。

5.5.4 为图形倒圆角 FILLET

圆角是工程制图中经常出现的内容,可以使用专门的倒圆角的 FILLET 命令来实现,FILLET 命令以已知的圆弧来连接指定相交的两直线、两圆弧、两个圆,或多段线中的相邻两线段,对多余的线段自动修剪,不足的线段自动延伸,使其与连接圆弧相切。圆角命令也可以用于平面图形的光滑连接。

1)命令激活常用方法

（1）单击【修改】工具栏中的 □ 图标按钮。

（2）单击功能区面板【修改】控制台中的 □ 图标按钮。

（3）从【修改】下拉菜单中选择【圆角】选项。

（4）在命令行直接键入:FILLET。

2)命令的使用

激活以上 FILLET 命令后,命令行出现提示,用户可根据需要对 AutoCAD 作出响应,响应过程说明如下。

```
命令：fillet
当前设置：模式 = 修剪,半径 = 0.0000    （显示当前的模式以及半径等信息）
选择第一个对象或［放弃(U)/多段线(P)/半径(R)/修剪(T)/多个(M)]:
```

说明

（1）用户此时可以直接指定选择第一个对象,它是用来定义二维圆角的两个对象之一,或是要加圆角的三维实体的边。此时 AutoCAD 提示如下。

选择第二个对象,或按住 shift 键选择要应用角点的对象：

再选择圆角的第二个对象,以前面的两个对象来定义圆角的特征边,作出圆角。

（2）如用户输入"U",则恢复在命令中执行的上一操作。

（3）如用户输入"P",以响应多段线,选择多段线对象后, AutoCAD 会自动在二维多段线中两条线段相交的每个顶点处插入圆角弧。

（4）如用户输入"R",以响应半径,则 AutoCAD 提示如下。

指定圆角半径 <0.0000>:

此时,用户指定需要的圆角半径即可返回上一级选项。

（5）如用户输入"T",以响应修剪,则 AutoCAD 提示如下。

输入修剪模式选项［修剪(T)/不修剪(N)]<修剪>:

用户在此指定是否修剪选定的边使其延伸到圆角弧的端点。默认值为修剪,此时将修剪选定的边到圆角弧端点。如果选择不修剪,则不修剪选定边,即保留原有的边。

（6）如用户输入"M",以响应多个,则表示给多个对象集加圆角。AutoCAD 将重复显示主提示和"选择第二个对象"提示,直到用户按 ENTER 键结束命令。

（1）对于不平行的两个对象,当有一个对象的长度小于圆角半径时,不能倒圆角。

（2）可以为平行线倒圆角,此时以平行线之间的距离作为圆角直径。

（3）注意在选择对象时光标点击的位置。

（4）圆角命令可以适用于三维对象。

3）举例

下面对一个斜拉桥塔柱横断面中外轮廓线进行倒圆角命令,如图 5-27 所示为横断面的原图,操作过程如下。

```
命令：fillet
当前设置：模式 = 修剪,半径 = 0.0000
选择第一个对象或［放弃(U)/多段线(P)/半径(R)/修剪(T)/多个(M)]: r（选择
指定半径方式）
指定圆角半径 <0.0000>: 15 （指定倒角的半径）
选择第一个对象或［放弃(U)/多段线(P)/半径(R)/修剪(T)/多个(M)]:（选择外
```

轮廓线一个角点的一条边）

选择第二个对象，或按住 shift 键选择要应用角点的对象:（指定外轮廓线的一个角点的另一条边,或按住 shift 键并选择对象,以创建一个锐角）

重复执行命令直到将外轮廓线的 4 个倒角完成,结果如图 5-28 所示。

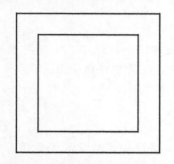 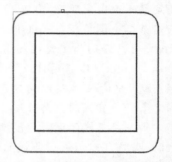

图 5-27　倒圆角之前的塔柱横断面图　　　　图 5-28　倒圆角之后的塔柱横断面图

5.5.5　为图形倒直角 CHAMFER

直角也是工程制图中经常出现的内容,用户可以使用专门的倒直角的 CHAMFER 命令来实现, CHAMFER 命令以已知的直线来连接指定相交的两直线、两圆弧、两个圆,或多段线中的相邻两线段,对多余的线段自动修剪,不足的线段自动延伸,使其与连接直线相接。

1)激活 CHAMFER 命令常用的四种方法

（1）点击【修改】工具栏中的⌷图标按钮。

（2）单击功能区面板【修改】控制台中的⌷ ·下拉列表中的⌷图标按钮。

（3）从【修改】下拉菜单中选择【倒角】选项。

（4）在命令行直接键入:CHAMFER 或 CHA。

2)命令的使用

激活以上 CHAMFER 命令后,命令行出现提示,用户可根据需要对 AutoCAD 作出响应,响应过程说明如下。

命令: chamfer
（"修剪"模式）当前倒角距离 1 = 0.0000,距离 2 = 0.0000（显示当前的模式以及倒角的距离等信息）
选择第一条直线或［放弃(U)/多段线(P)/距离(D)/角度(A)/修剪(T)/方式(E)/多个(M)]:

说明

（1）用户此时可以直接指定选择第一个对象,它是用来定义二维倒角所需的两条边中的第一条边,或要倒角的三维实体边中的第一条边。此后 AutoCAD 提示如下。

选择第二条直线,或按住 shift 键选择要应用角点的直线:

再选择倒角的第二个对象,以前面的两个对象来定义直角的特征边,作出倒角。

（2）如用户输入"U",则恢复在命令中执行的上一操作。

（3）如用户输入"P"，以响应多段线，选择多段线对象后，AutoCAD 将对多段线每个顶点处的相交直线段倒角。倒角成为多段线的新线段。如果多段线包含的线段过短以至于无法容纳倒角距离，则不对这些线段倒角。

（4）如用户输入"D"，以响应距离，则 AutoCAD 提示如下。

指定第一个倒角距离 <0.0000>：

指定第二个倒角距离 <0.0000>：

此时，用户分别指定需要的直角距离，即可返回上一级选项。如果将两个距离都设置为零，AutoCAD 将延伸或修剪相应的两条线以使两者终止于同一点。

（5）如用户输入"A"，以响应角度，则 AutoCAD 提示如下。

指定第一条直线的倒角长度 <0.0000>：

指定第一条直线的倒角角度 <0>：

此时，用户可以用第一条线的倒角距离和第二条线的角度设置倒角距离。设置后自动返回上一级菜单。

（6）如用户输入"T"，以响应修剪，则 AutoCAD 提示如下。

输入修剪模式选项［修剪（T）/ 不修剪（N）］<修剪 >：

用户在此指定是否将选定边修剪到倒角线端点。默认值为修剪，此时将修剪选定的边到倒角端点。如果选择不修剪，则不修剪选定边，即保留原有的边。

（7）如果用户输入"E"，以响应方式，用户在此控制 AutoCAD 使用两个距离还是一个距离和一个角度来创建倒角。

输入修剪方法［距离（D）/ 角度（A）］< 距离 >：

用户可以在此选择倒角方式，用相应的字母来响应相应的倒角方式。

（8）如用户输入"M"，以响应多个，则表示给多个对象集加直倒角。AutoCAD 将重复显示主提示和"选择第二个对象"提示，直到用户按 ENTER 键结束命令。

3）举例

下面以前面作完外轮廓线倒圆角的主塔横断面图形图 5-27 为原图，进行倒直角命令，操作过程如下。

```
命令：chamfer
（"修剪"模式）当前倒角距离 1 = 0.0000，距离 2 = 0.0000
选择第一条直线或［放弃（U）/ 多段线（P）/ 距离（D）/ 角度（A）/ 修剪（T）/ 方式（E）/
多个（M）］：d（选择指定距离的方式）
指定第一个倒角距离 <0.0000>：20（指定第一倒角边的大小）
指定第二个倒角距离 <20.0000>：20（指定第二倒角边的大小）
选择第一条直线或［放弃（U）/ 多段线（P）/ 距离（D）/ 角度（A）/ 修剪（T）/ 方式（E）/
多个（M）］：（选择内轮廓线的一个角边）
选择第二条直线：（选择内轮廓线的另一个角边）
……
```

重复命令，直到将塔柱的 4 个内角倒成需要的直角形式，结果如图 5-29 所示。

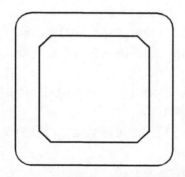

图 5-29　用 chamfer 命令对主塔横断面内轮廓线进行倒角

5.5.6　改变图形对象的长度或圆弧的包含角 LENGTHEN

拉长（LENGTHEN）命令可以改变一个非封闭图形对象的总长度或者圆弧的圆心角。改变长度可以通过一个增量长度（DELTA）、相对于原长度的百分比数（PERCENT）、总长度值（TOTAL）或者动态拖动（DYNAMIC）等多种方式来实现。

1）激活 LENGTHEN 命令常用的两种方法

（1）点击【修改】下拉菜单中选择【拉长】选项。

（2）在命令行直接键入：LENGTHEN 或 LEN。

2）命令的使用

激活以上 LENGTHEN 命令后，命令提示行出现提示，用户可根据需要对 AutoCAD 作出响应，响应过程说明如下。

> 命令：LENGTHEN
> 　选择对象或［增量(DE) / 百分数(P) / 全部(T) / 动态(DY)］:

其中：

（1）"选择对象"用于显示对象的长度和包含角（如果对象有包含角）。用户选择一个对象后，命令行自动提示这个对象的长度以及包含的角度等。

（2）如用户输入"DE"，以响应"增量"，AutoCAD 提示如下。

输入长度增量或［角度(A)］<0.0000>:

在此 AutoCAD 以用户指定的增量修改对象的长度，该增量从距离选择点最近的端点处开始测量。增量还以指定的增量修改弧的角度，该增量从距离选择点最近的端点处开始测量。正值扩展对象，负值修剪对象。用户输入新的增量后，程序提示如下。

选择要修改的对象或［放弃(U)］:

用户点选对象，就可以按照前面的设置来修改对象的长度或圆弧包含角。

（3）如用户输入"P"，以响应"百分数"，AutoCAD 提示如下。

输入长度百分数 <0.0000>:

在此，用户可以按照对象总长度的指定百分数设置对象长度。百分数也按照圆弧总包含角的指定百分比修改圆弧角度。输入后，点选对象，就可以按照以上的设置来修改对象了。

（4）如用户输入"T"，以响应"全部"，AutoCAD 提示如下。

指定总长度或［角度（A）］<1.0000）>：

用户可以通过指定从固定端点测量的总长度的绝对值来设置选定对象的长度。"全部"选项也按照指定的总角度设置选定圆弧的包含角。设置后，点选对象，就可以按照以上的设置来修改对象了。

（5）如用户输入"DY"，以响应"动态"，AutoCAD 提示如下。

选择要修改的对象或［放弃（U）］：

此时打开"动态拖动"模式。直接通过拖动选定对象的端点之一来改变其长度。其他端点保持不变。

通过拖动修改对象长度的步骤如下。

①输入拉长命令。

②输入 DY 进入动态拖动模式。

③单击 A 点选择要拉长的对象（A 点应靠近要拉长的端点）。

④拖动端点接近选择 B 点，或用任何点输入方法指定一个新端点（图 5-30）。

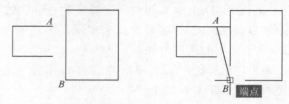

图 5-30　拉长对象

5.6 图形的夹点操作

AutoCAD2016 除了前面所说的几种图形基本操作方式以外，还提供了一种简便的操作方式——夹点操作。在工程图形的绘制过程中适时使用夹点操作能够有效提高绘图的效率。所谓的"夹点"为在对象被选中后，其上将显示的一些小方块。

使用夹点模式：选择一个对象夹点以使用默认夹点模式（拉伸）或按 Enter 键或空格键来循环浏览其他夹点模式（移动、旋转、缩放和镜像）。也可以在选定的夹点上单击鼠标右键，以查看快捷菜单上的所有可用选项。

使用多功能夹点：对于很多对象，也可以将光标悬停在夹点上以访问具有特定于对象（有时为特定于夹点）的编辑选项的菜单。按 Ctrl 键可循环浏览夹点菜单选项。

具有多功能夹点的对象有：

二维对象：直线、多段线、圆弧、椭圆弧和样条曲线。

注释对象：标注对象和多重引线。

三维实体：三维面、边和顶点。

当选择对象上的多个夹点来拉伸对象时，选定夹点间的对象的形状将保持原样。要选择多个夹点，可按住 Shift 键，然后选择适当的夹点。

文字、块参照、直线中点、圆心和点对象上的夹点将移动对象而不是拉伸它。

当二维对象位于当前 UCS 之外的其他平面上时，将在创建对象的平面上（而不是当前 UCS 平面上）拉伸对象。

　　如果选择象限夹点来拉伸圆或椭圆，然后在输入新半径命令提示下指定距离（而不是移动夹点），此距离是指从圆心而不是从选定的夹点测量的距离。

5.6.1　夹点操作方式的打开

　　要使用夹点操作，必须先打开夹点操作选项。

　　从【工具】主菜单中选择【选项】菜单，从而打开如图 5-31 所示的选项对话框，从中选择【选择集】选项卡，其中的右边部分就是设定夹点的各个选项的区域。

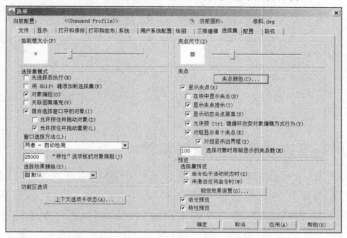

图 5-31　【选项】对话框中的【选择集】选项卡

　　其中：（1）颜色设置区域中，用户可以为"未选中夹点""选中夹点""悬停夹点""夹点轮廓"等设置相应的颜色，其中默认颜色分别为蓝、朱砂红、桃红。

　　（2）【显示夹点】选项设置后，用户选择对象后会在对象上面显示夹点。通过选择夹点和使用快捷菜单，可以用夹点来编辑对象。在图形中显示夹点会明显降低性能。清除此选项可优化性能。

　　（3）【在块中显示夹点】选项用于控制在选中块后如何在块上显示夹点。如果选择此选项，AutoCAD 将显示块中每个对象的所有夹点。如果不选择此选项，AutoCAD 将在块的插入点位置显示一个夹点。通过选择夹点和使用快捷菜单，可以用夹点来编辑对象。

　　（4）【显示夹点提示】用于设置当光标悬停在支持夹点提示的自定义对象的夹点上时，显示夹点的特定提示。该选项在标准 AutoCAD 对象上无效。

　　（5）【显示动态夹点菜单】用于设置当光标悬停在多功能夹点上时，控制动态菜单的显示。

　　（6）【允许按 Ctrl 键循环改变对象编辑方式行为】用于设置是否允许多功能夹点的按 Ctrl 键循环改变对象编辑方式行为。

　　（7）【对组显示单个夹点】用于设置是否显示对象组的单个夹点。

　　（8）【对组显示边界框】用于设置是否围绕编组对象的范围显示边界框。

　　（9）【选择对象时限制显示的夹点数】作用：当初始选择集包括多于指定数目的对象时，抑制夹点的显示。有效值的范围为 1~32767。

　　在此只需在【显示夹点】选项前打勾，其他按照默认即可启用夹点并进行夹点编辑。

当启用夹点后,在无命令状态,用户选择对象后,对象在特征点除将显示蓝色的夹点标记,如图 5-32 所示为图形对象在未显示夹点时与显示夹点时的对比图。

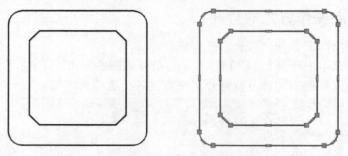

图 5-32　图形的夹点显示对比

在显示夹点状态,按"Esc"或改变视图等其他命令操作,就可以取消夹点显示,即取消了选择。

5.6.2　利用夹点操作进行对象的修改

要利用夹点操作进行对象的修改,首先是在无命令的状态下选择修改对象,使之显示出夹点。然后在其中需要操作的特征夹点上点击,即选中相应的夹点,此时该夹点呈现出红色。

下列对象具有多功能夹点,可提供特定于对象(在某些情况下,特定于夹点)的选项。

(1)二维对象:直线、多段线、圆弧、椭圆弧、样条曲线和图案填充对象。

(2)注释对象:标注对象和多重引线。

(3)三维实体:三维面、边和顶点。

如对图 5-33 所示图形利用夹点操作对其进行修改。

1)利用夹点功能拉伸对象

利用夹点功能拉伸图 5-33 中的矩形,过程如下。

选中矩形,将鼠标悬停在如图 5-34a)所示矩形左边线的中点,光标处会显示夹点菜单,选择拉伸,将鼠标停在矩形左侧,键盘输入 2,即可得到如图 5-34b)所示图形。

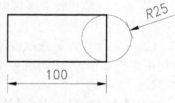

图 5-33　夹点功能图形

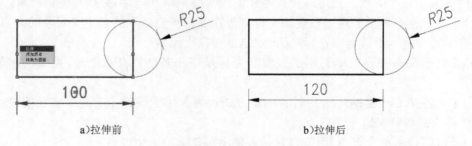

a)拉伸前　　　　　　　　　　　　　b)拉伸后

图 5-34　夹点拉伸命令

2)利用夹点功能移动对象

利用夹点功能移动图 5-34b)中的圆,过程如下。

选中圆,点选圆心并将其向右侧移动,键盘输入 2,即可得到如图 5-35 所示图形。

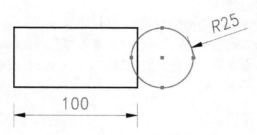

图 5-35 夹点移动功能

3）利用夹点功能旋转对象

利用夹点功能旋转图 5-34a）中的全部图形，过程如下。

选中全部，左键点击圆心，出现"节点"提示后单击鼠标右键，选择旋转，键盘输入 90，即可得到如图 5-36 所示图形。

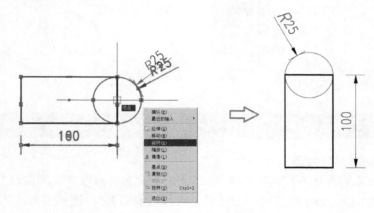

图 5-36 夹点旋转功能

4）利用夹点功能缩放对象

利用夹点功能缩放图 5-34a）中的矩形，过程如下。

选中矩形及标注，先左键单击矩形线上的夹点，出现"中点"提示，单击鼠标右键，选择缩放，键盘输入 0.5，即可得到如图 5-37 所示图形。

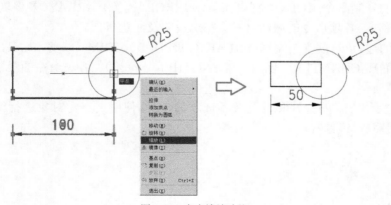

图 5-37 夹点缩放功能

5)利用夹点功能镜像对象

利用夹点功能镜像图 5-34a)中的矩形和圆,过程如下。

选中矩形和圆,左键点击圆形的夹点,出现"象限点"提示,鼠标右键选择镜像命令,默认镜像第一点为"象限点",命令行提示选择镜像线的第二点,打开垂直命令,点击第一点下方某点,即可得到如图 5-38 所示图形。

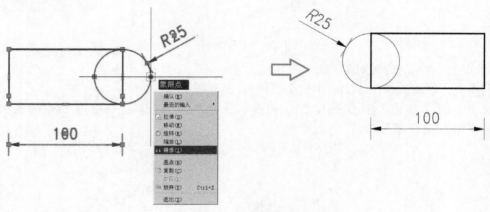

图 5-38　夹点镜像功能

5.7　小结

本章主要内容总结如下。

(1)图形对象的选择方式(包括 14 种,最常用的有直接点取方式和窗口方式),重点讲述了"快速选择"的运用及用 FILTER 打开【对象选择过滤器】进行选择的方法和应用。

(2)删除图形对象的方法:ERASE、选择对象后直接用 Delect 键;剪切命令"Ctrl+X";清理命令 PURGE。恢复删除误操作 UNDO 及 OOPS 命令。各项命令的激活、使用、举例说明及注意事项。

(3)改变图形的位置及大小的命令:MOVE(移动)、ROTATE(旋转)、SCALE(缩放)、ALIGN(对齐)、STRETCH(拉伸)。各项命令的激活、使用、举例说明及注意事项。

(4)图形的复制命令:COPY(简单复制)、MIRROR(镜像)、ARRAY(多重复制,即阵列)、OFFSET(偏移)。各项命令的激活、使用、举例说明及注意事项。

(5)图形的边、角长度等的编辑:BREAK(打断图形)、TRIM(修剪)、EXTEND(延伸)、FILLET(圆角)、CHAMFER(倒角)、LENGTHEN(拉长)。各项命令的激活、使用、举例说明及注意事项。

(6)夹点操作方式的打开和设置及各选项的含义;使用夹点对对象进行编辑:拉伸、移动、旋转、比例缩放、镜像等。

第 6 章

文字和尺寸的标注

虽然使用 AutoCAD 绘制的建筑图形可以比较清楚地表达绘图者的思想和意图，但在图形中仍需要加注必要的文字和尺寸标注，来表达图形无法说明的内容和信息，用户可以使用文字来标明图形的各个部分，或是为图形加上必要的注解；另外，使用 AutoCAD 绘制的专业建筑工程图形是按一定比例和精度绘制出的，在图形上加上必要的尺寸标注，可以为看图者提供足够的图形尺寸信息。此外，文字标注还出现在工程图样中的标题行、明细表、技术要求、装配说明、加工要求等一些非图形信息的标注。通过图样的文字和尺寸标注，能够使看图者准确理解设计者的整体构思，以及需要实现的工程效果。因此，学习 AutoCAD2016 的文字和尺寸的标注是非常必要的。这一章我们将学习如何在图形中标注文字、设置尺寸、标注尺寸及修改已标注的尺寸。

6.1 向图形中添加注释文本

文本标注包括单行文本标注和多行文本标注，文本编辑常常使用【文字】工具栏，AutoCAD2016 的【文字】工具栏如图 6-1 所示。

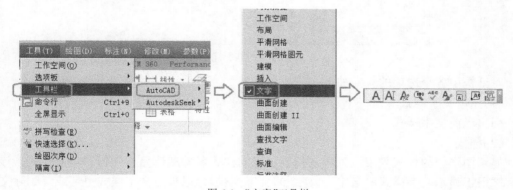

图 6-1 "文字"工具栏

其中：

A 创建多行文字对象 MTEXT。

AI 输入文字并在屏幕上显示 DTEXT（单行文字对象）。

A 编辑文字、标注文字和属性定义 DDEDIT。

查找、替换、选择或缩放到指定的文字 FIND。

ABC 检查选定文字的拼写 SPELL。

A 在图形中创建、修改或设置命名文字样式 STYLE。

A 缩放选定的文字对象 SCALETEXT。

🅐 设置选定文字的对正方式 JUSTIFYTEXT。

🖳 SPACETRANS 将距离或高度在模型空间和图纸之间转换。

6.1.1　文字样式 STYLE

文字样式包括图形中文字对象的字体、大小和显示效果等,用户可以在图形中定义多个文字样式,然后在创建不同类型的文字对象时,使用不同的样式。

1)激活 STYLE 命令常用方法有以下四种

(1)点击【文字】工具栏中的 🅐 图标按钮。

(2)单击功能区选项卡中的【注释】项,文字控制台中 ▾ 图标,选择 🅐 图标。

(3)从【格式】下拉菜单中选择【文字样式】选项。

(4)在命令行直接键入:STYLE 或 ST。

2)命令的使用

激活以上命令后,AutoCAD 弹出如图 6-2 所示的【文字样式】对话框。

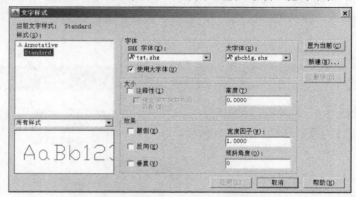

图 6-2　【文字样式】对话框

对话框中各个选项的含义如下。

(1)当前文字样式

列出当前文字样式。

(2)样式

显示图形中的样式列表。列表包括已定义的样式名并默认显示选择的当前样式。该选项区域用于显示文字样式的名字、创建新的文字样式、为已有的文字样式更名或者删除文字样式。要更改当前样式,请从列表中选择另一种样式或选择"新建"以创建新样式。样式名前的 🔺 图标指示样式是 annotative(注释性)。

样式名称可长达 255 个字符,包括字母、数字以及特殊字符,例如,美元符号($)、下画线(_)和连字符(-)。

(3)样式列表过滤器

下拉列表指定所有样式还是仅使用中的样式显示在样式列表中。

(4)预览

【预览】选项区域用于预览所选择或者所设置的文字样式的效果,可以在文本框中输入要预览的字符,然后单击【预览】按钮,AutoCAD 将输入的字符按当前文字样式显示在预览框中。

（5）字体

列出所有注册的 TrueType 字体和 Fonts 文件夹中编译的形（SHX）字体的字体族名。该选项区域用于设置文字样式使用的字体的属性，用户可以通过【字体名】下拉列表框来选择字体，同时还可以通过【字体样式】下拉列表框选择文字的格式（如斜体、粗体、常规等）。

【使用大字体】复选框：用于指明使用汉字。只有选中该复选框后，【字体样式】下拉框才有效。

如果改变现有文字样式的方向或字体文件，当图形重生成时所有具有该样式的文字对象都将使用新值。

（6）大小

更改文字的大小。

【注释性】复选框：选择则指定文字为 annotative。单击信息图标以了解有关注释性对象的详细信息。

【使文字方向与布局匹配】复选框：指定图纸空间视口中的文字方向与布局方向匹配。如果清除"注释性"选项，则该选项不可用。

【高度】编辑框：该选项用于设置键入文字的高度，如将其设置为"0"，则用户在输入文本时将被提示指定文本高度。如果希望将该文本类型用作尺寸文本类型，则高度值必须设置为"0"，否则用户在设置尺寸文本类型时所设定的文本高度将不起作用。

（7）效果

该选项区域设置文字的显示特征，有颠倒、反向、垂直、宽度因子、倾斜角度 5 项。

【颠倒】复选框：颠倒显示字符。

【反向】复选框：反向显示字符。

【垂直】复选框：显示垂直对齐的字符。只有在选定字体支持双向时"垂直"才可用。TrueType 字体的垂直定位不可用。

【宽度因子】编辑框：设置字符间距。输入小于 1.0 的值将压缩文字。输入大于 1.0 的值则扩大文字。

【倾斜角度】编辑框：该选项用于指定文字的倾斜角度，其范围为 −85°～ 85°。向右倾斜时，角度为正，反之角度为负。该选项与 TEXT 命令【旋转角度（R）：】的区别在于【倾斜角】，编辑框是指文本中每个字符的倾斜度，而 TEXT 命令【旋转角度（R）】是指文本的倾斜度。

使用这一节中所描述效果的 TrueType 字体在屏幕上可能显示为粗体。屏幕显示不影响打印输出。字体按指定的字符格式打印。

（8）置为当前

将在"样式"下选定的样式设置为当前。

（9）新建

该按钮用于创建新的文字样式。单击"新建"按钮，AutoCAD 弹出如图 6-3 所示的【新建文字样式】对话框，用

图 6-3 "新建文字样式"对话框

户可通过【样式名】文本框输入新文字样式的名字。

若要修改已有文字样式名字,则在"样式"列表下要修改的文字样式处单击右键,选择重命名。如图 6-4 所示。

图 6-4　重命名文字样式

（10）删除

该按钮将某一已有的文字样式删除。从【样式名】下拉列表框中选择要删除的文字样式,点击【删除】按钮,AutoCAD 弹出对话框提示是否删除,确认删除后,选择的样式就删除。

> **注意**
>
> 　　已经被使用了的文字样式是不能被删除的,AutoCAD 为用户提供的名为 Standard 的默认文字样式也不能被删除。

（11）应用

单击【应用】按钮接受用户对文字样式的设置,将对文本类型所进行的调整应用于当前图形,例如,当用户已经创建了文本类型样式 1,且已经使用该类型输入了某些文字,如果用户希望将该类型的文本宽度因子由 1 改为 0.7,则可在该对话框中进行修改,然后单击【应用】按钮。

在实际绘图时,为了使图形易于阅读,人们经常需要为图形增加一些注释性的说明,因此,用户必须知道如何在图中放置文字以及文本类型的选择和设置。

总体来讲,用户在使用 STYLE 命令时应该特别注意以下几点。

文本和文本类型的关系:对于画面上已有的和随后要输入的文本都有其对应的文本类型,系统缺省的文本类型为 STANDARD,所使用的字型为 TXT. SHX,但用户可以通过【文字样式】对话框指定其他文本类型。

如果用户希望文字中中文指定不同的字体,可首先利用【字体名】下拉框选定一种英文字体,然后选中【使用大字体】复选框,并通过【字体样式】下拉框为汉字选择合适的字体。如果不希望对中英文字体加以区分,可直接在【字体名】下拉框中指定一种中文字体。

对于 TEXT 文本类型而言,其字体是唯一的,即所有使用该类型的文本都使用该字体,但是对于 MTEXT 而言,即使使用同一种文本类型,用户也可以为不同的段落设置不同的字体。当用户更改了文本类型的【颠倒】和【反向】特性后,已使用该文本类型创建的文本将受其影响,而宽度比例、倾斜角度设置仅对新输入的文字有影响。

AutoCAD 提供了 3 个命令(TEXT、DTEXT 和 MTEXT)用于在图中修改、放置文本,下面分别进行详细介绍。

6.1.2 创建单行文字 TEXT(DTEXT)

利用 TEXT 命令可创建一行或多行文字,在每行结束处都需要按 Enter 键。其中,每行文字都是独立的对象,用户可以调整格式、重新定位或修改其内容。

1)激活 TEXT(DTEXT)命令常用的四种方法

(1)点击【文字】工具栏中的 **AI** 图标按钮。

(2)单击功能区选项卡中的【注释】项,【文字】控制台中 A 下拉列表中的 **AI** 图标。

(3)从【绘图】下拉菜单中选择【文字】子菜单中的【单行文字】选项。

(4)在命令行直接键入:TEXT 或 DTEXT 或 DT。

2)命令的使用

激活以上 TEXT(DTEXT)命令后,命令行出现提示,用户可根据需要对 AutoCAD 作出响应,响应过程说明如下。

```
命令: text
当前文字样式: "Standard" 文字高度: 2.5000 注释性: 否 对正: 左
(提示当前默认的文字样式及大小、注释性等信息)
指定文字的起点或 [对正(J)/样式(S)]:
```

说明

(1)用户可以在此时直接指定文字的基线的起始点位置。此后 AutoCAD 将提示如下。

指定高度 <2.5000>:

(显示当前默认的文字高度,在此用户可以为所需的文字指定高度)

指定文字的旋转角度 <0>:

(显示当前文字的旋转的角度,用户在此可以为所需创建的文字指定其旋转角度)

输入文字:(直接输入的文字)

输入文字:(输入下一行的文字或直接回车以表明输入完成)

(2)如在"指定文字的起点"提示下回车将跳过高度和旋转角度的提示,此时用户可以在屏幕上显示的文字输入框内直接键入文字。该处的文字输入结束后,可以点击绘图区域内的任何位置重新输入文字。

(3)如用户输入"J",以响应对正选项,则 AutoCAD 提示如下。

输入选项

[左(L)/居中(C)/右(R)/对齐(A)/中间(M)/布满(F)/左上(TL)/中上(TC)/右上(TR)/左中(ML)/正中(MC)/右中(MR)/左下(BL)/中下(BC)/右下(BR)]:

其中:

①L(左):在由用户给出的点指定的基线上左对正文字。

②C(中心):确定文本串基线的水平中点。

③ R（右）：确定文本串基线右端点。

④ A（对齐）：可确定文本串的起点和终点，AutoCAD 调整文本高度以使文本放在两点之间。

⑤ M（中间）：确定文本串基线的水平和竖直中点。

⑥ F（调整）：确定文本串的起点、终点。不改变高度，AutoCAD 调整宽度系数以使文本适于放在两点之间。

⑦ TL（左上）：文本对齐在第一个字符的文本单元的左上角。

⑧ TC（中上）：文本对齐在文本单元串的顶部，文本串向中间对齐。

⑨ TR（右上）：文本对齐在文本串最后一个文本单元的右上角。

⑩ ML（左中）：文本对齐在第一个文本单元左侧的垂直中点。

⑪ MC（正中）：文本对齐在文本串的垂直中点和水平中点。

⑫ MR（右中）：文本对齐在右侧文本单元的垂直中点。

⑬ BL（左下）：文本对齐在第一个文字单元的左角点。

⑭ BC（中下）：文本对齐在基线中点。

⑮ BR（右下）：文本对齐在基线的最右侧。

（4）如果用户输入"S"，以响应样式选项，则 AutoCAD 提示如下。

输入样式名或［？］<Standard>：

说明

（1）显示当前的文字样式名称，同时用户在此可以指定文字样式，文字样式决定文字字符的外观。创建的文字使用当前文字样式。

（2）此时用户可以输入"？"以查询当前存在的文字样式，此时 AutoCAD 提示如下。

输入要列出的文字样式 <*>：

用户如回车确认，则 AutoCAD 自动弹出命令【文本窗口】，如图 6-5 所示。

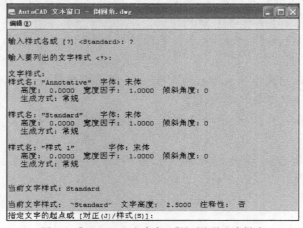

图 6-5 【AutoCAD 文本窗口】显示当前文字样式

在输入文字的过程中，可以随时改变文字的位置。如果在输入文字的过程中想改变后面输入的文字位置,将光标移到新位置并按左键,原标注行结束,标注出现在新确定的位置,之后用户可以在此继续输入文字。

6.1.3 单行文字控制符

在实际设计绘图中,往往需要标住一些特殊的字符,如希望在一段文字的上方或下方加下画线;标注"°"、"±"、"Φ"等符号。由于这些特殊字符既不能从键盘上直接输入,又不能像输入多行文字时从快捷菜单中直接插入符号,只能通过 AutoCAD 提供的控制符来实现这些标注要求。

AutoCAD 常用控制符的含义及功能见表 6-1。

AutoCAD 常用控制符的含义及功能 表 6-1

%%O	打开或关闭文字上画线	\U+2248	标注"约等于(≈)"符号
%%U	打开或关闭文字下画线	\U+2220	标注"角度(∠)"符号
%%D	标注"度(°)"符号	\U+2126	标注"欧姆(Ω)"符号
%%P	标注"正负公差(±)"符号	\U+2260	标注"不等于(≠)"符号
%%C	标注"直径(Φ)"符号	\U+2082	标注"下标2"符号
%%%	标注"百分数(%)"符号	\U+00B2	标注"平方"
		\U+00B3	标注"立方"

当在输入控制符时,这些控制符将临时显示在屏幕上,当结束 TEXT 命令时,这些控制符即从屏幕中消失,转换成相应的特殊符号。

例如:在键入 TEXT 命令后,在绘图区光标提示下在文本框内输入 (x+5)\u+00b2 ,则输入内容自动变成$(x+5)^2$。

6.1.4 创建多行文字 MTEXT

用户可用 MTEXT 命令在图中放置一段文本,可以使用【文字格式】编辑器来设置多行文字的样式、字体、大小等属性。MTEXT 具有很大的灵活性,它比 DTEXT 和 TEXT 更为实用。

1)激活 MTEXT 命令常用的四种方法

(1)点击【文字】工具栏或【绘图】工具栏中的 **A** 图标按钮。

(2)单击功能区选项卡中的【注释】项,【文字】控制台中 **A** 下拉列表中的 **A** 图标。

(3)从【绘图】下拉菜单中选择【文字】子菜单中的【多行文字】选项。

(4)在命令行直接键入:MTEXT 或 MT。

2)命令的使用

激活以上 MTEXT 命令后,命令提示行出现提示,用户可根据需要对 AutoCAD 作出响应,响应过程说明如下。

当前文字样式:"Standard" 文字高度:2.5000 注释性:否(显示当前的文字样式以及文字高度、注释性等信息)

指定第一角点:(用户指定文字编辑区的第一个角点)

指定对角点或[高度(H)/对正(J)/行距(L)/旋转(R)/样式(S)/宽度(W)/栏(C)]:

说明

（1）用户此时可以直接指定文字编辑区的相对于第一点的对角点,此时就可以打开如图 6-6 所示的【文字格式】编辑器,在其中的文字输入窗口中输入所需的文字,再利用其中的各种属性设置后,就可以得到所需的文字,确认退出。

（2）如果用户输入"H",以响应【高度】选项,此时 AutoCAD 提示如下。

指定高度 <2.5000>:

用户在此可以指定用于多行文字字符的文字高度。

（3）如果用户输入"J",以响应【对正】选项,此时 AutoCAD 提示如下。

输入对正方式

［左上(TL)/中上(TC)/右上(TR)/左中(ML)/正中(MC)/右中(MR)/左下(BL)/中下(BC)/右下(BR)]< 左上(TL) >:

用户在此输入相应文字的对正方式,具体各个选项的意义见前面的单行文字中的相应选项的说明。

（4）如果用户输入"L",以响应【行距】选项,此时 AutoCAD 提示如下。

输入行距类型［至少(A)/精确(E)]< 至少(A) >:

在此,用户可以指定多行文字对象的行距。行距是一行文字的底部（或基线）与下一行文字底部之间的垂直距离。其中的"至少"是指根据行中最大字符的高度自动调整文字行。当选定"至少"时,包含更高字符的文字行会在行之间加大间距。"精确"是指强制多行文字对象中所有文字行之间的行距相等。间距由对象的文字高度或文字样式决定。

（5）如果用户输入"R",以响应【旋转】选项,此时 AutoCAD 提示如下。

指定旋转角度 <0>:

用户在此指定文字边界的旋转角度。

（6）如果用户输入"S",以响应【样式】选项,此时 AutoCAD 提示如下。

输入样式名或［?］<Standard>:

用户在此可以指定用于多行文字的文字样式。用法类似于前面单行文字输入选项的介绍。

（7）如果用户输入"W",以响应【宽度】选项,此时 AutoCAD 提示如下。

指定宽度:

用户在此可以指定文字边界的宽度。

（8）如果用户输入"C",以响应【栏】选项,此时 AutoCAD 提示如下。

输入栏类型［动态(D)/静态(S)/不分栏(N)]< 动态(D) >:

用户在此可以将多行文字对象的格式设置为多栏。可以指定栏和栏间距的宽度、高度及栏数。可以使用夹点编辑栏宽和栏高。

3）【文字格式】编辑的说明

当绘图窗口中指定一个用来放置多行文字的矩形区域后,便可以打开如图 6-6 所示的【文字格式】编辑器,编辑器由工具栏和文字输入窗口等组成,在文字输入窗口可以输入所需的文字,在工具栏中可以对输入文字进行编辑等操作。编辑器的基本说明如图 6-6 所示。

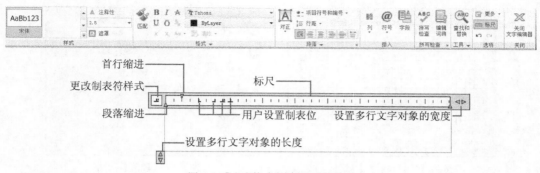

图 6-6 【文字格式】编辑器及其说明

在编辑文字属性时要注意,当前的文字必须在选中的状态下,才能进行属性编辑。当然,也可以利用在文字编辑之前先将需要的属性设置好,再写入文字,此时文字将自动套用设置的属性。

在文字输入窗口中右键单击将出现快捷菜单,如图 6-7 所示。

（1）【插入字段】：执行该命令,将打开【字段】对话框,可选择需要插入的字段,如图 6-8所示。

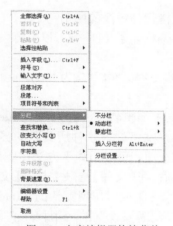

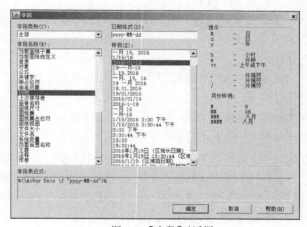

图 6-7 文字编辑器快捷菜单 　　　　图 6-8 【字段】对话框

（2）【符号】：可以在实际绘图中插入一些特殊的字符,例如度数、正负号、直径等,当然用户可以点击其中的【其他】自选项,此时 AutoCAD 弹出符号映射表对话框,如图 6-9 所示。从中选择需要的字符后,点击【选择】后点击【复制】并关闭对话框,在文字输入窗口粘贴就可以了。

（3）【段落对齐】：选择该菜单中的选项,可以设置段落的对齐方式。

（4）【段落】：选择该命令,打开段落对话框,如图 6-10 所示。在此对话框中可以设置缩进和制表位位置。其中,在【制表位】选项组中可以设置制表位的位置,单击【添加】按钮可以设置新制表位,单击【清除】按钮可以清除列表框中的所有设置;在【左缩进】选项组的【第一行】和【悬挂】文本框中可以设置首行和段落的左缩进位置;在【右缩进】选项组的【右】文本框中可以设置段落右缩进的位置。

（5）【项目符号和列表】：执行该命令,可以使用字母（包括大小写）、数字作为段落文字的项目符号。

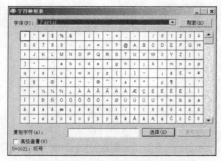

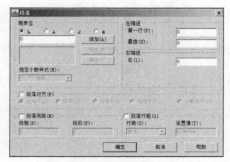

| 图 6-9 【字符映射表】对话框 | 图 6-10 【段落】对话框 |

（6）【查找和替换】：用于搜索或替换指定的字符串，也可以设置查找条件，例如是否全字匹配、是否区分大小写等，其使用类似与一般常用的查找和替换工具的使用。

（7）【全部选择】：可以直接选择当前窗口中的文字，以便后面的属性修改。

（8）【改变大小写】：可以使选中的输入窗口中的文字改变为大写或小写。

（9）【自动大写】：可以使后面输入的文字自动为大写，但不改变选中的前面的文字的大小写。

（10）【删除格式】：可以删除文字中应用的格式。

（11）【合并段落】：可以合并选中文字的段落，并用空格代替每段的回车符。

（12）【背景遮罩】：可以设置是否使用背景遮罩、边界偏移因子（1 ～ 5），以及背景遮罩的填充颜色。

（13）【输入文字】：可以导入其他程序中已经编辑好的文本文件，默认为".txt"文件，也可以是".rtf"文件。

在多行文字（Mtext）命令中还可以直接使用 Word 等文本编辑软件进行编辑。 Mtext 多行文字编辑器是 AutoCAD 有用的功能，它提供了 Windows 文字处理软件所具备的界面和工作方式，它甚至可以利用 Word 的强大功能编辑文本，这一功能可以用如下方法实现。

打开【工具】菜单选【选项】命令，【选项】对话框弹出后，在【文件】选项中打开【文本编辑器、词典和字体文件名】，点击其中的【文本编辑器应用程序】，此时出现默认的【Internal】程序名，双击此文件名，出现【选择文件】对话框，接着找到需要设置的应用程序文件，如【Winword.exe】，单击【打开】按钮，返回【选项】对话框，确认后设置完毕。完成以上设置后，用户如再使用 Mtext 命令时系统将自动调用用户熟悉的应用程序，如 Word，从而为AutoCAD 中的文本"锦上添花"。

技巧：如果在输入分数（如 1/4）后按回车键，将打开【自动堆叠特性】对话框，可以设置是否需要在输入类似于 X/Y、X#Y、和 X^Y 的表达式时自动堆叠，还可以设置堆叠的其他属性。

6.1.5 文本编辑 DDEDIT 或 PROPERTIES

一般来讲，文本编辑应涉及两个方面，即修改文本内容和文本特性，用户可以像修改其他对象一样修改文本内容、高度、旋转角度等，其中字体改变可以通过修改文本类型来完成。

1）用 DDEDIT 来修改文本

该命令用于修改文本，也可以用于修改 ATTDEF（属性定义），并根据不同对象显示不同的对话框。

（1）激活 DDEDIT 命令常用方法有以下 3 种。

①点击【文字】工具栏的 ⚡ 图标按钮。

②从【修改】下拉菜单中选择【对象】子菜单进入【文字】下一级子菜单从中选择【编辑】选项。

③在命令行直接键入：DDEDIT。

（2）命令的使用：

激活以上 DDEDIT 命令后，命令提示行出现提示，用户可根据需要对 AutoCAD 作出响应，响应过程说明如下。

```
命令：ddedit
选择注释对象或［放弃(U)］：
```

用户在此状态下，可以点选需要修改的文字对象，如果要修改的文字是用单行文字输入方式输入的，此时就会直接对文字进行修改，如图 6-11 所示编辑文字窗口。

如果需要修改的文字是在创建多行文字的方法输入的，则会弹出如图 6-6 所示的【文字格式】编辑器。用相应的方法就可以按照用户的需要修改。

延主梁钢束曲线要素及锚坐标				
束 号	1	2	3	4
弯起角度 (°)	2.94	5.01	6.54	6.14
弯起半径 (cm)	5000.00	5000.00	5000.00	5000.00

图 6-11 【编辑文字】对话框

2）使用 PROPERTIES 命令修改文本

用户可以象修改其他对象一样使用 PROPERTIES 命令进行属性的直接修改。

（1）激活 PROPERTIES 命令常用方法有以下三种。

①点击功能区面板【特性】控制台中的 ⚊ 图标，或者按【CTRL】+1。

②从【修改】下拉菜单中选择【特性】选项。

③在命令行直接键入：PROPERTIES 或 DDMODIFY 或 MO。

（2）命令的使用：

激活以上 DDEDIT 命令后，AutoCAD 弹出相应的属性对话框。

如果编辑的文字对象是在单行文字创建中输入的，则点击相应需要编辑的文字对象后弹出的属性对话框如图 6-12 所示。

其中：

①标题栏中可以看到已经选择对象的属性，这里是"文字"。

②下面显示的各个选项表明了这个对象文字对象的一些属性，点击其中的值就可以改变对象的相应属性。

③基本栏中表明了线型、颜色、样式等特性。

④三维效果栏表明图形的材质。

⑤文字栏列出了关于文字本身的一些属性，如内容、样式、注释性等。

⑥几何图形表明了对象所在的图纸空间中的位置等信息。

⑦其他栏表明了文字的其他属性，如颠倒、反向。

⑧在标题栏的右侧有几个图标，其中：⚃ 是快速选择图标，点击此图标，AutoCAD 自动弹出如图 6-14 所示的快速选择窗口，其使用与前面选择图形介绍相同；⚃ 是选择对象图标，点击此图标，鼠标指标变为选择状态，作用相当于"Select"命令；⚃ 是切换 PICKADD 系统变量的值图标，打开（1）或关闭（0）PICKADD 系统变量。PICKADD 打开时，每个选定对象（单独选择或通过窗口选择的）都将添加到当前选择集中。PICKADD 关闭时，选定对象

将替换当前的选择集。

如果编辑的文字对象是在多行文字创建中输入的，则点击相应需要编辑的文字对象后弹出的属性对话框如图6-13所示。多行文字的属性菜单类似于单行文字的属性菜单，但多了几个行间距选项，没有【其他】选项。

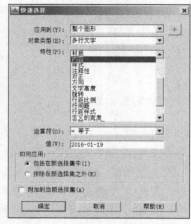

图6-12　对于单行文字的　　　图6-13　对于多行文字的　　　图6-14　【快速选择】对话框
　　　　属性对话框　　　　　　　　　属性对话框

6.1.6　国标中关于字体的要求与配置

（1）国标中字体的要求

CAD工程图中所用的字体应该按国家标准的要求书写，应做到字体端正、笔画清楚。排列整齐、间隔均匀。CAD工程图的字体高度要求与图纸之间的大小关系，如表6-2所示。

工程图的字体与图纸的幅面之间的大小关系（GB/ 18229—2000）（单位：mm）　　表6-2

字体＼图幅	A_0	A_1	A_2	A_3	A_4
字母数字			3.5		
汉字			5		

CAD工程图的字体的最小（词）距、行距以及间隔或基准线与书写之间的最小距离，如表6-3所示。

工程图的字体与最小距离（GB/T 18229—2000）（单位：mm）　　表6-3

字　体	最　小　距　离	
汉字	字距	1.5
	行距	2
	间隔线或基准线与汉字的间距	1
拉丁字母、阿拉伯数、希腊字母、罗马数字	字距	0.5
	词距	1.5
	行距	1
	间隔线或基准线与汉字的间距	1

注：当汉字与字母、数字混合使用时，字体的最小字距、行距等应根据汉字的规定使用。

CAD 工程图的字体选用范围如表 6-4 所示。

工程图的字体选用范围（GB/T 18229—2000）   表 6-4

汉字字型	国家标准号	字体文件名	应 用 范 围
长仿宋体	GB/T 13362.4 ～ 13362.5—1992	HZCF.*	图中标注及说明文字、标题栏、明细栏等
单线宋体	GB/T 13844—1992	HZDX.*	—
宋体	GB/T 13845—1992	HAST.*	大标题、小标题、画册封面
仿宋体	GB/T 13846—1992	HZFS.*	目录清单、标题栏中的设计单位
楷体	GB/T 13847—1992	HZKT.*	名称、图样名称、工程名称
黑体	GB/T 13848—1992	HZHT.*	地形图

（2）国标字体的配制

可以利用前面所介绍的文字样式命令进行国标字体的配制，在此不再赘述。

6.2 尺寸标注的基础知识

尺寸标注是 AutoCAD 的一项重要的功能，使用尺寸标注能能够明确图形的各部分的大小以及相互关系，AutoCAD2016 提供了各种类型的尺寸标注样式，对尺寸标注方面的功能实现了较大增强。它不仅包含了直径、半径、线性、圆弧、公差等标注命令，在此基础上又增加了尺寸标注的注释性、标注间距、折弯线性和标注打断等功能。

6.2.1 尺寸的组成

通常，一个完整的尺寸是由尺寸线、尺寸界线、箭头、尺寸文字 4 个部分组成的，如图 6-15 所示。通常 AutoCAD 将这 4 个部分作为一个块来处理，所以一个尺寸标注一般为一个对象。下面简单介绍一下这 4 部分。

（1）尺寸线

在图纸中使用尺寸线来标明距离或角度。缺省状态下，尺寸线位于两个尺寸界线之间，尺寸线的两端有两个箭头，尺寸文本沿着尺寸线书写。

（2）尺寸界线

尺寸界线是由测量点引出的延伸线。通常用于直线型和角度型尺寸的标注。缺省状态下，尺寸界线和尺寸线是相互垂直的，可以将它设置为想要的角度，还可以把尺寸界线设置为不显示。

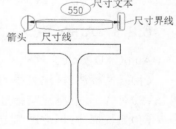

图 6-15 尺寸的组成

（3）尺寸箭头

箭头在尺寸线与尺寸界线的相交处，表示尺寸线的终止端。在不同的情况下可以使用不同的箭头符号。

（4）尺寸文本

尺寸文本是用来说明图纸中的距离或角度等数值以及说明文字的。标注时 AutoCAD 会自动给出尺寸文本，也可以自己输入新的文本。尺寸文本的大小和采用的字体可以改变。

6.2.2　国家标准中关于尺寸标注的规定

1)基本规则

(1)物体的真实大小应以图样上所标注的尺寸数值为依据,与图形的大小及绘图的准确度无关。

(2)图样中的尺寸以毫米(mm)为单位时,不需要标注计量单位的代号或名称。如采用其他的单位,则必须注明相应的计量单位的代号或名称。

(3)图样中所标注的尺寸为该图样所表示的物体的最后完工尺寸,否则应另加说明。

(4)物体的每一尺寸,一般只标注一次,并应标注在反映该结构最清晰的图形上。

2)尺寸标注的组成元素的规定

(1)图样上一个完整的尺寸应由尺寸界线、尺寸线、箭头及尺寸文字组成。

(2)尺寸界线用实线绘制,从图形的轮廓线、轴线、中心线引出,并超出尺寸线 2mm 左右。轮廓线、轴线、中心线本身也可以作为尺寸界线。

(3)尺寸线必须用细实线单独绘出,不能与任何图线重合。

(4)箭头位于尺寸线的两端,指向尺寸界线。用于标记标注的起始、终止位置。箭头是一个广义的概念,可以有不同的样式,详见尺寸样式设置中,箭头形式的下拉列表。

(5)尺寸文字在同一张图中应该大小一致。除角度以外的尺寸文字,一般应该填写在尺寸线的上方,也允许填写在尺寸线的中断处,但同一张图中应该保持一致;文字的方向应与尺寸线平行。尺寸文字不能被任何图形线通过,偶有重叠,其他图线均应断开。

3)尺寸标注的基本要求

(1)互相平行的尺寸线之间,应该保持适当的距离。为避免尺寸线与尺寸界线相交,应按大尺寸标注在小尺寸外面的原则布置尺寸。

(2)圆及大于半个圆的圆弧应注直径尺寸,半圆或小于半圆的圆弧应标注半径尺寸。

(3)角度尺寸的标注,无论哪一种位置的角度,其尺寸文字的方向一律水平注写,文字的位置,一般填写在尺寸线的中间断开处。

6.2.3　AutoCAD 尺寸标注的类型

AutoCAD 提供了多种尺寸标注类型,具体如下。

(1)线性标注:标注直线的长度或被测对象的距离。

(2)对齐标注:标注与指定对象平行的尺寸。

(3)弧长标注:标注圆弧或多段线弧线段上的距离。

(4)坐标标注:以坐标的形式标注图形中对象的尺寸。

(5)半径和直径标注:标注圆和圆弧的半径或直径的尺寸。当圆弧或圆的中心位于布局外并且无法在其实际位置显示时,可以用折弯半径标注,可以在更方便的位置指定标注的原点(这称为中心位置替代)。

(6)角度标注:标注两条线之间的夹角或圆弧的圆心角。

(7)基线标注与连续标注:快速标注出线型尺寸的尺寸值。

(8)标注形位公差:形位公差表示特征的形状、轮廓、方向、位置和跳动的允许偏差。在标注的过程中,用户可以把形位公差作为标注文字添加到当前图形中。

（9）圆心标记和中心线：用圆心标记或中心线指出圆或圆弧的圆心。

各个标注的详细使用方法将在这一章的后续部分进行介绍。

6.2.4　AutoCAD 的尺寸标注命令

使用以下 4 种方式可以进入尺寸标注模式。

（1）使用命令行

在命令行键入"DIM"，就可以进入尺寸标注模式。

（2）使用菜单

AutoCAD 尺寸标注的命令很多，掌握起来很困难，所以 AutoCAD 另外提供了专门的【标注】主菜单，如图 6-16 所示为【标注】主菜单。

（3）使用工具栏

从【工具】主菜单选择【工具栏】项可以选择打开【标注】工具栏，如图 6-17 所示。

（4）使用功能区面板

图 6-16　【标注】主菜单选项

在功能区选项卡点击【注释】项，打开功能区面板，包含【文字】【标注】【引线】【表格】等控制台。

图 6-17　【标注】工具栏

6.3　设置尺寸标注的样式

标注的样式是保存的一组标注设置，它确定标注的外观。通过创建标注样式，可以设置有关的标注系统变量，并且控制任意一个标注的布局和外观。在设置标注样式时，AutoCAD 使用的是当前标注样式。在没有另一种样式替换当前样式之前，Standard 样式基本上都是根据美国国家标准协会标注标准设计的。如果开始绘制新图形时选择了公制单位，则默认样式为 ISO-25。但有时它并不能满足用户的要求，用户可以利用"标注样式"命令（DDIM）进行修改和编辑。

6.3.1　尺寸标注样式设置的开始

1）标注样式 DDIM 命令一般可以通过以下 4 种方式激活：

（1）单击【标注】工具栏下的 按钮。

（2）通过功能区选项卡【注释】|【标注】，点击 按钮。

（3）从【标注】下拉菜单选择【标注样式】或从【格式】下拉菜单中选择【标注样式】选项。

（4）直接在命令行中输入命令：DDIM 或 DIMSTYLE。

2）命令激活后，AutoCAD 自动弹出【标注样式管理器】对话框，如图 6-18 所示。

其中：

【置为当前】按钮：表示将选择的尺寸标注类型设置为当前的标注类型，返回绘图环境后将使用所选择的标注类型。

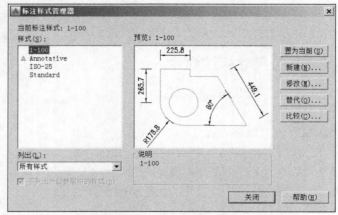

图 6-18 【标注样式管理器】对话框

【新建】按钮：用于创建新样式。

【修改】按钮：表示将对选择的尺寸标注类型进行修改，单击它会打开【修改标注样式】对话框，如图 6-19 所示，它的内容与【替代当前样式】【新建标注样式】相同。

【替代】按钮：设置当前样式的代替样式。

【比较】按钮：设置好一种尺寸类型后，可以与其他的尺寸标注类型进行比较。

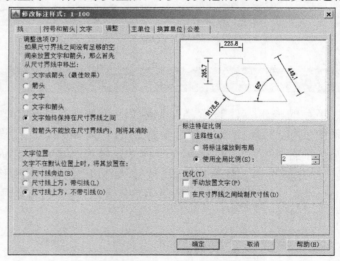

图 6-19 【修改标注样式】对话框

6.3.2 定义尺寸标注样式

1）创建新的标注样式

（1）【标注样式管理器】对话框中，单击【新建】，出现【创建新标注样式】对话框，如图 6-20 所示。

（2）在【创建新标注样式】对话框中，通过下拉菜单可以选择要用为新样式的【基础样式】，默认为当前图层中正在使用的标注样式。

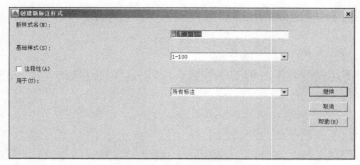

图 6-20 【创建新标注样式】对话框

（3）【注释性】复选框：如果启用，则新建的标注样式具有注释性功能，这样标注的尺寸可以自动调整其显示比例，以适合于当前图形的显示。

（4）指出新样式应用的范围。在【用于】下拉列表中，可以选择的范围有所有标注、线性、角度、半径、直径、坐标、引线和公差，可以根据自己的需要来选择。这里，新建了一个名为"he1"的标注样式。

点击"继续"按钮后进入【新建标注样式】对话框，如图 6-21 所示。

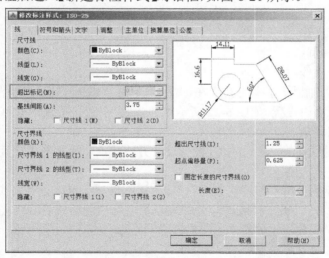

图 6-21 【新建标注样式】对话框中的【线】选项卡

在这个对话框中，有 7 个选项卡，使用这些选项卡可以分别设置尺寸标注的各种样式。

如果选择了具体的标注类型，将创建基础样式的子样式。比如 ISO-25 样式的文字高度为2.5，若只想让半径标注中的文字高度为 3.0，其余保持不变。只需在【基础样式】下拉列表框中选择 ISO-25，在【用于】下拉列表框中选择"线性标注"。此时定义的新样式是 ISO-25 的子样式。

2）设置尺寸线和箭头

如图 6-21 所示为【线】选项卡，使用此选项卡可以设置尺寸线、尺寸界线的颜色、线宽、外观样式和大小。

（1）【尺寸线】区

①设置尺寸线的颜色

单击【颜色】下拉列表框的右边的向下箭头，可以从列出的颜色中选择一种作为尺寸线的颜色,也可以选用【随层】或【随块】,使尺寸线的颜色随图层或图块而定。相应的系统变量为 DIMCLRD。

②设置尺寸线的宽度

单击【线宽】下拉式列表框右侧的向下箭头,可以选择尺寸线的宽度,相应的系统变量为 DIMLWD。

③设置尺寸线的延伸量

如果选择了斜线等记号作为尺寸线的终止记号而不是箭头,就会激活如图 6-21 所示的灰色部分【超出标记】文本框,它可以设置尺寸线超出尺寸界线的长度,如图 6-22 所示中的 a 值,其系统变量为 DIMDLE。

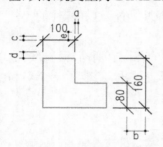

图 6-22 尺寸标注示意图

④设置尺寸线基线间距

如果使用基线型标注时,改变【基线间距】的数值可以控制各尺寸线间的间隔,如图 6-22 所示中的 b 值,相应的系统变量为 DIMDLI。

⑤隐藏尺寸线

选择【隐藏】选项的【尺寸线 1】和【尺寸线 2】可以控制将尺寸线的前端和后端隐藏起来。相应的系统变量为 DIMSD1 和 DIMSD2。

(2)【尺寸界线】区

①设置超出尺寸线

设置尺寸界线超出尺寸线的长度在标注时,尺寸界线都要超出尺寸线一定的长度,在【超出尺寸线】编辑框内设置,如图 6-22 所示中的 c 值,相应的系统变量为 DIMCLRE。

②设置起点偏移量

在【起点偏移量】编辑框输入的值,表示尺寸界线起点与标注对象之间的间隙,如图 6-22 所示中的 d 值。

如图 6-23 所示为【符号和箭头】选项卡,使用此选项卡可以设置箭头格式和特性、圆心标记的大小和外观样式,设置弧长符号的样式及折弯标注的格式。其主要选项如下。

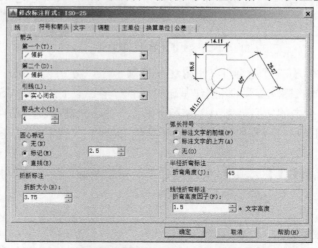

图 6-23 【新建标注样式】对话框中的【符号和箭头】选项卡

（3）【箭头】区

①设置箭头样式

通过【第一个】【第二个】可以选择箭头的样式。AutoCAD 2016 提供了二十多种箭头样式，不同专业有固定行业规定的箭头样式，如建筑设计采用【建筑标记】，为短斜线形式。机械设计可采用【实心闭合】。其中，用户可以选择使用自定义的箭头，方法是在箭头列表框中选择【用户箭头 ...】选项，则 AutoCAD 弹出【选择自定义箭头块】对话框，如图 6-24 所示，在对话框中的输入当前图形中已有的块名称，然后单击"确定"按钮，AutoCAD 将以该块作为尺寸线的箭头样式。此时块的插入基点与尺寸线的端点重合。其用户系统变量为 DIMASZ。

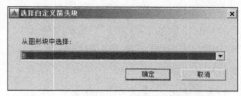

图 6-24 【选择自定义箭头块】对话框

②设置箭头的大小

在【箭头大小】文本框内可以设置箭头的大小。

③设置引线箭头样式

在【引线】下拉列表中可以设置引线标注时引线起点的箭头样式。

（4）【圆心标记】区

可以选择 3 种标注中心的不同方法：【无】表示不标注圆心；【标记】表示在圆心位置以短十字标记圆心，该十字线的长度可以在文本框中设定；【直线】选项表示圆心标记的标记线将延伸到圆外，其后的文本框用于设定中间小十字标记和长标记线延伸到圆外的尺寸。

（5）【弧长符号】区

该选项组由三个单选按钮，用于控制圆弧符号对应的标注文字的位置，分别是"标注文字的前缘""标注文字的上方"和"无"。选择不同的单选按钮有不同的效果。

（6）【半径折弯标注】区

该选项用于控制折线角度的大小。

3）设置标注文字

在【新建标注样式】对话框中，用户点击其中的【文字】选项卡，可以在其中设定各种与标注文字有关的属性，如类型、颜色、位置等，如图 6-25 所示。

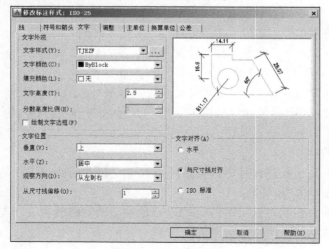

图 6-25 【文字】选项卡

（1）【文字外观】区

①设置尺寸文本的类型

在【文字样式】下拉式列表框中可以选取尺寸标注的文字样式,单击右边的【...】按钮,打开【文字样式】对话框,可以新建一种文字类型作为尺寸文本的内容,其相应的系统变量为DIMTXSTY。

②设置文本的颜色

单击【文字颜色】下拉列表框的右边的向下箭头,可以从列出的颜色中选择一种作为文字的颜色,也可以选用【随层】或【随块】,使文字的颜色随图层或图块而定。相应的系统变量为 DIMCLRT。

③设置尺寸文本的高度

在【文字高度】编辑框内输入数值可以指定文字的高度,相应的系统变量为 DIMTXT。

④在尺寸文本周围画边框

选中【绘制文字边框】复选项,那么图形中的尺寸文本周围就会画上一个方框,通常在表示基准尺寸时采用。

⑤设置分数或公差高度比例因子

在图形中使用公差或分数来标注时,通常要使公差或分数文本的高度与尺寸文本的高度保持一定的比例关系,这个比例关系是由它们之间的比例因子决定的。在【分数高度比例】文本框中可以设置这个比例因子。

（2）【文字位置】区

①设置垂直与水平方向上尺寸文本的相对位置

在【垂直】下拉式列表框中可以选择尺寸文本在垂直方向上相对于尺寸线的位置,共有4 个选项:上方、居中、外部、JIS。

在【水平】下拉式列表框中可以选择尺寸文本在水平方向上相对于尺寸界线的位置,共有 5 个选项:居中、第一条尺寸界线、第二条尺寸界线、第一条尺寸界线上方、第二条尺寸界线上方。

②设置从尺寸线偏移的距离

为了清楚的表示文本,图形中尺寸文本要与尺寸线保持一定的距离。【从尺寸线偏移】文本框中的数值就是这个距离,如图 6-22 所示中的 e 值。

（3）【文字对齐】区

在 AutoCAD 中,给出了以下 3 种尺寸文本的对齐方式。

①【水平】:表示所有文本在水平方向书写。

②【与尺寸线对齐】:表示尺寸文本与尺寸线平行书写。

③【ISO 标准】:表示在尺寸界线内的文字与尺寸线对齐,在尺寸界线外的文字总是水平的。

4）使用【调整】选项卡

【调整】选项卡用于控制尺寸界线内放不下尺寸文字和箭头时出现的问题,它同时还定义全局标注比例,如图 6-26 所示。

（1）【调整选项】区:当两尺寸界线之间没有足够空间同时放置文字与箭头时,确定如何在两尺寸界线间进行标注。

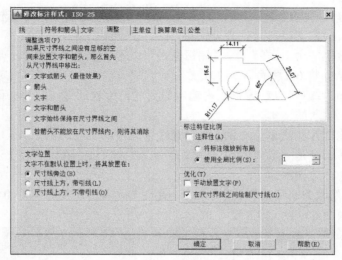

图 6-26 【调整】选项卡

（2）【文字位置】区：当空间不足引起文字不在默认的位置时，确定尺寸文字放置位置。

（3）【标注特征比例】选项区

①设置总体比例

通过改变【使用全局比例】文本框中的数值，可以将图形中尺寸进行放大或缩小。尺寸文本、尺寸箭头、两尺寸界线超出尺寸线及起点间距等都会按比例值进行改变。但是对所标注图形的实际尺寸或被标注距离等值都没有影响。

②设置用于布局（图纸空间）的比例

当用户给浮动窗口内的图形进行尺寸标注时，如果选中【将标注缩放到布局（图纸空间）】复选框，AutoCAD 将把尺寸标注元素的大小比例调整为图纸空间与模型空间的比例，使尺寸标注元素在各浮动视窗内都具有相同的大小，而不受各浮动窗口缩放比例因子的影响。

（4）【优化】区

①手动放置文字：如果选择了【手动放置文字】复选框，那么在尺寸标注时，系统会提示尺寸文本的放置位置。

②在尺寸线之间绘制尺寸线：如果选择了【在尺寸界线之间绘制尺寸线】复选框，标注尺寸时，任何时候都会在尺寸界线之间绘制尺寸线。

5）设置主单位

【主单位】选项卡可以设置尺寸标注的数字的单位及标注形式、精度、比例、控制尺寸数字 0 的处理方式，如图 6-27 所示。

（1）【线性标注】区

①设置单位格式：在【单位格式】下拉列表框中，可以设置线性尺寸的单位，我国采用十进制单位。

②设置精度：在【精度】下拉列表框中可以设置线性尺寸单位的精度，不同的单位其精度的样式也不一样。在十进制下，精度值越高，小数点位数就越多。

③设置分数格式：只有选择了以分数表示的单位后【分数格式】项才能被激活。

④设置小数分隔符:在【小数分隔符】下可以选择小数的分隔符号,可选的符号有:句点、逗号和空格。缺省状态下以逗号作为分隔符。

⑤设置尺寸数字的舍入:在【舍入】编辑框内可以设置舍入的数值,比如输入 0.5 作为舍入值,那么 AutoCAD 将 0.6 将舍入为 1.0。

⑥设置前缀和后缀:可以在编辑框内输入需要的前缀或后缀,在自动标注输出的尺寸文本前或后就会加上输入的文本。

⑦设置测量比例:【测量单位比例】区设置线性尺寸的全局比例系数。比如输入【5】,那么自动输出的尺寸就会是测量值的 5 倍。如果选中了【仅用于布局标注】复选框,则将比例用在图纸空间内的标注图上。

⑧设置【0】的隐藏方式:【消零】区用来控制是否显示尺寸数据的前导 0(例如 0.8 变为 .8 或后续 0(例如 34.2000 变为 34.2)。

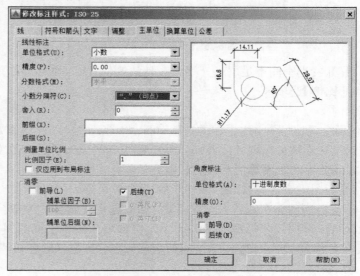

图 6-27 【主单位】选项卡

(2)【角度标注】区

与【线性标注】区设置基本一致,不再详细叙述。

6)设置换算单位

在【新建尺寸标注】对话框的【换算单位】选项卡中,可以设置如何在同一个尺寸中以两套尺寸文本单位来显示。【换算单位】选项卡如图 6-28 所示。其中内容大部分与【主单位】含义相同,不再详细介绍,只将特有部分介绍如下。

(1)打开【换算单位】选项:选中【显示换算单位】复选框后可以激活【换算单位】选项卡的其他部分,同时在显示尺寸标注数据(主数据)时,也标注出换算单位表示的尺寸数据值。

(2)设置交替单位放置的位置:在【位置】区有两个选项,如果选中【主值后】,则换算数据放在主数据之后;如果选中【主值下】,则换算单位数据放在主数据的下面。

7)设置公差格式

【公差】选项卡控制是否标注尺寸公差及设置公差的值和精度,如图 6-29 所示。当要标注带有公差的尺寸时,要先利用此选项卡定义公差值。

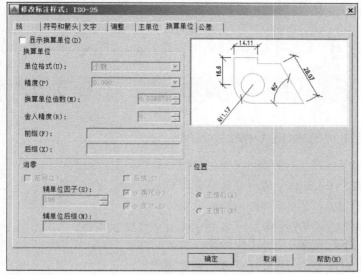

图 6-28 【换算单位】选项卡

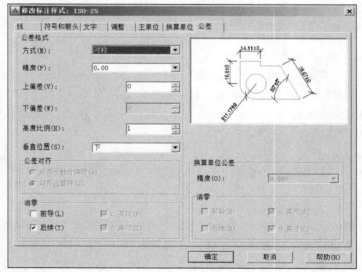

图 6-29 【公差】选项卡

（1）【公差格式】区

【方式】中可以设置选择公差的标注形式：【无】【对称】【极限偏差】【极限尺寸】【基本尺寸】等。

【精度】设置公差精度。

【上偏差】【下偏差】内定义正负偏差（其中系统默认的下偏差为负值，并自动在数值前加"－"号，如果下偏差为正值，则需要在输入的数值前面加上"－"号）。

【高度比例】用于设置公差文字的高度比例系数，如果输入 0.9 表示公差数字的字高是尺寸数字高的 0.9 倍。

【垂直位置】设置公差数字相对于主尺寸数字的位置关系。

（2）其他区：功能与前边选项卡介绍的类似，不再详细叙述。

用户在使用 AutoCAD 2016 绘制尺寸线时，可以使用自定义箭头块（BLOCK）来绘制尺寸线。经常用一段 45°首尾等宽的粗线条来代替 AutoCAD 2016 本身提供的箭头与斜杠。

6.4 尺寸标注方法

6.4.1 线性尺寸标注 DIMLINEAR

线性标注命令可以标注图形上水平、垂直和指定角度的长度尺寸。

1）激活 DIMLINEAR 命令常用方法有以下四种

（1）点击【标注】工具栏的 ┝┥ 图标按钮。

（2）通过功能区选项卡【注释】|【标注】，点击 ┝┥ 线性 按钮。

（3）从【标注】下拉菜单中选择【线性】选项。

（4）在命令行直接键入：DIMLINEAR 或 DLI。

2）命令的使用

激活以上 DIMLINEAR 命令后，命令提示行出现提示，用户可根据需要对 AutoCAD 2016 作出响应，响应过程说明如下。

```
命令: dimlinear
    指定第一条尺寸界线原点或 <选择对象>:    （指定标注的第一条尺寸界线原点或直接回
车表明要使用选择对象的方式标注,此时跳过以下的一步操作,直接进入指定尺寸线位置步）
    指定第二条尺寸界线原点:（在前面的一步操作中指定第一个尺寸界限原点后进入此步骤,
此时用于指定尺寸界线的第二个界线原点）
    指定尺寸线位置或
    [多行文字(M) / 文字(T) / 角度(A) / 水平(H) / 垂直(V) / 旋转(R)]:
```

说明

　　（1）此时用户可以指定点来定位尺寸线并且确定绘制尺寸界线的方向。指定尺寸线位置之后，AutoCAD 2016 绘制标注。

　　（2）如果用户输入"M"，以响应多行文字，此时 AutoCAD 2016 将显示多行文字编辑器，可用它来编辑标注文字。AutoCAD 2016 用尖括号（<>）表示生成的测量值。要给生成的测量值添加前缀或后缀，请在尖括号前后输入前缀或后缀。可以用控制代码和 Unicode 字符串来输入特殊字符或符号。另外，要编辑或替换生成的测量值，请删除尖括号，输入新的标注文字然后选择"确定"。如果标注样式中未打开换算单位，可以通过输入方括号（[ ]）来显示。

　　（3）如果用户输入"T"，以响应文字，此时 AutoCAD 2016 提示如下。

　　输入标注文字 <112.58>：

　　此时用户可以在命令行自定义标注文字。AutoCAD 2016 在尖括号中显示生成的标注尺寸。输入标注文字或按回车接受生成的测量值。要包括生成的测量值，请使用尖括号（<>）表示生成的测量值。

（4）如果用户输入"A"，以响应角度，此时 AutoCAD 2016 提示如下。

指定标注文字的角度：

此时用户可以修改标注文字的角度，直接输入需要修改文字的角度，例如，要将文字旋转90°，请输入90。

（5）如果用户输入"H"，以响应水平，此时表示用户接受创建水平线性标注。此时 AutoCAD 2016 会出现以下提示。

指定尺寸线位置或［多行文字（M）/文字（T）/角度（A）］

选项的意义同前面的选项说明。

（6）如果用户输入"V"，以响应垂直，表示用户接受创建垂直线性标注。提示同前面的说明。

（7）如果用户输入"R"，以响应旋转，表示创建旋转线性标注，AutoCAD 2016 提示如下：

指定尺寸线的角度 <0>：

用户可以输入需要使尺寸线旋转的角度，此角度是沿基线逆时针方向默认为正。

小技巧

如果用户要将系统测量的标注文字变为自己指定的标注文字，可以在指定尺寸线位置之前，根据命令行提示输入"T"，然后在【输入标注文字】提示后面，输入指定的标注文字；也可以在指定尺寸线位置后，通过双击系统的标注文字，从弹出的【特性】对话框的【文字替代】文本框中直接输入要指定的标注文字。

3）举例

图 6-30 所示为线性标注在某座桥梁整体图中的标注示例。

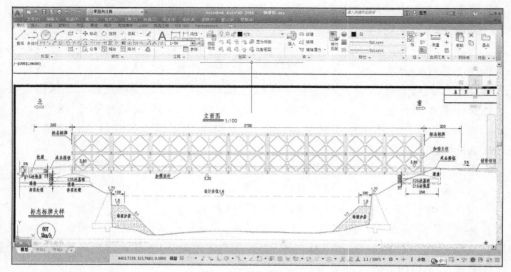

图 6-30　线性标注示例

6.4.2　角度标注 DIMANGULAR

使用角度标注命令可以标注圆和圆弧的圆心角、两条直线间的角度或者三点间的角度。

1）激活 DIMANGULAR 命令常用方法

（1）点击【标注】工具栏的 ⊿ 图标按钮。

（2）通过功能区选项卡【注释】|【标注】，点击 ⊢ 线性 下拉列表中的 ⊿ 角度 按钮。

（3）从【标注】下拉菜单中选择【角度】选项。

（4）在命令行直接键入：DIMANGULAR 或 DAN。

2）命令的使用

激活以上 DIMANGULAR 命令后，命令提示行出现提示，用户可根据需要对 AutoCAD 作出响应，响应过程说明如下。

```
命令：dimangular
选择圆弧、圆、直线或 <指定顶点>：
```

说明

（1）此时用户可以直接在图形中选择需要标注的对象，AutoCAD 自动根据选择对象的不同提示不同的选项。

①如果用户选择的是圆弧，AutoCAD 将使用选定圆弧上的点作为三点角度标注的定义点。圆弧的圆心是角度的顶点。圆弧端点成为尺寸界线的原点。AutoCAD 在尺寸界线之间绘制一条圆弧作为尺寸线。AutoCAD 从角度端点到与尺寸线的交点绘制尺寸界线。

②如果用户选择的圆，此时 AutoCAD 将选择点（1）作为第一条尺寸界线的原点。圆的圆心是角度的顶点。同时提示如下。

指定角的第二个端点：

用户此时在对象圆上指定第二条尺寸界线的原点，但并非一定位于圆上。

③如果选择的对象是直线，则提示如下。

选择第二条直线：

用户在此时指定第二条直线，并用这两条直线来定义角度，AutoCAD 通过将每条直线作为角度的矢量（边）并将直线的交点作为角度顶点来确定角度。尺寸线跨越这两条直线之间的角度。如果尺寸线不与被标注的直线相交，AutoCAD 将根据需要通过延长一条或两条直线来添加尺寸界线。该尺寸线(弧线)张角始终小于 $180°$ 。

（2）如果用户在选项提示时直接回车，则默认为指定顶点的方法来创建角度标注，此时 AutoCAD 提示如下。

指定角的顶点：（在此指定角度的顶点）

指定角的第一个端点：（指定角的一个端点）

指定角的第二个端点：（指定角的另一个端点）

其中，角度顶点可以同时为一个角度端点。如果需要尺寸界线，那么角度端点可用作尺寸界线的起点。AutoCAD 在尺寸界线之间绘制一条圆弧作为尺寸线。尺寸界线从角度端点绘制到尺寸线交点。

（3）在选择对象的第（1）步之后，AutoCAD 提示如下。

指定标注弧线位置或［多行文字（M）/文字（T）/角度（A）/象限点（Q）］：

其中：

①标注弧线位置表明指定尺寸线的位置并确定绘制尺寸界线的方向。指定位置之后，结束 DIMANGULAR 命令。

②多行文字指显示多行文字编辑器,可用它来编辑标注文字,其基本用法同线性尺寸标注的相关介绍。

③文字指在命令行自定义标注文字。用法同线性标注的相关介绍。

④角度指修改标注文字的角度,例如,要将文字旋转 45°,请在相关的提示下输入 45。

⑤象限指定标注应锁定到的象限。打开象限行为后,将标注文字放置在角度标注外时,尺寸线会延伸超过尺寸界线。

注意

　　在对圆上的一段圆弧,两直线组成的角进行角度或三点组成的角度标注时,若确定弧形尺寸线的位置不同,则 AutoCAD 计算出的角度也不相同。

6.4.3　半径和直径的标注 DIMRADIUS 和 DIMDIAMETER

使用半径和直径标注命令可以标注圆或圆弧的半径或直径。其中,直径标注常用于标注圆或大于半个圆的圆弧,半径标注常用于标注半圆或小于半圆的圆弧。

1）激活 DIMRADIUS 命令常用的四种方法

（1）点击【标注】工具栏的 ⊙ 图标按钮。

（2）通过功能区选项卡【注释】|【标注】,点击 ├─┤ 線性 下拉列表中的 ⊙ 半径 按钮。

（3）从【标注】下拉菜单中选择【半径】选项。

（4）在命令行直接键入：DIMRADIUS 或 DRA。

2）激活 DIMDIAMETER 命令常用方法有以下四种

（1）点击【标注】工具栏的 ⊙ 图标按钮。

（2）通过功能区选项卡【注释】|【标注】,点击 ├─┤ 線性 下拉列表中的 ⊙ 直径 按钮。

（3）从【标注】下拉菜单中选择【直径】选项。

（4）在命令行直接键入：DIMDIAMETER 或 DDI。

3）命令的使用

激活以上 DIMRADIUS 或 DIMDIAMETER 命令后,命令提示行出现提示,用户可根据需要对 AutoCAD 作出响应,响应过程说明如下。

选择圆弧或圆：　（选择需要表标注的圆或圆弧）

标注文字 =385　（提示当前默认的标注文字属性）

指定尺寸线位置或［多行文字（M）/文字（T）/角度（A）］：

用户此时使用指定点来定位尺寸线。指定尺寸线位置之后,AutoCAD 绘制标注。其他的各个选项同前面的角度尺寸标注的介绍,在此不再赘述。

4)举例

图 6-31 所示为半径和直径标注的示例。

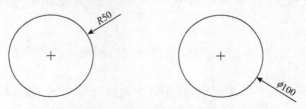

图 6-31　半径、直径标注示例(图中的十字为圆心标注)

注 可通过 DIMCEN 命令,设置圆心的十字大小。

6.4.4　圆心的标注 DIMCENTER

使用圆心标记可以给圆或圆弧添加圆心标志或中心线。

1)激活 DIMCENTER 命令常用的三种方法

(1)点击【标注】工具栏的 ⊕ 图标按钮。

(2)从【标注】下拉菜单中选择【圆心标记】选项。

(3)在命令行直接键入:DIMCENTER 或 DCE。

2)命令的使用

激活以上 DIMCENTER 命令后,命令提示行出现提示,用户可根据需要对 AutoCAD 作出响应,响应过程说明如下。

选择圆弧或圆:

用户直接在此状态下,选择需要标注的圆或圆弧,AutoCAD 随即对对象进行标注。

注意

　　用户可以选择圆心标记或中心线作为圆心标注形式,并在设置标注样式时指定它们的大小。可以使用 DIMCEN 系统变量,修改中心标记的设置。如果其值设置为零,表示不绘制圆心标记中心线;<0 绘制中心线;>0 绘制圆心标记。本系统变量的绝对值指定了中心标记的大小。

图 6-31 所示十字标记就是圆心标注。

6.4.5　坐标型尺寸标注 DIMORDINATE

对于图纸上需要用坐标值确定位置的尺寸,可以使用坐标标注命令。它用于标注从当前坐标系原点处开始的 x,y 方向上的距离,也称为基准标注。AutoCAD 使用当前用户坐标系(UCS)确定测量的 X 或 Y 坐标,并且沿与当前 UCS 轴正交的方向绘制引线。按照通行的坐标标注标准,采用绝对坐标值。

1)激活 DIMORDINATE 命令常用方法

(1)点击【标注】工具栏的 图标按钮。

(2)通过功能区选项卡【注释】|【标注】,点击 ⊢ 线性 下拉列表中的 坐标 按钮。

（3）从【标注】下拉菜单中选择【坐标】选项。

（4）在命令行直接键入：DIMORDINATE 或 DOR。

2）命令的使用

激活以上 DIMORDINATE 命令后，命令提示行出现提示，用户可根据需要对 AutoCAD 作出响应，响应过程说明如下。

指定点坐标：（用户指定需要标注的点）

指定引线端点或［X 基准（X）/Y 基准（Y）/ 多行文字（M）/ 文字（T）/ 角度（A）］：

说明

（1）用户此时可以直接指定标注引线的基点，用户可以通过确定水平方向线还是垂直方向线来确认标注 X 坐标还是 Y 坐标。

（2）如果用户输入"X"，以响应基准（X），表示用户需要测量 X 坐标并确定引线和标注文字的方向。AutoCAD 显示"引线端点"提示，从中可以指定端点。

（3）如果用户输入"Y"，以响应基准（Y），表示用户需要测量 Y 坐标并确定引线和标注文字的方向。AutoCAD 显示"引线端点"提示，从中可以指定端点。

（4）其他各个选项同前面的标注说明，在此不再赘述。

3）举例

图 6-32 所示为坐标型尺寸标注在标识桩基相对坐标的示例。

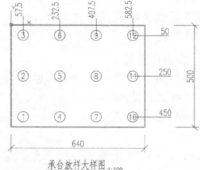

图 6-32　坐标型尺寸标注示例（坐标原点为该承台的左上角点）

6.4.6　折弯半径标注 dimjogged

当圆弧或圆的中心位于布局外并且无法在其实际位置显示时，可以利用折弯半径标注，也称为"缩放的半径标注"， 在更方便的位置指定标注的原点。

1）激活 dimjogged 命令常用的四种方法

（1）点击【标注】工具栏的图标按钮。

（2）通过功能区选项卡【注释】|【标注】，点击线性下拉列表中的折弯按钮。

（3）从【标注】下拉菜单中选择【折弯】选项。

（4）在命令行直接键入：DIMJOGGED 或 DJO。

2）命令的使用

激活以上 DIMJOGGED 命令后，命令提示行出现提示，用户可根据需要对 AutoCAD 作出响应,响应过程说明如下。

选择圆弧或圆:　　　（用户指定需要标注的圆弧或圆）
指定图示中心位置:　（用户选择输入需要标注的中心位置）
标注文字 =25
指定尺寸线位置或[多行文字(M)／文字(T)／角度(A)]:(用户根据需要输入)
指定折弯位置:

3)举例

折弯半径标注示例如图 6-33 所示。

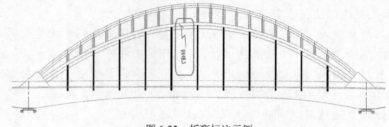

图 6-33　折弯标注示例

6.4.7　弧长尺寸标注 dlMARC

弧长标注用于测量圆弧或多段线弧线段的长度。

1)激活 dimjogged 命令常用方法

(1)点击【标注】工具栏的 图标按钮。

(2)通过功能区选项卡【注释】|【标注】,点击 线性 下拉列表中的 弧长 按钮。

(3)从【标注】下拉菜单中选择【弧长】选项。

(4)在命令行直接键入:DIMARC 或 DAR。

2)命令的使用

与半径标注类似,激活命令后,选择圆弧或多段线弧线段。再根据命令行提示指定尺寸线的位置。

3)举例

弧长标注示例如图 6-34 所示。

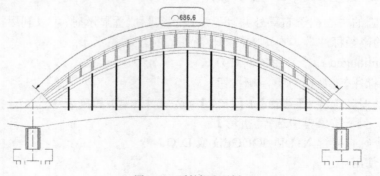

图 6-34　弧长标注示例

6.4.8 基线型尺寸标注 DIMBASELINE

在标注时,可能需要进行一系列标注,这些标注都从同一个基准面或基准线引出。可以使用基线标注来完成。在进行基线标注之前,必须先进行线性、对齐和角度等标注。

1)激活 DIMBASELINE 命令常用的三种方法

(1)点击【标注】工具栏的 ⊏ 图标按钮。

(2)从【标注】下拉菜单中选择【基线】选项。

(3)在命令行直接键入:DIMBASELINE 或 DBA。

2)命令的使用

激活以上 DIMBASELINE 命令后,命令提示行出现以下提示。

(1)如果在当前任务中未创建标注,AutoCAD 将提示用户选择线性标注、坐标标注或角度标注,以用作基线标注的基准。

选择基准标注:

用户此时可以选择线性标注、坐标标注或角度标注来作为基准标注。

(2)如果当前任务中已经创建了标注,AutoCAD 将跳过前面的提示,并在当前任务中使用上一次创建的标注对象。

(3)如果基准标注是线性标注或角度标注,将显示下列提示。

指定第二条尺寸界线原点或[放弃(U)/选择(S)]<选择>:

①用户此时可以按照默认的使用基准标注的第一条尺寸界线作为基线标注的尺寸界线原点,直接指定基线标注的第二个尺寸界限原点。选择第二点后,AutoCAD 绘制基线标注并重新显示"指定第二条尺寸界线原点"提示。要结束此命令,请按 Esc 键。

②要选择其他线性标注、坐标标注或角度标注作为基线标注的基准,可直接回车,此时作为基准的尺寸界线是离选择拾取点最近的基准标注的尺寸界线。

③输入"U"表明放弃在命令任务期间上一个输入的基线标注。

④输入"S"表明选择一个线性标注、坐标标注或角度标注作为基线标注的基准。选择基准标注后,AutoCAD 将重新显示"指定第二条尺寸界线原点"或"指定点坐标"提示。

(4)如果基准标注是坐标标注,将显示下列提示。

指定点坐标或[放弃(U)/选择(S)]<选择>:

①此时默认将基准标注的端点用作基线标注的端点,系统将提示指定下一个点坐标。选择点坐标时,AutoCAD 绘制基线标注并重新显示"指定点坐标"提示。要结束此命令,按 Esc 键。

②要选择其他线性标注、坐标标注或角度标注作为基线标注的基准,直接按回车。

3)举例

基线型尺寸标注示例见图 6-35。

其操作过程在此仅作简要说明,其过程如下。

①创建一个角度尺寸(命令:DIMANGULAR)。

②创建基线标注,并选择刚创建的角度标注为基准标注。(一定要选刚创建的角度标注的起始端作为基线基准点)。

```
命令: _dimbaseline
指定第二个尺寸界线原点或 [选择(S)/放弃(U)]<选择>: s
```

选择基准标注：　　　　　（选择刚创建的角度标注起始端）
指定第二个尺寸界线原点或 [选择(S) / 放弃(U)] < 选择 >：　　　　（指定第二个尺寸界线）
标注文字 ＝ 60
……

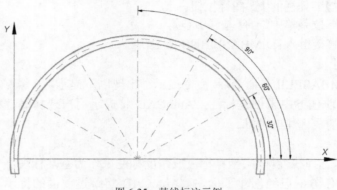

图 6-35　基线标注示例

6.4.9　连续型尺寸标注 DIMCONTINUE

对于那些首尾连续的连续尺寸，可以使用连续型尺寸标注来完成，连续型标注也称为链式标注。

1）激活 DIMCONTINUE 命令常用方法有以下三种

（1）点击【标注】工具栏的 图标按钮。

（2）从【标注】下拉菜单中选择【连续】选项。

（3）在命令行直接键入：DIMCONTINUE 或 DCO。

2）命令的使用

命令的基本使用同前面所介绍的基线型尺寸标注，所不同的是连续型尺寸标注是从上一个标注或选定标注的第二条尺寸界线处创建线性标注、角度标注或坐标标注，而基线型尺寸标注是从上一个标注或选定标注的基线处创建标注。在此不再赘述其使用方法。

3）举例

连续型尺寸标注示例参见图 6-36。

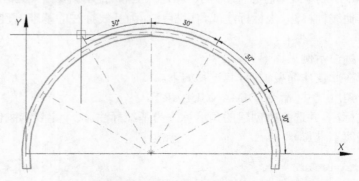

图 6-36　连续型尺寸标注示例

6.4.10 对齐型尺寸标注 DIMALIGNED

使用线型标注可以标注图形中水平或垂直方向的所有尺寸,而对于图形中的倾斜部分用户可以使用"对齐标注"命令来标注。使用步骤与"线性标注"基本相同。

1)激活 DIMALIGNED 命令常用的四种方法

(1)点击【标注】工具栏的 图标按钮。

(2)通过功能区选项卡【注释】|【标注】,点击 线性 下拉列表中的 对齐 按钮。

(3)从【标注】下拉菜单中选择【对齐】选项。

(4)在命令行直接键入:DIMALIGNED 或 DAL。

2)命令的使用

因为使用方法基本与线性标注相同,在此不再赘述,读者可以参考前面的线性标注的介绍。

3)举例

图 6-37 所示为对齐型尺寸标注示例。

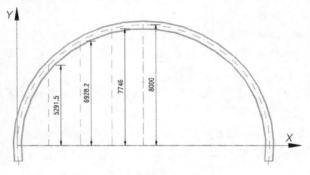

图 6-37 对齐型尺寸标注示例

6.4.11 使用快速标注来标注多个对象 QDIM

使用快速标注命令可以一次标注多个对象,可以快速标注基线、连续、对称和坐标标注,也可以标注多个圆和圆弧。

1)激活 QDIM 命令常用的三种方法

(1)点击【标注】工具栏的 图标按钮。

(2)从【标注】下拉菜单中选择【快速标注】选项。

(3)在命令行直接键入:QDIM。

2)命令的使用

激活以上 QDIM 命令后,命令提示行出现提示,用户可根据需要对 AutoCAD 作出响应,响应过程说明如下。

> 关联标注优先级 = 端点
> 选择要标注的几何图形:(选择需要快速标注的对象图形)
> 选择要标注的几何图形:(继续选择对象图形或回车确认选择完成)
> 指定尺寸线位置或 [连续(C)/并列(S)/基线(B)/坐标(O)/半径(R)/直径(D)/基准点(P)/编辑(E)/设置(T)]<连续>:

说明

（1）用户可以按照默认的标注方式直接指定尺寸线位置。

（2）如果用户输入"C"，表示用户将创建一系列连续标注。

（3）如果用户输入"S"，表示用户将创建一系列交错标注。

（4）如果用户输入"B"，表示用户将创建一系列基线标注。

（5）如果用户输入"O"，表示用户将创建一系列坐标标注。

（6）如果用户输入"R"，表示用户将创建一系列半径标注。

（7）如果用户输入"D"，表示用户将创建一系列直径标注。

（8）如果用户输入"P"，表示用户将为基线和坐标标注设置新的基准点。输入后，提示如下。

选择新的基准点：

用户指定新的基准点后，AutoCAD 返回到上一个提示。

（9）如果用户输入"E"，表示用户将编辑一系列标注。AutoCAD 提示在现有标注中添加或删除点。提示如下。

指定要删除的标注点或[添加(A)/退出(X)]<退出>：

用户可以直接指定标注点以删除，输入"A"来添加标注点，或直接回车返回到上一个提示。

（10）如果用户输入"T"，表示用户为指定尺寸界线原点设置默认对象捕捉。系统将显示下列提示。

关联标注优先级[端点(E)/交点(I)]<端点>：

指定后，AutoCAD 回到上一个提示。

6.4.12 快速创建引线和引线注释 QLEADER

引线是连接注释和图形对象的线，用户在表示图形中的倒角、材料等文本信息时，常用到引线标注。与尺寸标注命令不同，引线标注并不测量对象的尺寸。

1）激活 QLEADER 命令常用方法

在命令行直接键入：QLEADER。

2）命令的使用

激活以上 QLEADER 命令后，命令提示行出现提示，用户可根据需要对 AutoCAD 作出响应，响应过程说明如下。

指定第一个引线点或 [设置(S)]<设置>：

说明

（1）用户可以直接指定标注引线的引线点来确定引线标注，过程说明如下。

指定下一点：（指定引线的第二点）

指定下一点：（指定引线的第三点或回车确认引线完毕）

指定文字宽度 <0.0000>：（指定引线文字，如果文字的宽度值设置为 0.00，则多行文字的宽度不受限制）

> 输入注释文字的第一行＜多行文字(M)＞:(输入标注文字的第一行)
>
> 输入注释文字的下一行＜多行文字(M)＞:(继续输入标注文字或回车确认输入)
>
> （2）用户可以输入"S"或直接回车,可以响应设置选项,则 AutoCAD 弹出如图 6-38 所示的对话框。

用户可以在【引线设置】对话框中定制引线,当创建后,引线会按要求自动显示。这些设置决定在制定了引线起始点后看到的提示。用户在快速引线命令的提示后总可以修改这些设置。【引线设置】对话框中主要包括以下的几个方面的部分。

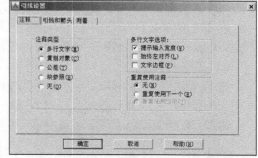

图 6-38 【引线设置】对话框的【注释】选项卡

（1）注释选项卡:

用户在此选项卡中设置引线注释类型,指定多行文字选项,并指明是否需要重复使用注释。

①【注释类型】选区:用于设置引线注释类型。选择的类型将改变 QLEADER 引线注释提示。

缺省为【多行文字】,表示将提示创建多行文字注释。

选择【复制对象】将提示复制多行文字、单行文字、公差或块参照对象。

选择【公差】将显示【公差】对话框,用于创建将要附加到引线上的特征控制框,其具体用法将在下一节中作详细介绍。

选择【块参照】将提示选择一个已有的块(一组当作一个整体对待的对象)来注释。可能有一些由文字和特殊字符组成的块,每次重新创建很困难。一些使用者将表面、公差或其他符号放在引线后面。

选择【无】表示创建无注释的引线。

②【多行文字选项】选区:用于指定多行文字样式,只有选定了多行文字注释类型时该选项才可用。

选择【提示输入宽度】,快速引线要用户制定一个边框或单位值,这种选项的优点在于:当缺省时,在输入长文字时,快速引线约束文字,使其不会太长。

选择【始终左对齐】,不设置宽度,快速引线总是使文字左对齐。

选择【文字边框】,可使文字四周出现边框。

③【重复使用注释】选项区:用于设置重复使用引线注释的选项。AutoCAD 允许用户复制引线注释,要重复使用将要创建的文字,选择重复使用下一个,快速引线自动在以后的引线中使用它(当用这个选项时, AutoCAD 自动设置为重复使用当前值)。

选择【无】,表示不重复使用引线注释。

选择【重复使用下一个】,表示重复使用为后续引线创建的下一个注释。

选择【重复使用当前】,表示重复使用当前注释。选择"重复使用下一个"之后重复使用注释时,则 AutoCAD 自动选择此选项。

（2）【引线和箭头】选项卡

选项卡如图 6-39 所示,用于设置引线和箭头格式。具体选项说明如下。

①【引线】选项区用于设置引线格式，【直线】表示在指定点之间创建直线段，【样条曲线】表示用指定的引线点作为控制点创建样条曲线对象。

②【点数】选项区用于设置引线点的数目，即提示输入引线注释前所需指定的点的数目，当勾选其中的【无限制】复选框，可使创建引线过程流畅，避免出现有很多分段的难看的引线，当然，不能设置小于 2 的最大值。

③【箭头】选项区用于定义引线箭头形式，使用下拉菜单来选择一种箭头样式。

④【角度约束】选项区用于控制第一段和第二段引线的角度，使其符合工业标准或审美观点。【第一段】用于设置第一段引线的角度，【第二段】用于设置第二段引线的角度。

（3）【附着】选项卡

选项卡如图 6-40 所示，用于设置引线和多行文字注释的附加位置。只有在【注释】选项卡上选定【多行文字】时，此选项卡才可用。

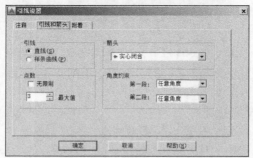

图 6-39 【引线设置】对话框的【引线和箭头】选项卡　　图 6-40 【引线设置】对话框的【附着】选项卡

附件标签有两栏按钮，左边一栏用来设置从右向左画的引线，箭头向右，文字在左，缺省时，引线指向文字行的底部中央，即文字最后一个字符的中间。

右边一栏用来设置从左向右画的引线。箭头向左，文字在右，缺省时，引线指向文字行的顶部中央，即文字第一个字符的中间。

下面是左边和右边均有的文字选项。

①【第一行顶部】：引线与文字在文字的第一行顶部相交，指向一个大写字母的顶部。

②【第一行中间】：引线与文字在文字的第一行中间相交，指向一个大写字母的中间。

③【多行文字中间】：引线与文字在文字框中间相交。

④【最后一行中间】：引线与文字在文字的底部中间相交。

⑤【最后一行底部】：引线与文字在文字最下一行的底部相交。

⑥【最后一行加下画线】复选框：给多行文字的最后一行加下画线。当在引线设置对话框完成设置后，点确定后 AutoCAD 继续快速引线命令。

6.5 多重引线标注

6.5.1　创建多重引线标注样式 MLEADERSTYLE

多重引线样式可以控制引线的外观。用户可以使用默认多重引线样式 STANDARD，也可以创建自己的多重引线样式。多重引线样式可以指定基线、引线、箭头和内容的格式。例如，STANDARD 多重引线样式使用带有实心闭合箭头和多行文字内容的直线引线。多重引线样式定义后,在调用 MLEADER 命令时,可以将其设置为当前多重引线样式。

在命令行直接键入 MLEADERSTYLE,打开【多重引线样式管理器】对话框(在打开【多重引线样式管理器】对话框后,单击【新建】按钮,打开【创建新的多重引线样式】对话框,如图6-41 和图 6-42 所示,指定新的多重引线样式的名称。接着单击【继续】按钮后,打开【修改多重引线样式】对话框,在该对话框中,共包含 3 个选项卡,如图 6-43 所示。

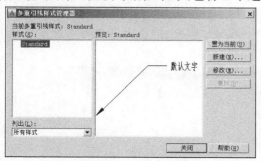

图 6-41 【多重引线样式管理器】对话框

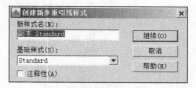

图 6-42 【创建新的多重引线样式】对话框

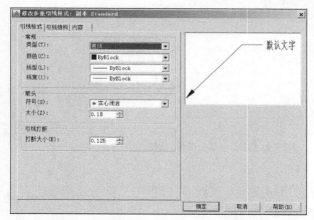

图 6-43 【修改多重引线样式】对话框中的【引线格式】选项卡

1)设置引线格式

如图 6-43 所示【引线格式】选项卡,使用此选项卡可以设置引线的类型、颜色、线型、线宽及箭头的形状。

(1)【基本】区

①设置引线的类型

单击【类型】下拉列表框的右边的向下箭头,可以从列出的类型中选择一种作为引线的类型,包括直线、样条曲线或无。

②设置引线线的颜色

单击【颜色】下拉列表框的右边的向下箭头,可以从列出的颜色中选择一种作为引线的颜色,也可以选用【随层】或【随块】,使引线的颜色随图层或图块而定。

③设置引线的线型、线宽

单击【线型】下拉式列表框右侧的向下箭头,可以选择引线的线型。

单击【线宽】下拉式列表框右侧的向下箭头,可以选择引线的线宽。

（2）【箭头】区

用来设置箭头的形状和大小。

（3）【引线打断】区

用来设置引线打断大小的参数。

当在此对话框中设置好引线的外观后,在对话框右侧即可见其效果。

2）设置引线结构

如图 6-44 所示【引线结构】选项卡,使用此选项卡可以设置引线的段数、引线每一段的倾斜角度及引线的显示属性。其主要选项如下。

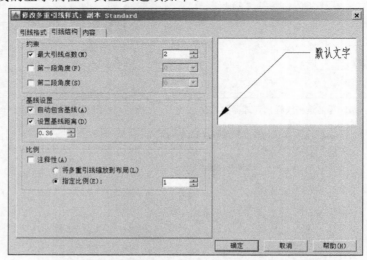

图 6-44 【修改多重引线样式】对话框中的【引线结构】选项卡

（1）【约束】区

通过该选项组中启用相应的复选框,可以指定多重引线基线的点的最大数目,指定基线中第一个点和第二个点的倾斜角度。

（2）【基线设置】区

在该选项组中可以指定是否自动包含基线及多重引线基线的固定距离。

（3）【比例】区

通过启用相应的复选框或单选按钮,可以确定引线比例的显示方式。

3）设置内容

如图 6-45 所示【内容】选项卡,使用此选项卡可以设置引线标注的文字属性。在 AutoCAD 2016 中创建多重引线时,既可以在引线中标注多行文字,也可以在其中加入块。这两个类型的内容主要通过【多重引线类型】选项下拉列表来选择。当选择"多行文字"选项后［图 6-45a)］,则选项卡中各个选项用来设置文字的属性,这与【文字样式】对话框基本类似,在此不再赘述。当选择"块"选项后[图 6-45b)]。其中各选项区的含义如下。

（1）【源块】:指定用于多重引线内容的块。

（2）【附着】:指定将块附着到多重引线对象的方式,可以通过指定块的中心范围或插入点附着块。

（3）【颜色】：指定多重引线块内容的颜色。默认情况下，选择"随块"选项。

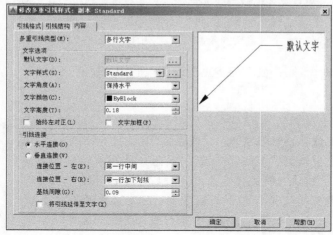

a）

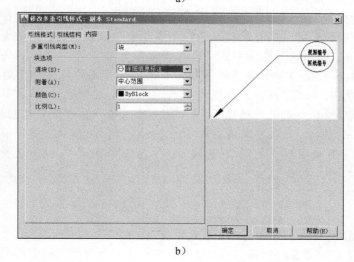

b）

图 6-45 【修改多重引线样式】对话框中的【内容】选项卡

6.5.2 创建多重引线标注 MLEADER

引线是连接注释和图形对象的线，我们在表示图形中的倒角、材料等文本信息时，常用到引线标注。与尺寸标注命令不同，引线标注并不测量对象的尺寸。

1）激活 MLEADER 命令常用的三种方法

（1）通过功能区选项卡【注释】|【引线】，点击 ✐ 引线 ▾ 下拉列表中的 ✐引线 按钮。

（2）从【标注】下拉菜单中选择【多重引线】选项。

（3）在命令行直接键入：MLEADER。

2）命令的使用

激活以上 MLEADER 命令后，命令提示行出现提示，用户可根据需要对 AutoCAD 作出响应，响应过程说明如下。

> 指定引线箭头的位置或［引线基线优先（L）/内容优先（C）/选项（O）]＜选项＞:（指定多重引线对象箭头的位置）
>
> 指定引线基线的位置:（设置新的多重引线对象的引线基线位置）

如果此时退出命令,则不会有与多重引线相关联的文字。

说明

> （1）如果用户输入"L",可以响应引线基线优先选项,则 AutoCAD 提示如下。
>
> 指定多重引线基线的位置或［引线箭头优先（H）/内容优先（C）/选项（O）]＜选项＞:［指定多重引线对象的基线位置。注意如果先前绘制的多重引线对象是基线优先,则后续的多重引线也将先创建基线（除非另外指定）]
>
> 指定引线箭头的位置:（设置新的多重引线对象的箭头位置）
>
> 如果此时退出命令,则不会有与多重引线相关联的文字。
>
> （2）如果用户输入"C",可以响应内容优先选项,则 AutoCAD 提示如下。
>
> 指定文字的第一个角点或［引线箭头优先（H）/引线基线优先（L）/选项（O）]＜选项＞:［指定与多重引线对象相关联的文字或块的位置。如果先前绘制的多重引线对象是内容优先,则后续的多重引线对象也将先创建内容（除非另外指定）]
>
> 指定对角点:（将与多重引线对象相关联的文字标签的位置设置为文本框。完成文字输入后,单击"确定"或在文本框外单击,也可以如前所述,选择以引线优先的方式放置多重引线对象。如果此时选择"端点",则不会有与多重引线对象相关联的基线。）
>
> （3）如果用户输入"O",可以响应内容优先选项,则 AutoCAD 提示如下。
>
> 输入选项［引线类型（L）/引线基线（A）/内容类型（C）/最大点数（M）/第一个角度（F）/第二个角度（S）/退出选项（X）]＜引线类型＞:（指定用于放置多重引线对象的选项）

①如果用户输入"L",可以响应引线类型选项,则 AutoCAD 提示如下。

选择引线类型［直线（S）/样条曲线（P）/无（N）]:（指定要使用的引线类型或指定直线、样条曲线或无引线）

②如果用户输入"A",可以响应引线基线选项,则 AutoCAD 提示如下。

使用基线［是（Y）/否（N）]:（更改水平基线的距离,如果此时选择"否",则不会有与多重引线对象相关联的基线）

③如果用户输入"C",可以响应内容类型选项,则 AutoCAD 提示如下。

输入内容类型［块（B）/无（N）]:

（指定要使用的内容类型;块 - 指定图形中的块,以与新的多重引线相关联）

④如果用户输入"M",可以响应最大点数选项,则 AutoCAD 提示如下。

输入引线的最大点数或＜无＞:（指定新引线的最大点数）

⑤如果用户输入"F",可以响应第一个角度选项,则 AutoCAD 提示如下。

输入第一个角度约束或＜无＞:（约束新引线中的第一个点的角度）

⑥如果用户输入"S",可以响应第二个角度选项,则 AutoCAD 提示如下。

输入第二个角度约束或＜无＞:(约束新引线中的第二个角度)

小技巧

在【多重引线】工具栏中单击【添加引线】按钮 ，可以为图形添加多个引线和注释。通过在工具栏中单击 按钮,可执行删除引线;单击 按钮,可执行对齐引线操作;单击 按钮,可执行合并引线操作。

3)多重引线标注示例

如图 6-46 引线 1、2、3 所示,先设置多重引线样式,设置文字大小、放置位置等参数,其命令为 MLEADERSTYLE 。然后用多重引线标注命令进行特征点标注,其命令为 MLEADER。

6.5.3 创建注释性多重引线

使用引线和多重引线向图形添加标注,可以通过注释性标注样式创建注释性引线,还可以通过注释性多重引线创建多重引线。

如果多重引线的样式为注释性样式,则无论文字样式或公差是否设置为注释性,其关联的文字或公差都将为注释性。与注释性引线一起使用的块必须为注释性快;与注释性多重引线一起使用的块可以为非注释性块。在【特性】选项板中,用户还可以更改引线和多重引线的注释性特性,如图 6-47 所示。

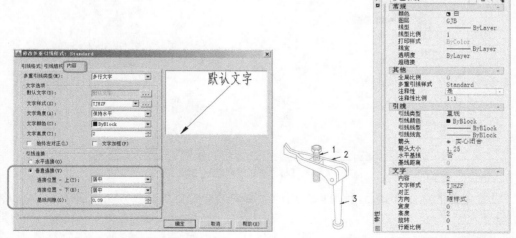

图 6-46 多重引线标注示例   图 6-47 【特性】面板中的【注释性】选项

6.6 图形标注的编辑

尺寸图形具有关联性,当标注对象发生变化时,尺寸将自动发生变化。用户可以对标注进行关联性方面的修改。另外,对于已经完成的标注,我们可以用尺寸编辑命令对它们进行修改。

6.6.1 使用尺寸样式编辑标注样式

如前面的介绍，在进行尺寸标注前，我们将新的尺寸标注样式创建好，并设置为当前。以后创建的标注都与之相关联，并使标注自动设置为此标注样式，如果用户对此标注样式不满意，可以对其进行标注样式进行修改替代或应用新的标注样式。

1)更新现有标注的样式为当前的样式

通过此命令可以应用其他的标注样式，并更新以前的标注。

（1）激活样式更新命令常用的三种方法

①点击【标注】工具栏的 ├┱┤图标按钮；

②从【标注】下拉菜单中选择【更新】选项；

③在命令行直接键入：DIMSTYLE。

（2）命令的使用

首先应该将需要使用的样式设置为当前，设置方法有以下两种。

①在【标注样式管理器】对话框（如图 6-48）中在样式列表中选中需要使用的样式，点击【置为当前】按钮，关闭即可。

②直接在功能区选项卡【注释】|【标注】控制台中选择【标注样式控制】 ⬛ 样式1 ▼选框中选择相应的标注样式即可。

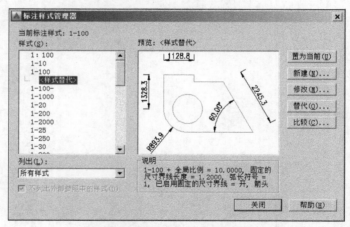

图 6-48 【标注样式管理器】对话框

设置完新的标注样式后，就可以使用前面所说的标注更新输入方法激活命令，其命令相应如下。

```
命令: dimstyle      （输入标注更新命令）
当前标注样式: ISO-25     注释性: 否      （显示当前默认的标注样式名称和注释性）
输入标注样式选项
[注释性(AN)/保存(S)/恢复(R)/状态(ST)/变量(V)/应用(A)/?]<恢复>:
apply  （选择应用选项）
选择对象:      （选择需要更新的标注对象）
选择对象:      （继续选择更新对象或回车表明选择结束）
```

2）替代现有的标注样式

标注样式替代是对当前的标注样式中的指定选项进行修改，并产生一个替代的标注样式，替代样式将自动应用到以后创建的标注中。其使用效果等同于不修改当前样式的情况下修改尺寸标注的相应系统变量。可以结合前面的标注样式更新来修改以前的标注。

替代现有标注样式的方法主要有以下两种。

（1）利用【标注样式管理器】中的【替代】按钮，在弹出【替代当前样式】对话框（图 6-49）中，修改相应的选项，确认关闭后即可完成样式的替代。

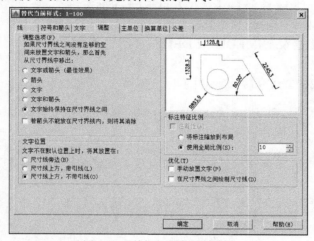

图 6-49 【替代当前样式】对话框

（2）直接以命令输入的方式进行替代

激活命令方式有以下几种。

①命令行直接输入：DIMOVERRIDE 或 DOV。

②从【标注】主菜单中选择【替代】选项。

命令的使用方法说明如下。

```
命令: dimoverride
输入要替代的标注变量名或［清除替代（C）］:（输入需要修改的系统变量名称）
输入标注变量的新值 <>:（提示当前系统变量的值，用户可以重新指定新的值）
输入要替代的标注变量名:（继续输入需要修改的变量名称或回车确认指定完成）
选择对象:      （选择需要修改的标注对象）
选择对象:      （继续选择标注对象或回车确认完成）
```

3）直接使用对象特性管理器修改尺寸标注特性

使用对象特性管理器可以直接修改所选择的尺寸标注特性及对尺寸文字进行编辑与替换。其使用步骤如下。

（1）选择标注尺寸。

（2）从【修改】主菜单选择【特性】选项或在命令行直接输入 MO 或 PROPERTIES，打开【特性】管理器。

（3）在其中相应的选项中进行修改即可。

6.6.2 编辑标注尺寸的命令

编辑标注尺寸的命令有 DIMEDIT 和 DIMTEDIT,以及通过移动夹点调整标注的位置。

1)Dimedit 命令具有修改尺寸数字、使尺寸文字位置复原以及旋转尺寸文字和倾斜尺寸界线的功能

(1)激活 DIMEDIT 命令常用方法

①点击【标注】工具栏的 ⫟ 图标按钮。

②通过功能区选项卡【注释】|【标注】,点击 ⊢ 图标按钮。

③从【标注】主菜单中选择【倾斜】选项。

④在命令行直接键入:DIMEDIT 或 DED。

(2)命令的使用

激活以上 DIMEDIT 命令后,命令提示行出现提示,说明如下。

输入标注编辑类型 [默认(H) / 新建(N) / 旋转(R) / 倾斜(O)] < 默认 >:

说明

（1）用户此时需要输入相应的编辑类型或直接回车以确认以默认的方式来进行标注编辑。

（2）如果用户输入"H"或直接回车以响应默认选项,则表示将旋转标注文字移回默认位置。

（3）如果用户输入"N"以响应新建选项,表示将使用多行文字编辑器修改标注文字,见图 6-50b)[以 a)为原图]。

（4）如果用户输入"R"以响应旋转选项,表示将旋转标注文字,程序将提示输入的角度,见图 6-50c)(此时输入的角度是 45°)。

（5）如果用户输入"O"以响应旋转选项,表示将调整线性标注尺寸界线的倾斜角度。AutoCAD 将创建一种尺寸界线与尺寸线方向垂直的线性标注。当尺寸界线与图形的其他部件冲突时,"倾斜"选项将很有用处,见图 6-50d)(此时输入的角度为 -60°)。

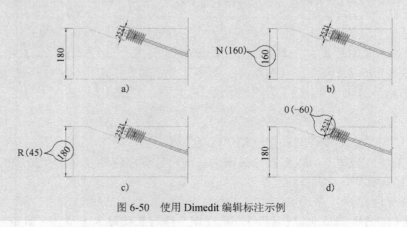

图 6-50　使用 Dimedit 编辑标注示例

2)Dimtedit 命令可以用来编辑和替换尺寸文字以及调整尺寸文字的角度和位置

(1)激活 DIMTEDIT 命令常用的三种方法

①点击【标注】工具栏的 图标按钮。

②通过功能区选项卡【注释】|【标注】，点击 按钮。

③从【标注】主菜单中选择【对齐文字】选项，从中选择需要的选项。

④在命令行直接键入：DIMTEDIT。

（2）命令的使用

激活以上 DIMTEDIT 命令后，命令提示行出现提示，说明如下。

> 选择标注:（选择需要修改的标注的对象）
>
> 指定标注文字的新位置或［左(L)/右(R)/中心(C)/默认(H)/角度(A)］:

说明

（1）此时用户可以直接拖曳时动态更新标注文字的位置，见图 6-51b）[以 a)为原图]。

（2）可以输入"L"响应左选项，表示沿尺寸线靠左对齐标注文字。本选项只适用于线性、直径和半径标注，见图 6-51c）。

（3）可以输入 "R" 响应右选项，表示沿尺寸线右对正标注文字。同样只适用于线性、直径和半径标注，见图 6-51d）。

（4）可以输入"C"响应中心选项，表示将标注文字放在尺寸线的中间。

（5）可以输入"H"响应默认选项，表示将标注文字移回默认位置。

（6）可以输入"A"响应角度选项，表示修改标注文字的角度。程序将提示标注文字的角度，示例参见图 6-51e）（此时输入的角度是 45°）。

（7）图 6-51 中括号内的数字为用户键入的数值。

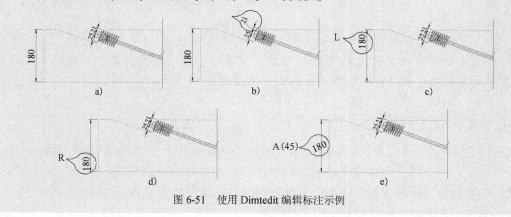

图 6-51 使用 Dimtedit 编辑标注示例

3）通过移动夹点调整标注的位置，先选中要调整的标注，按住夹点直接拖动光标进行移动

6.6.3 标注间距

在 AutoCAD2016 中，利用【标注间距】功能，可以自动调整图形中现有的平行线性标注和角度标注，以使其间距相等或在尺寸线处相互对齐。设置标注间距的命令为 DIMSPACE。

1）激活 DIMSPACE 命令常用的三种方法

（1）从【标注】主菜单中选择【标注间距】选项。

（2）从【标注】工具栏中单击【标注间距】按钮 。

（3）在命令行直接键入：DIMSPACE。

2）命令的使用

激活以上 DIMSPACE 命令后，命令提示行出现提示，说明如下（以线性标注为例）。

命令：dimspace

选择基准标注：（选择平行线性标注或角度标注）

选择要产生间距的标注：（选择平行线性标注或角度标注以从基准标注均匀隔开，并按回车键）

输入值或[自动（A）]＜自动＞：

说明

（1）用户可以直接指定从基准标注均匀隔开选定标注的间距值。例如，如果输入值 0.5，则所有选定标注将以 0.5 的距离隔开。选择的标注必须是线性标注或角度标注并属于同一类型（旋转或对齐标注）、相互平行或同心并且在彼此的尺寸延伸线上。如图 6-52 所示标注间距的应用。

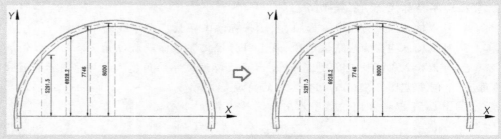

图 6-52　设置标注间距

（2）用户可以直接回车，表示基于在选定基准标注的标注样式中指定的文字高度自动计算间距。所得的间距值是标注文字高度的 2 倍。

6.6.4　标注打断

利用【标注打断】功能，可以使标注、尺寸延伸线或引线不显示，在标注线和图形之间产生一个隔断。用户可以自动或手动将折断标注添加到标注或多重引线。根据与标注或多重引线的对象数量选择放置折断标准的方法。设置标注打断的命令为 DIMBREAK。

1）激活 DIMBREAK 命令常用的三种方法

（1）从【标注】主菜单中选择【标注打断】选项。

（2）从【标注】工具栏中单击【标注打断】按钮 ⊥。

（3）在命令行直接键入：DIMBREAK。

2）命令的使用

激活以上 DIMBREAK 命令后，命令提示行出现提示，说明如下（以线性标注为例）。

命令：dimbreak

选择标注或[多个（M）]：（选择标注或输入 m，并按回车键）

说明

（1）用户若选择标注，则命令行提示如下：

选择要打断标注的对象或[自动（A）/恢复（R）/手动（M）]<自动>:（选择与标注相交或与选定标注的尺寸界线相交的对象，或输入选项，或按回车键）

①用户若选择打断标注的对象，则将显示以下提示。

选择要打断标注的对象:（选择通过标注的对象或按回车键以结束命令）

②用户若输入"A"，则响应自动选项，自动将折断标注放置在与选定标注相交的对象的所有交点处。修改标注或相交对象时，会自动更新使用此选项创建的所有折断标注。

在具有任何折断标注的标注上方绘制新对象后，在交点处不会沿标注对象自动应用任何新的折断标注。要添加新的折断标注，必须再次运行此命令。

①用户若输入"R"，则响应恢复选项，将从选定的标注中删除所有折断标注。

②用户若输入"M"，则响应手动选项，将手动放置折断标注，显示以下提示。

指定第一个打断点:（指定点）

指定第二个打断点:（指定点）

（2）用户若输入"M"，则响应多个选项，命令行提示如下。

选择标注:（使用对象选择方法，并按回车键）

输入选项[打断（B）/恢复（R）]<打断>:

（输入选项，其中打断是指自动将折断标注放置在与选定标注相交的对象的所有交点处；或按回车键）

遇到以下情况时，不能使用打断标注。

（1）外部参照或块中没有打断。在外部参照和块中不支持标注或多重引线上的折断标注。

（2）箭头和标注文字上没有打断。折断标注不能放置在箭头或标注文字上。如果用户希望打断显示在标注文字上，建议使用背景遮罩选项。

（3）跨空间标注上没有打断。不同空间中的对象以及标注或多重引线不支持自动打断，但可以使用标注打断命令中的【手动】选项。

6.6.5 修改尺寸的关联性质

尺寸关联是指所标注的尺寸与被标注对象之间的关联性，如果标注的尺寸是按照自动测量值标注的，且标注按照尺寸关联规则，则在改变尺寸界线或改变被标注对象时，相应的标注尺寸也会发生变化。

尺寸关联的系统变量为 DIMASSOC，用户可以设置尺寸关联的相应的变量值，2 为默认值，表示尺寸与被标注对象有关联关系；1 值代表尺寸与对象无关联关系；0 代表单个尺寸标注对象不是块，相当于对一个尺寸对象执行了 EXPLODE 命令，此时的标注会出现在进行其他的修改时可能不能被程序认作标注的情况。

修改以前已经创建的标注的命令为 DIMREASSOCIATE，此命令可将无关联标注与几何对象相关联，或者修改关联标注中的现有关联。

1）激活 DIMREASSOCIATE 命令常用的两种方法

（1）从【标注】主菜单中选择【重新关联标注】选项。

（2）在命令行直接键入：DIMREASSOCIATE 或 DRE。

2）命令的使用

激活以上 DIMREASSOCIATE 命令后，命令提示行出现提示，说明如下（以线型标注为例）。

```
命令：dimreassociate
选择要重新关联的标注 ...
选择对象：（选择需要重新关联的对象）
选择对象：（继续选择对象或直接回车确认选择完成）
指定第一个尺寸界线原点或[选择对象(S)]<下一个>：
```

说明 （1）用户可以直接指定第一条尺寸界线的起始位置，此时原来标注的第一条尺寸界线原点出现小叉标，如图 6-53 所示。关联两个尺寸界线后，拖拉结构，尺寸标注值随即发生改变。

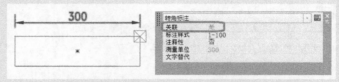

图 6-53　重新关联线型标注（选中标注后查看标注特性）

（2）用户可以直接回车，表示默认原来的第一界线原点作为新起点。

（3）用户可以输入"S"，表示要重新确定要关联的图形对象。

指定第二个尺寸界线原点 <下一个>：（此时用户可以指定第二条尺寸界线的起始点位置，回车表示默认原来的界线原点位置）

6.7 公差的标注

在 CAD 工程制图中，公差在图纸的标注中占有很大比例，公差通常分为尺寸公差和几何公差两种。尺寸公差可以在【标注样式管理器】的【公差】选项卡来设定，前面已经作介绍，这里不再详细介绍。下面介绍几何公差（形位公差）的设置、标注方法。

几何公差就是反映物体的形状、位置、方向和跳动的允许偏差。公差（tolerance）命令可以生成几何尺寸公差的标注。它通过一系列对话框来定义几何公差的符号、公差值、基准等信息。

1）激活 TOLERANCE 命令常用的三种方法

（1）点击【标注】工具栏中的【公差】图标按钮 ⊞1 。

（2）从【标注】主菜单中选择【公差】选项。

（3）在命令行直接键入：TOLERANCE。

2）命令的使用

激活以上 TOLERANCE 命令后，AutoCAD 打开【形位公差】对话框，如图 6-54 所示，说明如下。

（1）【符号】选区用于选择几何特征符号。单击该列的■框，将弹出如图 6-55 所示的

【特征符号】对话框,从中用户可以选择所需的特征符号。

（2）【公差1】和【公差2】选区用于设置公差值等信息,用户可以在对话框中设置数值,单击对话框前面■框,将显示为 $\varnothing$,表示将在相应的公差值前加上 Φ 符号。如果单击对话框后面的■框,将打开如图6-56所示的【附加符号】对话框,其中 Ⓜ 是指材料的一般中等状况;Ⓛ 是指材料的最大状况;Ⓢ 是指材料的最小状况。从中选择所需的附加符号即可,默认为空。

（3）【基准1】【基准2】和【基准3】用于相应级别的基准参照,基准参照由值和修饰符号组成。基准是理论上精确的几何参照,用于建立特征的公差带。其中前面的对话框用于输入相应的基准参照值,后面的■框用于设置包容条件,其用法基本同前面。

（4）【高度】选区用于设置投影公差带值,投影公差带控制固定垂直部分延伸区的高度变化,并以位置公差控制公差精度。在框中输入值。

（5）【基准标识符】用于确定基准标识符号,一般由参照字母组成。用户可以在其中输入相应的字母。

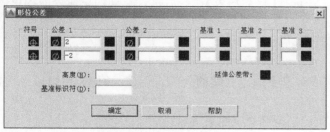

图 6-54 【形位公差】对话框

图 6-55 【特征符号】对话框

图 6-56 【附加符号】对话框

在以上的【形位公差】对话框中设置好需要的符号后,确认关闭对话框后,CAD将提示输入公差位置。输入或选择后,形位公差标注完成。

6.8 约束的应用

AutoCAD 2016中约束包括:标注约束和几何约束。用户可以通过在【绘图】工具栏中单击右键,在弹出的快捷菜单中选择【标注约束】和【几何约束】选项,调出【标注约束】和【几何约束】工具栏,如图6-57所示。

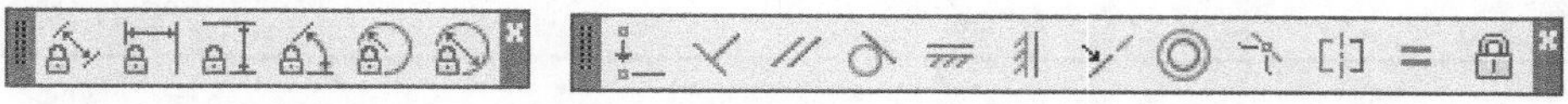

图 6-57 【标注约束】和【几何约束】工具栏

6.8.1　约束的设置

在使用约束之前,应先进行约束的设置。调用约束设置的方法如下。

（1）单击菜单栏中的【参数】|【约束设置】选项。

（2）单击功能区选项卡中【参数化】|【几何】或者【标注】控制台中的 ⌐ 按钮。

（3）在命令行输入:CONSTRAINTSETTINGS。

执行该命令,系统弹出如图6-58所示的【约束设置】对话框。

①【几何】选项卡:用于设置约束的类型,在AutoCAD 2016中约束的类型共有垂直、平行、水平、平滑等12种,如图6-58 a)所示。

a)【几何】选项卡

b)【标注】选项卡

c)【自动约束】选项卡

图 6-58 【约束设置】对话框

②【标注】选项卡:用于设置标注约束的显示方式以及动态约束方式的隐藏和显示,如图6-58 b)所示。

③【自动约束】选项卡:设置了在选择【自动约束】命令后执行自动约束命令的约束方式,如图 6-58 c)所示。

6.8.2 创建几何约束

几何约束可以确定对象之间或对象上的点之间的关系。创建后,他们可以限制可能会违反约束的所有更改。

在 AutoCAD 2016 中几何约束的类型和含义见表 6-5。

AutoCAD 2016 中约束的类型及含义   表 6-5

约 束 符 号	含 义	约 束 符 号	含 义
↓·	约束图形元素重合	⤳	约束图形元素共线
＜	约束两直线垂直	◎	约束图形元素同心
∥	约束两直线平行	⤲	约束图形元素交点平滑
♂	约束图形元素相切	[‖]	约束图形元素对称
〓	约束直线水平	＝	约束图形元素相等
‖|	约束直线竖直	🔒	固定图形元素的位置

几何约束能控制图形与图形之间的相对位置,能够减少不必要的尺寸标注。在绘制三维草图中,通过几个约束能对草图进行初步的定义,也就是说能够通过一个图形来驱动和约束其他图形,大大节约了绘图的工作量。

下面以创建相切约束为例,具体介绍几何约束的创建方法。其他约束创建方法相同。

(1)在绘图区绘制两个互不相交的圆,如图 6-59 a)所示。

(2)单击【几何约束】工具栏中的 ♂ 按钮,此时鼠标指针呈 形状,依次选择要添加约束的圆,约束完成效果如图 6-59 b)所示。

6.8.3 创建标注约束关系

标注约束可以确定对象、对象上的点之间的距离或角度,也可以确定对象的大小。

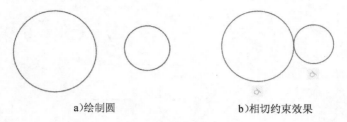

| a)绘制圆 | b)相切约束效果 |

图 6-59 相切约束

在使用了标注约束后改动相关尺寸,其尺寸会随着修改值变大或变小,如图 6-60 所示。

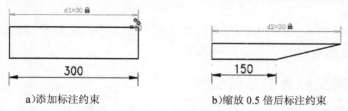

| a)添加标注约束 | b)缩放 0.5 倍后标注约束 |

图 6-60 标注约束

绘制如图 6-61 所示的钢箱梁横隔板中的人洞,对人洞添加标注约束,单击菜单栏中的【参数】|【参数管理器】命令,或者功能选项卡中【参数化】|【管理】控制台中的参数管理器按钮,系统弹出如图 6-62 所示的【参数管理器】对话框。

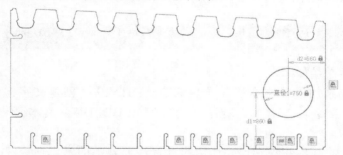

图 6-61 设置人洞的标注约束(同时轮廓边线设置成几何固定约束)

在【参数管理器】选项板中,设置如图 6-63 所示的参数。绘图区中的图形发生相应的变化,如图 6-64 所示。

图 6-62 【参数管理器】对话框

图 6-63 设置参数

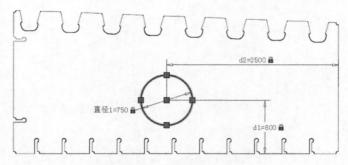

图 6-64   图形变化效果

由上个例子可知,使用几何约束、标注约束可以更精确地进行设计,尤其在结构设计中确定几何外形尺寸时会起到事半功倍的效果。

6.8.4   编辑受约束的几何图形

几何图形元素被约束之后,用户需要修改被约束的几何图形元素。首先,需要删除几何约束或者修改标注约束的函数关系式,然后才能对图形元素进行修改,或者重新添加新的几何约束。单击功能区选项卡【参数化】工具栏中的删除约束按钮┅或者通过菜单栏【参数】|【删除约束】命令,然后在绘图区选择要删除的几何约束或者标注约束,单击鼠标右键或按Enter键,完成删除约束操作。

6.9 小结

本章主要内容总结如下。

(1)向图形中添加注释文本所需掌握的命令:STYLE(创建文字样式)、TEXT(或DTEXT,创建单行文字)、MTEXT(创建多行文字)、DDEDIT(文本编辑),以及了解国标中关于字体的要求。

(2)尺寸标注的基本知识学习。运用尺寸标注要熟悉的常用命令:DDIM(设置尺寸标注样式)、DIMLINEAR(或DLI,线性标注)、DIMANGULAR(或DAN,角度标注)、DIMRADIUS(或DRA,半径标注)、DIMDIAMETER(或DDI,直径标注)、DIMCENTER(或DCE,圆心标注)、DIMORDINATE(或DOR,坐标标注)、DIMJOGGED(或DJO,折弯半径标注)、DIMARC(或DAR,弧长标注)、DIMBASELINE(或DBA,基线标注)、DIMCONTINUE(或DCO,连续标注)、DIMALIGNED(或DAL,对齐标注)、QDIM(快速标注)、QLEADER(快速创建引线和引线注释)。

(3)运用多重引线标注须掌握的命令:MLEADERSTYLE(创建多重引线样式)、MLEADER(创建多重引线标注)。

(4)编辑尺寸标注的命令:DIMSTYLE(更新现有标注样式为当前样式)、DIMEDIT和DIMTEDIT(尺寸位置的调整)、DIMSPACE(标注间距)、DIMBREAK(标注打断)、DIMREASSOCIATE(或DRE,修改尺寸的关联性质),以及公差的标注命令TOLERRANCE(定义形位公差的信息)。

(5)介绍了AutoCAD 2016的约束命令,包括标注约束和几何约束。

第7章

图形的缩放和平移

在 AutoCAD 2016 中观察一个图形有许多方法,掌握好这些方法的使用,将能提高绘图的效率。AutoCAD 提供了许多显示命令来改变视图,使得用户可以从不同角度观看图形,从而使用户在绘图和读图时非常方便。

当 AutoCAD 2016 执行绘图或编辑命令时,用户可以透明地使用 PAN（平移）和 ZOOM（缩放）命令去改变视图,以方便绘图。使用显示命令,可以选择要显示的部分图形或创建三维透视图,使绘图工作更快、更容易、更准确。

需要注意说明的是,对图形的视图操作只是改变图形在屏幕上的显示,而图形本身没有发生实际大小和位置的改变。

7.1 Zoom 缩放命令的使用

Zoom 命令如同摄像机的变焦镜头,它可以增加或减少视图区域,但对象的真实尺寸保持不变,当增加对象的视图尺寸时,就只能看到图形的一个较小区域,但能看见更详细的绘图区域;当减小对象的视图尺寸时,就可以看到更大的区域,这为更准确和更详细地绘图提供了手段。为了便于调用,AutoCAD2016 将基本的 ZOOM 命令放置在【缩放】工具栏中,如图 7-1 所示。另外功能区面板【视图】|【导航】控制台中也提供了缩放命令如图 7-2 a)所示,当然也可以在工具栏的任何地方单击右键,打开"标准"工具栏,其中也提供了部分缩放命令,如图 7-2 b)所示。

图 7-1　【缩放】工具栏

a)导航控制台中的【缩放】命令

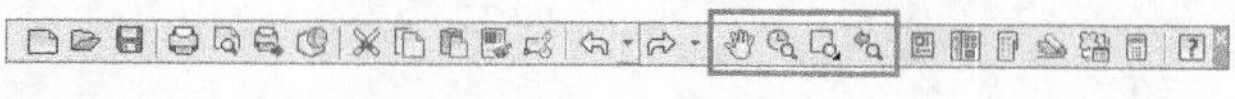

b)标准工具栏中的【缩放】命令

图 7-2　【缩放】命令

1)激活 ZOOM 命令常用的四种方法

(1)点击【标准】工具栏中的相应图标按钮或【缩放】工具栏中相应图标按钮；

(2)从【视图】主菜单中进入【缩放】子选项,在其中选择相应选项；

(3)通过功能区面板【视图】|【导航】控制台中相应的图标按钮；

(4)在命令行直接键入:ZOOM 或 Z。

2)命令的使用

命令行中输入 ZOOM 命令后，AutoCAD 2016 作出如下提示:

命令: zoom

指定窗口角点,输入比例因子（nX 或 nXP）,或者[全部（A）／中心（C）／动态（D）／范围（E）／上一个（P）／比例（S）／窗口（W）／对象（O）] <实时>:

说明

（1）默认的方式是窗口角点,此时用户可以直接指定窗口的对角点，AutoCAD 2016 放大显示以指定对角点形成的矩形区域,即矩形区域将满屏显示,此功能相当于窗口缩放命令,即可以在以上状态输入"W",响应窗口选项,或直接点击工具按钮🔍。注意在使用窗口缩放工具时,应尽量使用来确定放大区域的矩形形状和屏幕窗口成一定比例,这样才能让放大区域得到最好的效果。

如图 7-3 为缩放前的三维斜拉桥的图形,图中的线窗口为指定的窗口矩形区域,缩放后的图形如图 7-4 所示。

图 7-3　缩放前的原图　　　　　　　　　图 7-4　窗口缩放后的图形

（2）用户此时也可以输入一个缩放的比例因子来实现缩放,等同于比例缩放,即可以输入"S"响应比例选项或直接点击🔍图标,此时 AutoCAD 2016 将提示:输入比例因子（nX 或 nXP）:

用户可以指定缩放比例值,如果输入的比例因子是一个数值而不带任何的符号,则表示新视图输入值是相对于图形界限的比例。如果用户输入的数值后带"X",则表示指定新的视图相对于当前视图的比例。如果指定数值后带"XP",则表示指定的新的视图相对于图纸空间单位的比例,可以用来为多个视图中的每一个视口指定不同的显示。

另外,工具栏中还有两个固定常用的两个缩放图标⊕和⊖,前者的缩放比例为 2X,后者为 0.5X。

例如使用图 7-3 作为缩放前的原图,下面的图 7-5 和图 7-6 分别是用 2X 和 0.5X 的缩放比例缩放后的图形显示。

（3）用户如果直接回车,则进入实时缩放状态,此时屏幕上的光标就变成了放大镜符号。此时,按住鼠标左键向上移动,可以放大图形;按住鼠标左键向下移动可以缩小图形,松开鼠标左键即停止缩放。

当前绘图窗口的大小决定了缩放的比例因子,如果按住鼠标左键从窗口的中点向上或向下移动光标,则相应的缩放的比例因子为100%;如果从窗口的底部垂直向下移动光标到窗口的底部(按住鼠标左键),则相应的缩小比例因子为200%。

图7-5 2X比例缩放后的图形显示

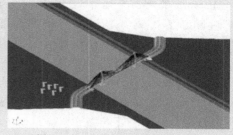

图7-6 0.5X比例缩放后的图形显示

当放大到最大程度时,屏幕光标就变为【+】符号,表示不能再进行放大;相反,当缩小到最小时,屏幕光标就变为【-】符号,表示不能再进行缩小。

点击状态栏中的 🔍 按钮就可以激活前面所说的实时缩放命令,另外还有一种更为简单的实时缩放的方式是使用现在常用的3D鼠标中的中间滚轮实现实时缩放。

（4）如果用户在直接输入"A"来响应全部选项,则可以使整个图形都显示在屏幕上,在平面视图中,它将图形缩放到图形界限和当前图形范围中较大的一个,如果图形延伸到图形界限之外,则将显示图形中的所有对象。该命令在作图的时候经常使用,用户可以熟记在心。其相应的按钮为 🔍 。

（5）如果用户在直接输入"C"来响应中心选项,此时用户可以通过在图形中选择一个点,然后指定一个比例缩放因子或者指定新视图的高度值来显示一个新视图,这个点作为新视图的中心点。该选项命令的工具图标为 ⊕ 。

例如,对图7-3所示的斜拉桥模型进行中心缩放操作,步骤与说明如下。

命令:zoom

指定窗口角点,输入比例因子(nX或nXP),或[全部(A)/中心(C)/动态(D)/范围(E)/上一个(P)/比例(S)/窗口(W)/对象(O)]<实时>:c

指定中心点:（指定左下主塔顶中心点作为缩放的中心点）

输入比例或高度 <281.0558>:2x（显示了当前的窗口高度,在此另外指定了缩放的比例）

中心缩放后的图形如图7-7所示。

（6）如果用户在直接输入"D"来响应动态选项,此时用户可以改变视口的位置和大小,可以使其中的图像平移或缩放。该命令相应的工具按钮为 🔍 。

使用说明:调用动态缩放方式后,首先将显示平移视图框。将其拖动到所需位置并单

图7-7 中心缩放后的图形显示

击,继而显示缩放视图框。调整其大小然后按回车进行缩放,或单击以返回平移视图框。调整好视图框并回车后,用当前视图框中的区域布满当前视口。

（7）如果用户在直接输入"E"来响应范围选项,则可以在屏幕上尽可能见到整个图形的所有对象,与全部缩放选项不同的是,范围缩放使用的只是图形范围而不是图形界限,它们显示了全部缩放和范围缩放的区别。

（8）如果用户在直接输入"P"来响应上一个选项,则将显示上一次显示的视图。在绘制图形过程中,对小范围和全视图的处理通常是这样的:将图形缩小到一个显示较大范围的区域,进行整体操作,然后放大某一个小区域,进行细节处理,然后使用【上一个】缩放模式,返回到上一次所显示的视图。

上一个缩放方式可以保存前 10 幅视图,AutoCAD 2016 的上一个缩放方式可以从【视图】主菜单进入【缩放】子选项调用或者【标准】工具栏和命令行中调用,或通过功能区选项卡【视图】|【导航】控制台调用,【缩放】工具栏中不再提供该缩放方式的按钮 🔍 。

（9）如果用户直接输入"O"来响应对象选项,则缩放将尽可能大地显示所选定的一个或多个对象,并使其位于绘图区域的中心。激活该命令相应的工具按钮为 🔍 ,也可从下拉菜单或者命令行中调用。

7.2 图像视图平移 PAN

PAN 命令对图形的操作是一种平移操作,它不改变视图的大小,只是在绘图区中显示图形的不同部分,它相当于在一个镜框套住一幅比较大的图画,移动图画,使得在镜框中显示出图画的不同部分。平移前的图形显示可以使用前面介绍的显示上一个视图命令来恢复。

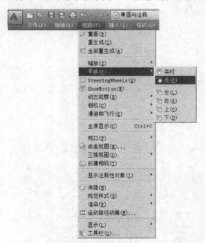

图 7-8 【平移】子菜单

1)激活 PAN 命令常用的三种方法

（1）点击【标准】工具栏中的 🖐 图标。

（2）点击导航栏中的 🖐 图标。

（3）从【视图】主菜单中进入【平移】子选项,在其中选择相应选项。

（4）在命令行直接键入:PAN 或 P。

2)命令的使用

平移视图有两种模式:实时模式和定点模式,如图 7-8 所示的是【视图】主菜单中的【平移】子菜单,在【标准】工具栏上 🖐 按钮是实时平移按钮。

（1）定点平移是通过指定基点和位移值来移动视图的。调用方法为如图 7-8 所示的【平移】子菜单中选择【定点】选项。

调用了定点平移方式后,AutoCAD 2016 接着提示:

命令: -pan 指定基点或位移:

在该提示下指定一点或者位移后,程序接着提示:

指定第二点:

用户再为平移指定第二点,AutoCAD 2016 将计算从第一点到第二点的位移,并以第一点到第二点的方向为视图的平移方向。图 7-9 所示为某景观拱桥进行定点平移前的视图显示,图 7-10 所示为完成定点平移后的视图显示。

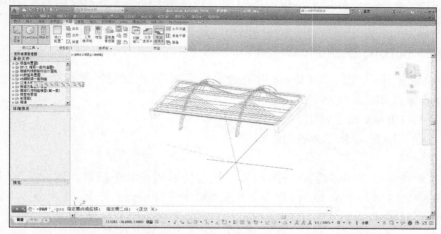

图 7-9 定点平移前的视图显示

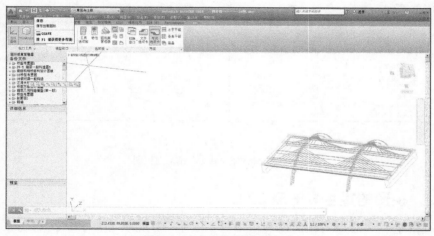

图 7-10 定点平移后的视图显示

(2)实时平移方式更能形象说明平移的意义,它就像一只手放置在图纸上,拉动图纸来拖动它。

从【视图】主菜单中进入【平移】子菜单中选择【实时】选项或者单击【标准】工具栏上 按钮,或者单击导航栏上的 图标,或者在命令提示行输入 PAN 命令后,进入实时平移状态,这时光标变成一只小手。按住鼠标左键,往需要的方向移动光标,窗口内的图形就可以随光标移动的方向移动,松开鼠标的左键,可返回到平移的等待状态。

如果要退出实时平移状态,可以按 Esc 键或 Enter 键,或者单击鼠标右键,激活一个快捷菜单,从中选择【退出】项来退出实时平移状态。

7.3 视图的重画和重生成

有时,在用户绘图过程中会出现杂散的像素点,如点标记和编辑命令留下的杂乱显示内容,此时用户可以使用视图的重画 REDRAW(或 REDRAWALL)或重生成 REGEN 命令来消除这样的杂散点显示。另外,用户也会碰到绘出的圆等图形在屏幕显示中会呈现变形,如圆显示为多边形,此时用户可以使用视图的重生成命令 REGEN 来重新正确显示图形对象。下面来分别介绍这两个命令。

7.3.1 视图的重画 REDRAW

REDRAW 用于重画当前视口,可用于透明使用,删除点标记和编辑命令留下的杂乱显示内容(杂散像素)。

1)激活 REDRAW 命令常用方法

在命令行直接键入:REDRAW 或 R。

2)命令说明

利用重画命令依次可以清除一个视口,如果要同时清理多个视口,可以使用全部重画命令, REDRAWALL(或 RA,或从【视图】下拉菜单中选择重画命令)。重画命令不改变其他的变形的图形显示。

重画命令举例如图 7-11 所示,其中图 7-11a)为重画之前的图形显示,图 7-11b)为重画之后的图形显示。

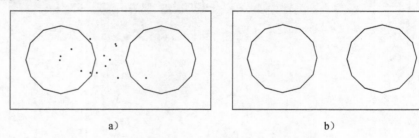

a)   b)

图 7-11 使用重画命令的前后对比图

7.3.2 视图的重生成 REGEN

使用视图重生成命令将在当前视口中重生成整个图形并重新计算所有对象的屏幕坐标。它还重新创建图形数据库索引,从而优化显示和对象选择的性能。

1)激活 REGEN 命令常用方法

(1)从【视图】主菜单中选择【重生成】选项。

(2)在命令行直接键入:REGEN 或 RE。

2)命令说明

利用重生成命令依次可以清除一个视口,如果要同时清理多个视口,可以使用全部重生成命令, REGENALL(REA,或在【视图】主菜单中选择【全部重生成】选项)。重画命令除将错误的图形显示转变为正确图形之外,还可以清除显示中的杂散点像素。

重生成命令举例如图 7-12 所示,其中图 7-12a)为重生成之前的图形显示,图 7-12b)为重生成之后的图形显示。

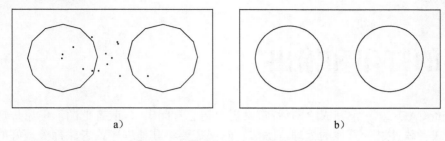

a)   b)

图 7-12　使用重生成命令的前后对比图

7.4 小结

本章主要内容总结如下。

（1）缩放命令 ZOOM（或 Z）的使用，包括窗口缩放、动态缩放、比例缩放、中心缩放、全部缩放、范围缩放等。

（2）平移工具的使用：PAN（实时平移）、-PAN（定点平移）。

（3）重画与重生成图形：重画图形 REDRAW（和 REDRAWALL）、重生成图形 REGEN（和 REGENALL）。

第 8 章
图形的打印和输出

在 AutoCAD 2016 中完成绘图后,常常需要把它打印出来,或者把图形信息传送给其他应用程序或者软件进行其他的处理,此外,有时又需要将其他程序或者软件处理好的数据传送给 AutoCAD,以显示图形。AutoCAD 2016 提供了图形输入输出的接口。如果打印草图,直接选择【文件】菜单中的【打印】项就可以完成。如果希望对图形进行适当的处理后再打印,比如在一张图纸中增加标题等,或者要输出多个视图,这就要在图纸空间来完成,并使用布局。

8.1 工作空间

AutoCAD 2016 有两种绘图空间,模型空间和图纸空间。模型空间是图形的设计、绘图空间,可以根据需要绘制多个图形用以表达物体的具体结构,还可以添加标注、注释等内容完成全部的绘图操作;图纸空间则主要用于打印输出图样时对图形的排列和编辑。

(1)模型空间

模型空间是用户用于完成绘图和设计工作的工作空间。用户可以在模型空间中创建物体的视图模型,以完成二维或者三维造型,并且根据用户需求用多个二维或三维视图来表达物体,同时配有必要的尺寸标注和注释等图形对象。

在模型空间中,用户可以创建多个不重叠的(平铺)视口以展示图形的不同视图。模型空间和图纸空间都可以通过如图 8-1 所示的标签来切换。

图 8-1　模型与布局状态标签

(2)图纸空间

作为 AutoCAD 2016 重要的功能之一就是布局(Layout)功能,它模拟一张图纸并提供预制的打印设置,在布局中,用户可以创建和定位视口并增添标题块或者其他几何对象。用户可以将图纸空间看作一张图纸,通常在模型空间绘好图后,将图形以一定的比例放置在图纸空间中,在图纸空间中不能进行绘图,但可以标注尺寸和文字。

(3)模型空间和图形空间的切换

用户可以控制如何在"模型"选项卡与一个或多个命名布局选项卡之间进行切换。

默认情况下,"模型"选项卡和多个命名布局选项卡将显示在绘图区域的左下角。

单击如图 8-1 所示的加号(+)图标,以添加更多"布局"选项卡。单击双下箭头以查看更多"布局"选项卡。

如果要使用隐藏的多个"布局"选项卡,则在"模型"或"布局"选项卡上单击鼠标右键,然后选择"在状态栏上方固定"。"模型"和"布局"选项卡将显示在状态栏上方的单独一行中。

要优化绘图区域中的空间,则在"模型"或"布局"选项卡上单击鼠标右键,然后选择"与状态栏对齐固定"。"模型"和"布局"选项卡将与状态栏对齐显示。

另外,工作空间是由系统变量 TILEMODE 控制,当其值设置为 1 时,工作空间为模型空间;当系统变量 TILEMODE 设置为零时,工作空间变为图纸空间。所以,也可以直接设置 TILEMODE 的值来控制工作空间,使之在模型空间和图形空间之间切换。

(4)布局

一个布局包括模型空间和图纸空间,它不仅具有 AutoCAD 老版本中图纸空间所具有的特点,而且可以设置页面、打印风格等,如图 8-2 所示。

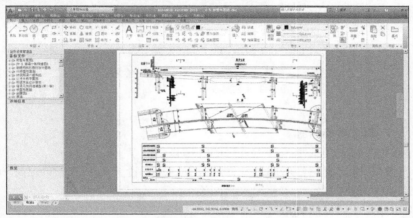

图 8-2　图纸空间的布局

8.2 创建布局

在使用布局之前,必须先创建一个布局。用户可以使用以下多种方法。

(1)使用布局向导创建。

(2)使用【来自样板的布局(layout)】命令插入基于现有布局样板的新布局。

(3)单击布局标签,利用【页面设置】对话框创建一个新布局。

(4)通过设计中心,从图形文件或样板文件中把建好的布局拖到当前的图形文件。

(5)使用【Layout】命令中的【新建】选项。

(6)单击【布局】工具栏中对应按钮新建布局。

因为布局是一个新增的概念,在对它的使用方法不太了解时可以使用布局向导来快速创建符合要求的布局。

8.2.1　用布局向导创建布局

1)激活布局向导命令常用的三种方法

(1)从【插入】主菜单中进入【布局】子菜单选择其中的【创建布局向导】选项。

（2）从【工具】主菜单中进入【向导】子菜单选择其中的【创建布局】选项。

（3）在命令行直接键入：LAYOUTWIZARD。

2）使用布局向导创建布局的过程

（1）激活命令，打开【创建布局—开始】对话框，如图8-3所示。在对话框的左边列出了创建布局的步骤。

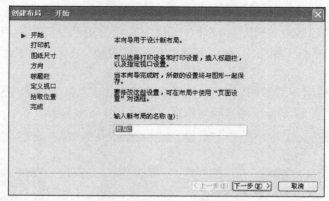

图8-3 【创建布局—开始】对话框

（2）创建布局的步骤。

①开始：输入新布局的名称。

②配置打印机：为布局选择一种配置好的打印设备。

③选定图纸尺寸：设置图纸所用单位，选择图纸大小，设置图纸的打印方向。

④选定标题栏：选择该布局中使用标题图块。

⑤定义视口：设置视口的类型。

⑥拾取位置：确定视口在布局中的位置。

⑦结束创建：单击【完成】后将进入新建的布局空间。

如图8-4所示就是以向导建立的一个布局。

图8-4 用布局向导建立的一个布局

在使用布局向导前，应当首先检查所配置的打印机的权限。要添加或配置新的打印机，可以在 Windows 控制面板中选择【打印机】，然后选择【添加打印机】。

选择标题栏时，建议选择一种与图纸尺寸匹配的标题栏，否则标题栏可能不适合指定的图纸尺寸。ANSI 标题栏是以英寸为单位的,而 ISO、DIN 和 JIS 标题栏是以毫米为单位绘制的。例如 ANSI 标题栏大小约为 10×8 个单位,如果将这个标题栏插入到 A4 图纸(它的单位是毫米)的布局中,那么图纸尺寸就是 297×210 个单位。这样,标题栏就显得太小了。

8.2.2 使用布局模板

用户可以将创建好的布局做成模板,在以后的图形文件中,随时可以使用该布局模板来创建新的模板。

使用下列方法可以借助已有的模板创建一个布局。

(1)在【插入】菜单中选择【布局】选项子菜单的【来自样板的布局】。

(2)单击【布局】工具栏中的【从样板】按钮 (工具栏如图 8-5 所示)。

(3)在命令行中输入:LAYOUT,选择提示行中的"样板(T)"项。

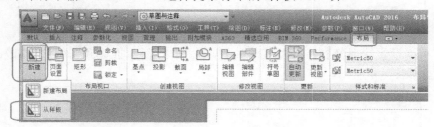

图 8-5 【布局】工具栏

执行操作后,会出现【从文件中选择样板】对话框,如图 8-6 所示。从列表中可以选择一个已有的布局模板来创建新的布局。

图 8-6 【选择文件】对话框

8.2.3 使用【页面设置管理器】对话框创建布局

选中状态栏中的模型或布局选项卡,单击鼠标右键,从出现的菜单中选择"页面设置管理器",屏幕上会出现【页面设置管理器】对话框,如图 8-7 所示。使用这个对话框,可以显示当前页面设置、将另一个不同的页面设置为当前、创建新的页面设置和修改现有页面设置,以及从其他图纸中输入页面设置。

使用这个对话框的【新建】按钮，则出现【新建页面设置】对话框，如图 8-8 所示。

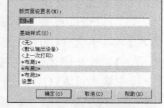

图 8-7 【页面设置管理器】对话框　　　　图 8-8 【新建页面设置】对话框

使用【页面设置管理器】对话框的【修改】按钮，则出现【页面设置 -（当前修改的布局名称）】对话框，如图 8-9 所示。

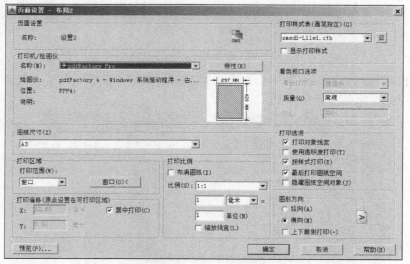

图 8-9 【页面设置】对话框

8.2.4　使用布局 layout 命令创建新的布局

使用 LAYOUT 命令也可以新建一个布局。

激活布局 LAYOUT，命令行将提示：

> 输入布局选项[复制（C）/ 删除（D）/ 新建（N）/ 样板（T）/ 重命名（R）/ 另存为（SA）/ 设置（S）/ ?] ＜设置＞:

在此提示下，输入"N"以响应新建命令，AutoCAD 2016 将提示：

> 输入新布局名 ＜布局 1＞:

输入要创建布局的名称,确认后会在绘图区下面的选项卡栏上出现这个布局的选项卡,双击该布局可以修改该布局的名称。

创建布局后,可以像操作图形对象那样对布局进行复制、删除等操作。

下面介绍 layout 其他选项的使用。

(1)复制(C):使用此选项可以复制指定的布局。

(2)删除(D):使用此选项可以将不再使用的布局删除掉。

(3)样板(T):使用此选项可以从模板创建布局。

(4)重命名(R):使用此选项可以修改已有布局的名称。

(5)另存为(SA):使用此选项可以将某个布局保存为布局模板。输入布局名称后,激活【创建图形文件】对话框,如图 8-10 所示。

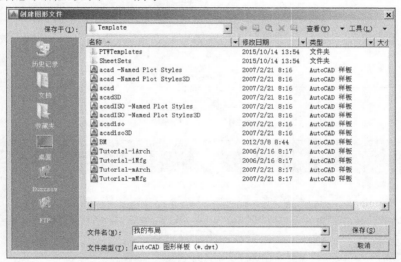

图 8-10 【创建图形文件】对话框

(6)设置(S):使用此选项可以将当前图形文件的一个布局设定为当前布局。

(7)?:如果在提示下输入【?】,系统将列出当前图形文件中所有定义过的布局名称。

在布局选项卡上单击右键,从弹出的快捷菜单中,也可以实现以上介绍的各项功能。

8.3 浮动视口的使用

在实际的绘图中,我们经常要表示出图形的多个局部视图或各个角度的视图,这需要在模型空间或图纸空间中使用视口来实现。视口"VPORTS"命令可以创建视口。

8.3.1 建立浮动视口

激活视口 VPORTS 命令常用的四种方法如下:

(1)在【视口】工具栏中单击"显示视口对话框"选项图标。视口工具栏如图 8-11 所示。

(2)在菜单栏中单击【布局】选项卡,将显示【布局视口】面板。【布局视口】面板如图 8-12 所示,点击【布局视口】中的图标按钮。

(3)在【视图】主菜单中进入【视口】子菜单选择其中【新建视口】选项,如图 8-13 所示。

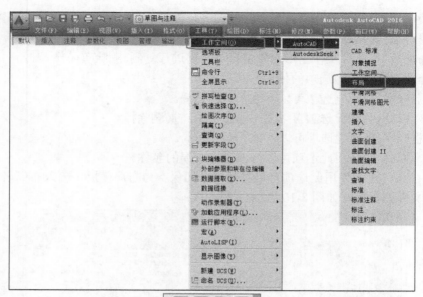

图 8-11 【视口】工具栏

图 8-12 【视口】工具栏

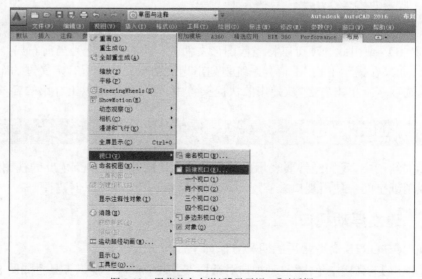

图 8-13 用菜单命令激活【显示视口】对话框

（4）在命令行直接输入：VPORTS。

执行命令后将激活如图 8-14 所示的【视口】对话框。使用该对话框中的【新建视口】选项卡可以在布局中创建各种类型的视口。

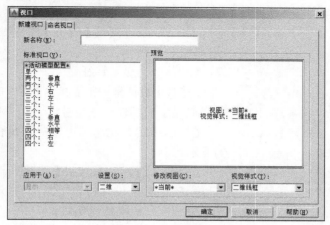

图 8-14 【视口】对话框

选取所需的视口类型后，系统会提示输入第一个、第二个角点来确定视口的位置和大小，然后重新生成布局和模型。

如图 8-15 所示为【两个：水平】类型创建的视口。

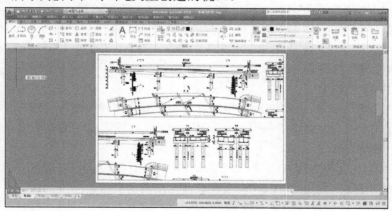

图 8-15 双视口图形示例

8.3.2 视口的编辑

视口的编辑包括改变视口的形状、控制视口的显示、修改视口的属性、修改视口图层等。

1）使用夹持点改变视口的形状

视口是一个单独的图形对象，可以像编辑其他图形一样来编辑视口。选取视口后，它的夹持点会出现在视口的四个角上，用鼠标拖动夹持点可以像编辑其他图形那样改变视口的大小。

2）控制视口的显示

如果窗口中打开了许多视口，在重新生成视口时会影响系统的性能。为了节省时间，可以将一些视口关掉。一个视口在缺省状态下是打开的。

（1）打开 / 关闭视口

使用对象特征管理器打开或关闭视口的步骤如下。

①在布局中选取要打开或关闭的视口。

②从【修改】菜单中选取【特性】选项打开【特性】对话框。

③在【特性】对话框中选取【开】选项,然后通过选择【是】或【否】选项来决定打开或关闭选项,如图 8-16 所示。

（2）其他的显示特征

【特性】对话框中的【其他】类中的其他选项可以控制视口显示的其他一些特性。

【显示锁定】此选项可以决定是否锁定视口中图形的显示比例。

【标准比例】选项:如果【显示锁定】设置为【否】,则可以用该选项来设置视口中图形的显示比例,下拉式列表框中列出了标准的比例值。

【自定义比例】选项:如果标准比例中没有需要的比例值,可以在此选项下输入一个自定义的比例值,在【标准比例】选项中设置为【自定义】可以使用自定义的比例值。

【每个视口都显示 UCS】选项:此选项控制在每个视口中是否显示坐标系统的图标。

图 8-16　使用特性窗口打开或关闭视口

3）修改视口的属性

视口的颜色、线型、线宽等属性也可以进行修改。在【特性】对话框中的【基本】选区中,选择有关的选项进行修改。

4）编辑视口中的图形

在布局中建立视口后,不用回到模型空间也可以绘制和编辑视口中的图形。在视口中进入模型空间的方法为在视口中双击鼠标左键,这时视口的边框会变成粗线条。

5）建立不规则的视口

AutoCAD 2016 支持不规则（非矩形）的视口,这给用户带来很多方便。将一个矩形视口变为不规则视口的命令是 vpclip。

（1）使用以下方法可以激活此命令。

①在一个视口上单击鼠标右键,在快捷菜单上选择【视口剪裁】选项。

②单击【视口】工具栏中的 🔲 剪裁 按钮。

③在命令行中直接输入:VPCLIP。

（2）命令的使用:

激活 VPCLIP 命令后, AutoCAD 2016 提示,说明如下。

　　选择要剪裁的视口:（在此提示下选择一个规则的视口）

　　选择剪裁对象或［多边形（P）/删除（D）］<多边形>:（在此提示下可以直接选取封闭的图形对象作为视口的形状,则可以立刻完成命令。如果没有选择的多边形,则可以输入"p"。）

　　指定起点:（在此提示下指定一点作为多边形视口的起始点）

　　指定下一点或［圆弧（A）/长度（L）/放弃（U）］:（在此提示下指定另一个点或者选取一个选项绘制多边形）

指定下一点或［圆弧（A）／闭合（C）／长度（L）／放弃（U）］:（在此提示下指定另一个点或者选取一个选项绘制多边形。该提示会反复出现,直到最后以"C"闭合选项将多边形闭合。）

应当注意的是,建立不规则视口时必须将多边形闭合。

6）重新定义不规则形状的视口

先激活 VPCLIP 命令。

在提示下输入"D"将不规则的浮动窗口恢复为矩形。输入"P"可以重新定义不规则视口的形状。

7）对齐视口中的图形对象

使用 MVSETUP 命令可以通过调整一个浮动窗口中的视图与另一个视口中的视图来安排图形对象的位置。

对齐两个视口中图形对象的步骤如下。

命令行输入"MVSETUP",有如下提示。

输入选项［对齐（A）／创建（C）／缩放视口（S）／选项（O）／标题栏（T）／放弃（U）］:

输入"a"以选择对齐选项,AutoCAD 2016 提示如下。

输入选项［角度（A）／水平（H）／垂直对齐（V）／旋转视图（R）／放弃（U）］:

各选项含义如下。

【角度（A）】:在视口中按指定的方移动视图。

【水平（H）】:在视口中水平移动视图,直至与另一个视口中指定的基点对齐。只有当两个视图区水平放置时才使用此选项。

【垂直对齐（V）】:在视口中垂直移动视图,直至与另一个视口中指定的基点对齐,只有当两个视图区垂直放置时才使用此选项。

【旋转视图（R）】:在视口中所有的视图围绕一个指定的基点进行旋转。

【放弃（U）】:取消前一步操作。

8）修改视口图层

图形对象在图纸空间的各个视口中以不同的方式显示,同时保留图层在模型空间的原始特性。当布局视口为当前视口时,可以将特性替代指定给一个或多个图层,从而将新设置应用于该视口。

将视口替代图层特性是 AutoCAD 2016 的功能之一,单击【图层】工具栏中的【图层特性管理器】按钮，系统弹出【图层特性管理器】对话框,如图 8-17 所示。在该对话框中的图层特性列表中增加了【新视口冻结】、【视口冻结】、【视口颜色】、【视口线型】、【视口线宽】、【视口透明度】、【视口打印样式】7 列,可以用来设置当前视口的图层特性。

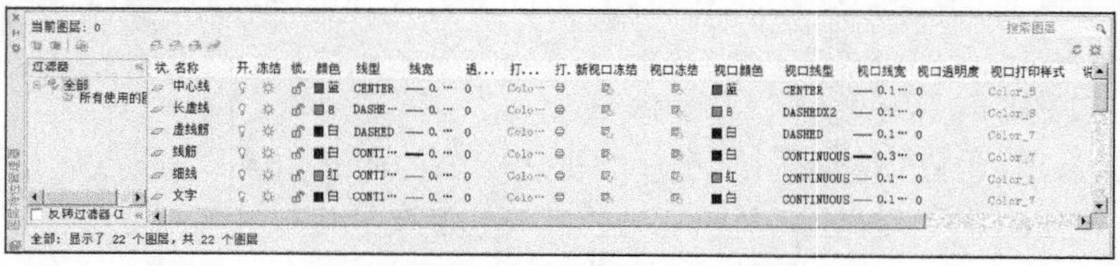

图 8-17 【图层特性管理器】对话框

8.4 图纸的打印输出

将布局中的视图编辑好后,我们就可以使用【打印(PLOT)】命令打印输出图纸了。

1)PLOT 命令的激活方式

(1)单击【标准】工具栏中的🖨图标。

(2)从【文件】主菜单中选择【打印】选项或使用组合键【Ctrl】+【P】。

(3)通过功能区选项卡中【输出】|【打印】控制台中🖨图标按钮。

(4)命令:PLOT。

2)打印输出过程

(1)激活 PLOT 命令后,弹出【打印】对话框,如图 8-18 所示。

(2)在【打印】对话框中,可以看到打印的布局名。如果在【页面设置】对话框中进行设置,则通过【页面设置】区域【名称】下拉列表就可以选用,否则要进行输出页面的设置。

①检查已经配置的打印机名称是否正确。或者从当前配置打印机的列表中选择。

②从【打印范围】选区可以确定打印的布局选项卡和打印份数。

③如果要将图形文件输出到文件,选中【打印到文件】复选项。

④点击【特性】按钮,出现【绘图仪配置编辑器】对话框,可以在其中指定图纸尺寸、打印区域、打印比例、纸张单位、图形方向等选项,如图 8-19 所示。

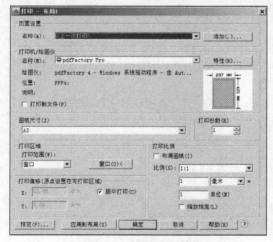

图 8-18 【打印】对话框

图 8-19 【绘图仪配置编辑器】对话框中
【设备和文档设置】选项卡

⑤【图纸尺寸】选区中,用户可以选定打印图纸的尺寸,单击【图纸尺寸】的下拉列表框,用户可以选择合适的打印尺寸,图纸尺寸旁边的图标指明了图纸的长、宽,其中的阴影范围表明了基于当前配置的图纸尺寸显示图纸上能打印的实际区域。有两种打印单位可以选择【英寸】和【毫米】。

⑥【打印区域】选区用于指定打印的区域

a.【布局】选项:将打印指定图纸尺寸的页边距内的所有内容,其原点从布局中的 0,0 点计算得出。

b.【范围】选项:打印包含对象的图形的部分当前空间。

c.【显示】选项：打印选定的"模型"选项卡当前视口中的视图或布局中的当前图纸空间视图。

d.【窗口】选项：打印指定的图形的任何部分。如果选择"窗口"选项，则"窗口"按钮成为可用按钮。选择"窗口"按钮，使用定点设备指定要打印区域的两个角点或输入坐标值。提示如下：

> 指定第一个角点：（指定第一个对角点）
> 指定另一个角点：（指定第二个对角点）

该命令在非按比例出图时经常使用。

⑦【打印比例】选区用于控制图形单位对于打印单位的相对尺寸。打印布局时，默认缩放比例设置为 1:1。打印"模型"选项卡时默认的比例设置为"按图纸空间缩放"。如果选择标准比例，比例值将显示在"自定义"中，如果在【打印区域】选区中指定【布局】选项，AutoCAD 2016 将按布局的实际尺寸打印而忽略在【比例】中指定的设置。其中的【缩放线宽】复选框用于设置与打印比例成正比缩放线宽。通常，线宽用于指定打印对象的线的宽度并按线宽尺寸进行打印，而与打印比例无关。

⑧【打印偏移】选区用于指定打印区域相对于图纸左下角的偏移量。在布局中，指定打印区域的左下角位于图纸的左下页边距。可输入正值或负值以偏离打印原点。图纸中的打印单位为英寸或毫米。

【居中打印】复选框：自动计算 X 和 Y 偏移值，将打印图形置于图纸正中间。

【X】和【Y】对话框：用于指定打印原点在 X 和 Y 方向的偏移量。

⑨选择【预览】，就可以按图纸中即将打印出的图形样式显示图形。

⑩单击【确定】按钮，AutoCAD 2016 将开始输出图形并动态显示绘图进度。如果图形输出时出现错误或要中断绘图，可以按 Esc 键以结束图形的输出。

8.5 小结

本章主要内容总结如下。

（1）模型空间与图纸空间的基本概念与应用，以及相互转换的方法；利用快速查看工具查看图形及布局。

（2）创建布局的方法：LAYOUTWIZARD（利用布局向导创建）、LAYOUT → T（使用布局样板）、用【页面设置管理器】对话框创建、LAYOUT → N（用 LAYOUT 创建新布局）。

（3）浮动视口的使用，VPORTS（建立浮动视口）；编辑视口的方法：在【特性】对话框中修改视口的属性、VPCLIP 建立不规则的视口、MVSETUP 对齐视口中的图形对象、利用【图层特性管理器】修改视口图层。

（4）图纸的打印输出办法及其设置，可用 PLOT 命令。

第 9 章

AutoCAD 2016 设计中心的使用

AutoCAD 2016 的设计中心就像是一个控制中心,可以管理的图形资源包括块、外部参照、渲染的图像、字体、线型、图层等。而且除了本地计算机系统内部的资源外,还包括从 Internet 上下载的有关数据信息。

重复利用和共享图形内容是有效管理绘图项目的基础。创建块参照和附着外部参照有助于重复利用图形内容。使用 AutoCAD 2016 设计中心,可以管理块参照、外部参照、光栅图像以及来自其他源文件或应用程序的内容。不仅如此,如果同时打开多个图形,就可以在图形之间复制和粘贴内容(如图层定义)来简化绘图过程。

AutoCAD 2016 设计中心也提供了查看和重复利用图形的强大工具。用户可以浏览本地系统、网络驱动器,甚至从 Internet 上下载文件。

使用 AutoDesk 收藏夹(AutoCAD 2016 设计中心的缺省文件夹),不用一次次寻找经常使用的图形、文件夹和 Internet 地址,从而节省了时间。收藏夹汇集了指向不同位置的图形内容的快捷方式。例如,可以创建一个快捷方式,指向经常访问的网络文件夹。

使用 AutoCAD 2016 设计中心可以获得以下信息。

浏览不同图形内容。从经常打开的图形文件到网页上的符号库。

查看图形文件中的对象(例如块和图层)的定义,将对象插入、附着、复制和粘贴到当前图形中。

创建指向常用图形、文件夹和 Internet 地址的快捷方式。

在本地和网络驱动器上查找图形内容。例如,可以按照特定图层名称或上次保存图形的日期来搜索图形。找到图形后,可以将其加载到 AutoCAD 2016 设计中心,或直接拖放到当前图形中。

将图形文件(DWG)从控制板拖放到绘图区域中即可打开图形。

将光栅文件从控制板拖放到绘图区域中即可查看和附着光栅图像。

使用外部参照选项板操作能够将图形文件附着到当前文件中,并且能够对当前图形进行辅助说明或讲解。

附着 DWF 文件,该文件易于在网上发布和查看,并且支持实时平移和缩放,以及对图层显示和命名视图显示的控制。

附着 DGN 文件,该文件格式对精度、层数以及文件和单元的大小并不限制,另外,该文件中的数据都是经过快速优化、检验并压缩,有利于节省存储空间。

通过在大图标、小图标、列表和详细资料视图之间切换控制板的内容显示。也可以在控制板中显示预览图像和图形内容的说明文字。

9.1 设计中心的基本操作

9.1.1 设计中心的启动方法

使用 AutoCAD 2016 设计中心,无论定位和组织内容还是将其拖放到图形中都轻松自如。

可以使用 AutoCAD 2016 设计中心窗口中的窗格查看源中的内容项目。这个窗格称为控制板。导航窗格(又称为树状视图)显示内容源的层次结构。

1)激活设计中心的常用方法

(1)点击【标准】工具栏中的 图标。

(2)从功能区选项卡中【视图】|【选项板】控制台中 图标按钮。

(3)通过主菜单栏【工具】|【选项板】|【设计中心】选项。

(4)在命令行直接键入:ADCenter 或 ADC。

2)命令的使用

命令激活后,将打开【设计中心】对话框如图 9-1 所示,首次打开 AutoCAD 2016 设计中心时,它将显示在缺省位置上,即绘图区域左边的固定区域。

图 9-1 设计中心对话框

【设计中心】对话框主要包括了以下几个部分。

(1)树状视图:在对话框左侧的树状视图区,也称为导航窗格,用于显示计算机或网络驱动器中文件和文件夹的层次关系、打开的图形内容及自定义内容,还可以查看历史记录。

(2)顶部工具栏按钮:使用设计中心顶部的工具栏按钮可以访问树状图选项。

文件夹:显示计算机或网络驱动器(包括"我的电脑"和"网上邻居")中文件和文件夹的层次结构。

打开的图形:显示 AutoCAD 任务中当前打开的所有图形,包括最小化的图形。

历史记录:显示最近在设计中心打开文件的列表。

(3)内容区域:右边有显示树状视图区中当前选项中的内容的就是内容区域,显示内容包括文件夹、文件图形、图形中的命名对象(块、外部参照、布局、图层、标注样式和文字格式)、图像、基于 Web 的内容、由第三方开发的自定义内容等。

在内容区域中通过拖动、双击或单击右键并选择"插入为块""附着为外部参照"或"复制",可以在图形中插入块、填充图案或附着外部参照。可以通过拖动或单击右键向图形中添加其他内容(例如图层、标注样式和布局)。可以从设计中心将块和填充图案拖动到工具选项板中。

（4）浏览与说明窗口：位于内容窗口底下，可以显示在内容区域中选中单个图形、块、填充图案或外部参照的图形和说明信息。

（5）窗口顶部工具栏控制着树状图和内容区域的信息浏览和显示，各按钮说明如下。

加载：单击图标，将显示【加载】对话框标准文件选择对话框）（图 9-2）。使用【加载】浏览本地和网络驱动器或 Web 上的文件，然后选择内容加载到内容区域。

后退：返回到历史记录列表中最近一次的位置，也可以点击右侧向下的小三角，选择返回的位置。

前进：返回到历史记录列表中下一次的位置，也可以点击右侧向下的小三角，选择前进的位置。

上一级：显示当前容器的上一级容器的内容。

图 9-2 【加载】对话框

搜索：点击将显示搜索对话框，如图 9-3 所示，从中可以指定搜索条件以便在图形中查找图形、块和非图形对象，详见下面的介绍。

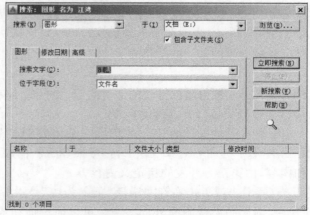

图 9-3 【搜索】对话框

收藏夹：点击后将在内容区域中显示"收藏夹"文件夹的内容。"收藏夹"文件夹包含经常访问项目的快捷键。要为"收藏夹"添加项目,可以在内容区域或树状图中的项目上单击右键,然后单击"添加到收藏夹"。要删除"收藏夹"中的项目,可以使用快捷菜单中的"组织收藏夹"选项,然后使用快捷菜单中的"刷新"选项。

🏠主页,点击此按钮,设计中心将自动返回到设计中心主页。安装时,默认主页文件夹被设置为 ...\Sample\DesignCenter。 可以使用树状图中的快捷菜单更改默认主页文件夹。

📇树状图切换:显示和隐藏树状图。如果绘图区域需要更多的空间,则应隐藏树状图。

📑预览:显示和隐藏内容区域窗格中选定项目的预览。如果选定项目没有保存的预览图像,"预览"区域将为空。

📄说明:显示和隐藏内容区域窗口中选定项目的文字说明。如果同时显示预览图像,文字说明将位于预览图像下面。如果选定项目没有保存的说明,"说明"区域将为空。

▦ ▾视图:为加载到内容区域中的内容提供不同的显示格式。可以从【视图】列表中选择一种视图,包括大图标、小图标、列表和详细信息等几种视图。

9.1.2 利用设计中心打开和查找内容

1)在设计中心中打开图形

要打开设计中心中的图形对象,可以执行下列操作之一。

(1)在设计中心内容区域中的图形图标上单击右键。单击快捷菜单中的【在应用程序窗口中打开】选项。

(2)按住 CTRL 键,同时将图形图标从设计中心内容区域拖动到绘图区域。

(3)将图形图标从设计中心内容区域拖动到应用程序窗口绘图区域以外的任何位置。(如果将图形图标拖动到绘图区域中,将在当前图形中创建块。)

2)查找文件

用 AutoCAD 2016 设计中心中的【搜索】功能不仅可以浏览【桌面】树状视图来定位文件,还可以搜索图形和其他内容(例如块和图层定义以及任意自定义内容)。在【查找】对话框中可以设置条件(如上次修改时间)来缩小搜索范围,或者搜索块定义说明中的文字和其他任何【图形属性】对话框中指定的字段。例如,如果不知道图形文件的名称,可以搜索在【模式】中输入的关键字。如果不记得将块保存在图形中还是保存为单独的图形,则可以搜索图形和块。

查找本地或网络驱动器上内容的步骤如下。

(1)选择 AutoCAD 2016 设计中心中的🔍按钮。

(2)在【搜索】对话框的【搜索】列表中选择要查找的内容类型(选项卡搜索字段随选择而变化)。

(3)选择【浏览】或输入搜索路径,指定开始搜索的位置。如果想搜索指定位置的所有层次,请选择【包含子文件夹】复选框。

(4)如果在【搜索】对象下拉框中选择了【图形】,则【搜索】对话框中包含 3 个选项卡。每个选项卡中包含不同的搜索条件,如图 9-4 所示。

【图形】:指定要搜索的名称或文字,并选择可用的字段。选项卡的名称表示在【名称】列表中指定的内容类型。例如,如果选择【图形】,则选项卡名称为【图形】,选择文件名或作者名参数有助于定位文件。

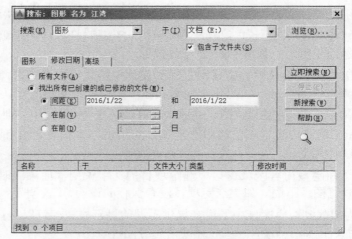

图 9-4　搜索图形对象时的【搜索】对话框

【修改日期】：指定文件创建或上一次修改的日期，或指定日期范围。缺省情况下 AutoCAD 不指定日期。

【高级】：指定其他搜索参数。例如，可以输入文字进行搜索，查找包含特定文字的块定义名称、属性或图形说明。还可以在该选项卡中指定搜索文件的大小范围。例如，如果选择【至少】并在【KB】框中输入 100，则 AutoCAD 2016 查找大小为 100KB 以上的文件。

定义查找时可以输入查找单词的全部或部分，也可以使用 * 和 ? 等标准通配符。

（5）如果在【名称】对话框中指定的不是图形文件，则【搜索】对话框显示下列选项卡中的一个。

①块：搜索块的名称。

②标注样式：搜索标注样式的名称。

③图形和块：搜索图形和块的名称。

④图层：搜索图层的名称。

⑤布局：搜索布局的名称。

⑥线型：搜索线型的名称。

⑦填充图案：搜索填充图案的名称。

⑧填充图案文件：【填充图案文件】（搜索填充图案文件的名称）、【修改日期】、【高级】。

⑨文字样式：搜索文字样式的名称。

⑩外部参照：搜索外部参照的名称。

⑪表格样式：搜索表格样式名称。

（6）选择【立即搜索】开始搜索。【搜索】对话框显示搜索结果。如果在搜索完成以前已经找到了所需的内容，可选择【停止】停止搜索，以节省时间。

（7）选择【新搜索】可以清除当前搜索，使用新条件进行新搜索。

（8）要重新使用搜索条件，单击搜索框旁边的箭头按钮显示搜索名称列表。可以从中选择以前定义的搜索条件。

快捷菜单：在树状视图或内容区域背景上单击右键，然后选择【搜索】。

在搜索结果列表中找到所需项目后，可以将其添加到打开的图形或内容区域中。方法可以选择以下的任意一种。

①将搜索结果列表中的项目拖动到内容区域中。

②双击搜索结果列表中的项目。

③在搜索结果列表中的项目上单击右键,然后选择【加载到内容区中】选项。

9.2 利用设计中心组织新图形

在 AutoCAD 2016 设计中心中,可以将内容区域中或【搜索】对话框中的内容直接拖放到打开的图形中,还可以将内容复制到剪贴板上,然后粘贴到图形中,从而很方便地完成组织新图形的任务。

9.2.1 以图块形式插入图形文件

用户可以利用设计中心将块定义插入到图形中,比如将一个图形文件以块的形式插入到当前的图形中,块定义被复制到图形数据库中,以后在该图形中插入的块实例都将参照该定义。在使用其他命令的过程中,不能向图形中添加块。每次只能插入或附着一个块。例如,当命令行上有处于活动状态的命令时,如果试图插入一个块,则图标会变为【禁止】,说明操作无效。

在 AutoCAD 2016 设计中心中可以使用以下两种方法插入块。

(1)按缺省缩放比例和旋转角度插入:通过自动缩放比较图形和块使用的单位,根据两者之间的比例来缩放块的实例。插入对象时,AutoCAD 2016 根据【图形单位】对话框中设定的【设计中心块的图形单位】值进行比例缩放。

> **注意**
>
> 将 AutoCAD 2016 设计中心中的块或图形拖放到当前图形时,如果自动进行比例缩放,则块中的标注值可能会失真。

按指定坐标、缩放比例和旋转角度插入:使用【插入】对话框指定选定块的插入参数,如图 9-5 所示。

按照缺省缩放比例和旋转插入块的步骤如下。

①在内容区域或【搜索】对话框中,用定点设备的右键把块拖到当前打开图形中。

②定点设备在图形上移动时,对象自动按比例缩放和显示。同时还显示用户的运行对象捕捉设置点,以便根据现有几何图形确定块的位置。

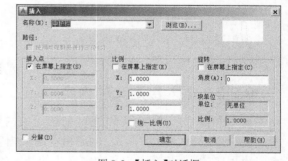

图 9-5 【插入】对话框

③在要放置块的位置松开定点设备按钮,按照缺省的缩放比例和旋转插入块。

(2)按照指定坐标、缩放比例和旋转插入块的步骤

①在内容区域或【搜索】对话框中选择要插入的块,并用右键拖到当前打开图形中。

②松开定点设备按钮,然后从快捷菜单中选择【插入块】。

③在【插入】对话框中,输入【插入点】、【比例】、【旋转】的值,或选择【在屏幕上指定】。

④要将块分解为组成对象,请选择【分解】。

⑤选择【确定】按指定的参数插入块。也可以通过双击一个块或从快捷菜单中选择【插入块】把块插入图形中。

例如:在一个新建图形中插入之前已经编辑好的签名图块,可在设计中心的内容区内打开已经调入到设计中心的图块,右键进行编辑操作,具体步骤如图9-6所示。

图9-6 通过设计中心调取图块

①依次单击"视图"选项卡 →"选项板"面板→"设计中心"。

②在设计中心内容区中的块上单击鼠标右键,然后选择"块编辑器"。

9.2.2 在图形之间复制块

使用设计中心浏览定位要复制的块,单击右键,在弹出的菜单内选择【复制】就可以将块复制到剪贴板,然后可以粘贴到图形中。

9.2.3 插入自定义的内容

与块和图形一样,也可以通过把选定的内容从内容区域拖到 AutoCAD 2016 绘图区域将线型、标注样式、文字样式、布局和自定义内容添加到打开的图形中。根据生成自定义内容应用程序的不同,随自定义内容产生的情况(例如 AutoCAD 2016 提示)也有所不同。

9.2.4 在图形之间复制图层

用 AutoCAD 2016 设计中心可以通过拖放操作在所有图形之间复制图层。例如,如果一个图形中包含了项目所需的所有标准图层,则可以创建一个新图形,通过 AutoCAD 2016 设计中心将预定义图层拖动到新图形。这样不仅可以节省时间,还可以保证图形之间的一致性。

在拖放图层到 AutoCAD 2016 设计中心之前,要保证复制图层名称的唯一性。

(1)将图层拖动到打开的图形的步骤:

①确认包含要复制的图层的图形已经打开并置为当前。

②在内容区域或【搜索】对话框中选择一个或多个要复制的图层。

③将图层拖放到打开的图形中,然后松开定点设备按钮。

(2)选定的图层将复制到打开的图形中,将图层复制并粘贴到打开的图形的步骤:

①确认包含要复制的图层的图形已经打开并置为当前。

②在内容区域或【搜索】对话框中选择一个或多个要复制的图层。

③单击右键,然后选择【复制】。

④粘贴层时,请确认当前图形是粘贴的目标,然后单击右键,选择【粘贴】。

9.2.5 附着光栅图像

AutoCAD 2016 除了可以打开 AutoCAD 2016 的 DWG 格式图形文件外,其他格式的图形图像也可以显示,JPG 格式的光栅图像就是其中的一种,用户可以使用设计中心把这种图像附着到当前图形中。可以在图形中插入光栅图像。光栅图像和外部参照类似,在插入时,可以指定坐标、缩放比例和旋转。

除了附着图像文件之外,还可以附着 DWF 文件及 DGN 文件,操作步骤与附着图像文件类似。

使用 AutoCAD 2016 设计中心附着光栅图像的步骤如下。

(1)从内容区域中将要附着的光栅图像文件的图标拖放到绘图区域中。

(2)输入插入点、缩放比例和旋转角度值。

快捷菜单为在图像文件上单击右键然后选择【附着图像】。

可以参照图像并将它们放在图形文件中,但与外部参照一样,它们不是图形文件的组成部分。图像通过路径名链接到图形文件,可随时修改或删除链接图像的路径。通过链接图像路径或使用 AutoCAD 2016 设计中心拖动图像附着图像可将图像放入图形。

一旦附着了图像,可以像块一样将它多次附着。每个插入的图像都有自己的剪裁边界、亮度、对比度、褪色度和透明度。附着图像时,可以指定光栅图像的比例因子,以使图像几何比例与 AutoCAD 2016 图形的几何比例一致。AutoCAD 2016 会按指定的比例因子缩放图形。缺省图像比例因子为 1,并且所有图像的缺省单位都是【无单位】。图像文件可包含用于定义 DPI(点/英寸)的分辨率信息,其与图像扫描有关。

如果图像有分辨率信息,AutoCAD 2016 将它与比例因子和图形测量单位组合起来缩放图形中的图像。例如,如果光栅图像是扫描的蓝图,其比例为 1in ∶ 50ft 或 1 ∶ 600,而且 AutoCAD 2016 图形设置为 1 个单位代表 1in,然后在【图像】对话框的【比例】下,选择【在屏幕上指定】。如果要比例缩放图像,清除【在屏幕上指定】选项,然后在【比例】中输入 600。AutoCAD 2016 将按比例附着图像,这个比例将使图像中的几何图形与图形中的几何图形比较相称。

如果附着图像文件中没有分辨率信息定义,AutoCAD 将计算图像的原始宽度,把它作为一个单位。附着图像之后,以 AutoCAD 2016 单位测量的图像宽度将用作比例因子。

9.2.6 应用设计中心制图的实例 --

下面通过一个具体实例讲述如何使用设计中心便捷绘图。例如,为一个新建的如图 9-7 所示的矩形标注几何尺寸。

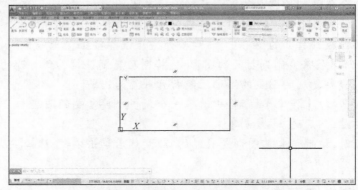

图 9-7 绘制 200×100 的矩形

(1)首先绘制一长 200,高 100 的矩形。

命令: RECTANG
指定第一个角点或 [倒角(C)/标高(E)/圆角(F)/厚度(T)/宽度(W)]: 0,0
指定另一个角点或 [面积(A)/尺寸(D)/旋转(R)]: @200,100

(2)打开设计中心,查看标注样式。

按 <Ctrl> +2,打开如图 9-8 所示的设计中心,点击 "打开的图形" 菜单栏,点击 "标注样式" 查看当前图形的标注样式。

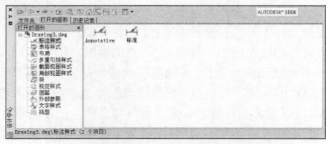

图 9-8 通过设计中心查看图形的标注样式

(3)通过设计中心的"文件夹",打开以前绘制的图形(图 9-9)。

图 9-9 通过设计中心文件夹打开参照图形

（4）查看参照图形并添加标注样式。

点击竖向文件夹列表中的标注样式，将在内容窗口显示参照图形的所有标注样式，如图9-10所示，选择需要的标注样式右键添加标注样式。

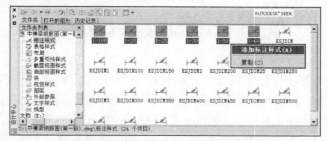

图 9-10　打开文件夹参照图形的标注样式并选择需要添加的标注样式

（5）点击"打开的图形"可看到如图 9-11 所示增加的尺寸标注样式。

图 9-11　新图形文件增加了标注样式

选择当前标注样式"1∶100"对矩形进行标注，完成标注后的图形如图 9-12 所示。

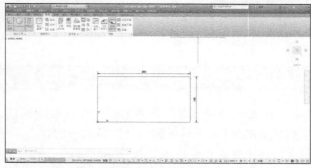

图 9-12　对矩形进行尺寸标注

9.3 小结

本章主要内容总结如下。

（1）AutoCAD 2016 设计中心的基本操作：ADCENTER（或 ADC，启动设计中心）以及设计中心窗口各图标的含义；利用设计中心打开和搜索内容的方法及步骤。

（2）利用 AutoCAD 2016 设计中心组织新图形的应用，包括以图块形式插入图形文件、在图形之间复制块、插入自定义内容、在图形之间复制图层、附着光栅图像、附着 DWF 文件、附着 DGN 文件及以动态块形式插入图形文件的使用方法及步骤。

第 10 章

斜拉桥桥型布置图绘制实例

结合前面所介绍的各种绘图以及修改编辑命令,用户已经能够胜任各种复杂 CAD 桥梁道路图形的绘制,接着需要做的就是绘图实战经验积累与融会贯通的工作,为了使读者能够更快地投入实际工程绘图工作,下面通过一个双塔斜拉桥桥型布置图(图 10-1)的绘制,希望读者从中能将本书的基本平面绘图内容复习一遍,同时能够熟悉工程绘图的基本思路。

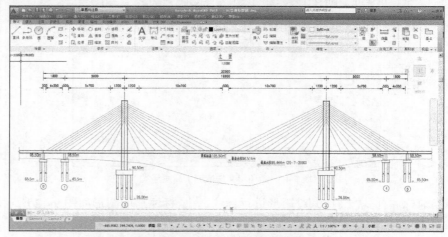

图 10-1　双塔斜拉桥桥型布置图图例

10.1　前期准备以及绘图设置

在绘图之前首先需要在头脑中形成对图形对象的一个比较清晰的认识,能基本知道其基本的形态,当然如果有现成的图纸,就首先读懂其中各部分的含义。这一步在绘图中非常重要,而且有助于在后面绘图中减少错误以及加快绘图速度。

接着应考虑好采用的绘图比例,使绘图对象与出图的图纸进行协调,并计算好各部分尺寸在缩放后的值,当然在很多的情况下,用户往往喜欢以 1∶1 的比例绘图,然后在出图时再考虑将图形缩放,不过此时要特别注意标注中数值的变化。

然后要考虑好坐标轴的放置位置,尽量方便绘图,将坐标原点放置于绘图的关键部位。

接着需要思考好从什么地方开始入手、各部分的画法以及图层的设置情况等信息。

最后就可以打开 CAD 开始绘图了。

结合本次绘图的对象,用户考虑采用 1∶1 绘图,首先绘制单个斜拉桥的图形即单塔桥型,然后通过镜像的方式来达到整个桥型的绘制。最后采用缩放的方式来符合用 A3 图纸图框的尺寸要求,最后用按比例出图方式进行打印出图。

绘图采用分部分绘图的方式进行,大致上包含了主塔、主梁、斜拉索、边墩、水准标尺、地平线及地质说明、标注及文字说明等几大部分。

下面开始进行绘图的实际操作。

打开 AutoCAD 2016 应用程序，按默认的模板进入程序的缺省图样，此时图名为默认的 Drawing1.dwg，为了以后的保存方便将图形以自己的名称保存于一个文件夹中，如图 10-2 所示。

图 10-2　新建并保存图形

为了以后的绘图以及修改的方便需要设置好图层并进行线型设置，点击图层特性管理器按钮，打开【图层特性管理器】对话框，可见其中只有默认的 0 号图层，点击【新建】命令，在其中的名称栏中输入相应的部分名称，根据需要可建立主塔、主梁、斜拉索、边墩、标注、承台、中心线、辅助线、桩等几个图层。其中将【中心线】图层的线型修改为【Center】线型、颜色设置为红色，将【标注】图层颜色设置为白色，将【承台】图层颜色设置为红色，线型设置为【Dashed】线型。将【图框】图层颜色设置为白色，将【斜拉索】图层的颜色改为红色，如图 10-3 所示。

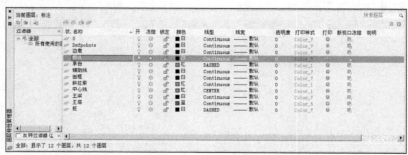

图 10-3　图层的设置

设置好图层后，需要设定线型比例，比例的设定可通过如图 10-4 所示的菜单操作步骤完成，或者通过在命令行中输入命令完成。

```
命令: LTSCALE
输入新线型比例因子 <1.0000>: 0.1
正在重生成模型。
```

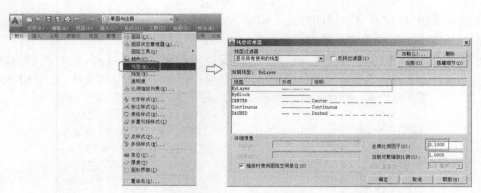

图 10-4　线型比例的设置

10.2 主梁的绘制

设置好图层以后,就可以进行实际的绘图工作了,根据实际的图形对象的特点,先绘制半桥的主梁,考虑将坐标原点放在左主塔中心线与桥面线的交点 O 上。以顺桥向为 X 轴,竖向为 Y 轴,采用米制单位进行绘图。

首先绘制主塔的中心线,用直线命令进行绘制,命令流如下。

```
命令: line
指定第一点: 0,77 (指定中心线上界)
指定下一点或 [放弃(U)]: 0,0 (塔中心线与主梁顶部线的交点)
指定下一点或 [放弃(U)]: 0,-29 (指定中心线的下界)
指定下一点或 [闭合(C)/放弃(U)]: (回车确认绘制完成)
```

绘制完直线后,将直线定义为【中心线】图层,方法为选中绘制好的直线,在图层工具栏的下拉框中选中【中心线】层即可。完成后的图形如图 10-5 所示。

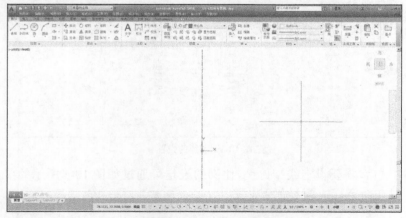

图 10-5　绘制中心线

再在【主梁】图层中绘制主梁的桥面线,首先绘制半中跨线,后绘制边跨的部分。命令流如下。

```
命令: line
指定第一点: end        于              (点击坐标原点,即 0,0 点)
指定下一点或 [放弃(U)]: @130,1.95 (指定桥梁中心点)
指定下一点或 [放弃(U)]:(回车确认)
命令: line
指定第一点: end        于              (点击坐标原点,即 0,0 点)
指定下一点或 [放弃(U)]: @-112,-1.68   (边墩中心线位置)
指定下一点或 [放弃(U)]: @-0.3,-0.0045 (引桥主梁与边跨主梁交线位置)
指定下一点或 [放弃(U)]: @-14,-0.21 (左侧引桥主梁截断线位置)
指定下一点或 [放弃(U)]:(回车确认)
```

绘制后图形如图 10-6 所示。

图 10-6   主梁顶面线的绘制

绘制主梁的底面线,采用偏移命令 OFFSET,因为主梁梁高为 2.9m,设置偏移为 2.9m,先将主梁部分进行偏移(不将边主梁与引桥短直线以及引桥主梁偏移,以利于后面的边墩处的细部绘制)。命令流及说明如下。

```
命令: offset
指定偏移距离或 [通过(T)/删除(E)/图层(L)] <通过>: 2.9
选择要偏移的对象,或[退出(E)/放弃(U)] <退出>:(选择中主梁上顶面线)
指定要偏移的那一侧上的点,或[退出(E)/多个(M)/放弃(U)] <退出>:(在该直线的
下部点击)
选择要偏移的对象,或 [退出(E)/放弃(U)] <退出>:(选择边主梁上顶面线)
指定要偏移的那一侧上的点:(在该直线的下部点击)
选择要偏移的对象,或[退出(E)/放弃(U)] <退出>:(回车确认退出)
```

完成以上步骤后的图形如图 10-7 所示。
再对边主梁与连接线主梁接头构造作细部的绘制,命令流与说明如下。

```
命令: line
```

指定第一点：from

基点： （指定边跨主梁桥面的端点 1 ）

< 偏移 >：@4,0.06（指定边跨的外侧斜拉索拉索点）

指定下一点或 [放弃(U)]：@0,-2.9（作辅助线到下底面相应点）

指定下一点或 [放弃(U)]：@-0.5435,-0.0101525（指定其延伸部分）

指定下一点或 [闭合(C) / 放弃(U)]：@-1.75,-1.22（指定下倒角点）

指定下一点或 [闭合(C) / 放弃(U)]：@-3.5,0 （指定主梁右下接头位）

指定下一点或 [闭合(C) / 放弃(U)]：@0,1.1409 （指定主梁上左倒角位）

指定下一点或 [闭合(C) / 放弃(U)]：@1.4935,0 （指定主梁右倒角位）

指定下一点或 [闭合(C) / 放弃(U)]：end

于 （指定引桥主梁桥面线与边跨主梁桥面线的交点位置）

指定下一点或 [闭合(C) / 放弃(U)]:(回车确认)

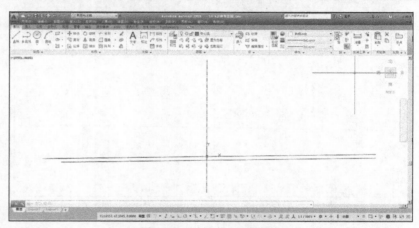

图 10-7 绘制主梁下底板边线

做完细部构造后的图示如图 10-8 所示。

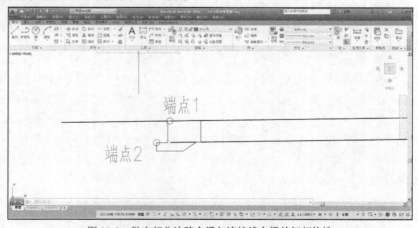

图 10-8 做完部分边跨主梁与连接线主梁的细部构造

在接着做出引桥主梁的其余部分梁底线，命令说明如下。

```
命令：line
指定第一点：end        于      （点击指定主梁上左倒角位）
指定下一点或［放弃（U）］：@-12.5065,-0.1875975（指定右侧的主梁底线）
指定下一点或［放弃（U）］:（回车确认）
```

完成后的图示见图 10-9。

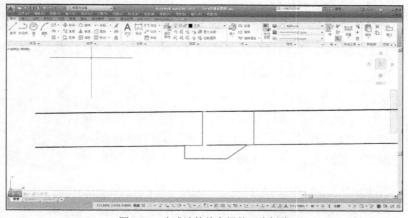

图 10-9　完成连接线主梁的下底板线

　　做完以上的边跨主梁与连接线的接头细部绘制以后，可以将其中的辅助线以及多余线段都删去，先运用剪切命令，将主梁的多余部分截去，再将前面所作的辅助线删去即可，完成后的图形如图 10-10 所示。

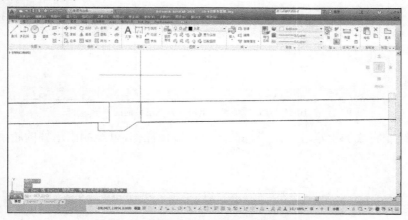

图 10-10　完成边主梁与连接线主梁的接头部位

　　完成整半个桥主梁的绘制后，将部分的线段都设置为【主梁】图层，颜色以及属性按默认的随层。

10.3 主塔的绘制

　　下面开始绘制主塔部分，先作上塔柱垂直部分，考虑作一半，再用镜像命令，命令流及说明如下。

```
命令: line
指定第一点: from
基点: 0,0                 (指定原点为基点)
<偏移>: @3,-1.4437       (指定上塔柱的下起点作为直线起点)
指定下一点或 [放弃(U)]: @0,72.5     (指定塔顶的右角)
指定下一点或 [放弃(U)]: @-3,0        (指定塔顶的中心)
指定下一点或 [闭合(C)/放弃(U)]: (回车确认)
```

再接着进行下塔柱的绘制,同样只进行右半个的绘制,命令与说明如下:

```
命令: line
指定第一点: end
于                      (指定前面直线绘制的起点,即下塔柱与上塔柱的交点)
指定下一点或 [放弃(U)]: @2,-20.871 (指定下塔柱与承台交点)
指定下一点或 [放弃(U)]: (回车确认)
```

绘制完成后的图形如图 10-11 所示。

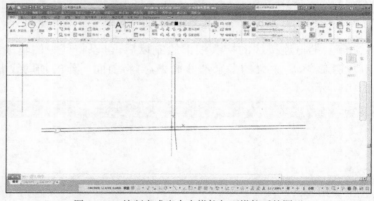

图 10-11　绘制完成半个上塔柱与下塔柱后的图形

将以上绘制完成的上塔柱与下塔柱图形进行镜像操作,以绘制出塔柱的轮廓线,命令与说明如下。

```
命令: mirror
选择对象: 找到 1 个(选择上塔柱竖线)
选择对象: 找到 1 个,总计 2 个(选择上塔柱顶部线)
选择对象: 找到 1 个,总计 3 个(选择下塔柱线)
选择对象:    (回车确认)
指定镜像线的第一点: end
于(选择中心线的上端点)
指定镜像线的第二点: end
于(选择中心线的下端点)
要删除源对象吗? [是(Y)/否(N)] <N>:(回车以确认不删除源对象)
```

完成后图形如图 10-12 所示。

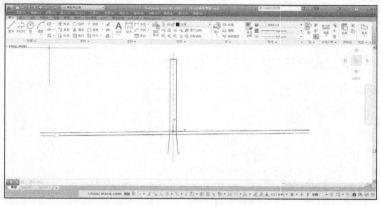

图 10-12　完成半塔柱的镜像操作

下面进行承台的绘制,采用矩形绘制命令,命令流以及说明如下。

```
命令: rectang
指定第一个角点或［倒角(C)/标高(E)/圆角(F)/厚度(T)/宽度(W)］: from
基点: end
于　　　　　　　（选择下塔柱与承台左交点）
<偏移>: @-3,0
指定另一个角点或［面积(A)/尺寸(D)/旋转(R)］: @16,-6
```

绘制完成后的承台图形如图 10-13 所示。

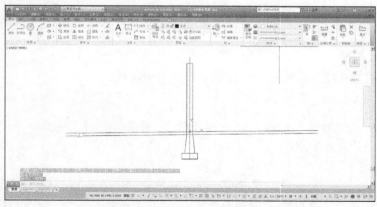

图 10-13　绘制完承台以后的图形

下面开始桩柱的绘制,考虑采用先绘制单根桩柱,再采用阵列命令完成整个桩柱的绘制,下面先进行单个桩柱的绘制。

```
命令: line
指定第一点: from
基点: end
于　　　　　　　　（指定基点为承台的左下角）
```

```
< 偏移 >: @1,0     （绘制桩柱的上起点位置）
指定下一点或［放弃(U)］: @0,-15   （指定上端点位置）
指定下一点或［放弃(U)］:（回车确认）
```

下面进行端点底下部分桩柱的绘制,同样只进行单线绘制。

```
命令: line
指定第一点: from
基点: end
于          （指定前面绘制的端点）
< 偏移 >: @0,-0.6  （指定下部分桩柱的起点）
指定下一点或［放弃(U)］: @0,-12（指定桩柱左底部点）
指定下一点或［放弃(U)］:（回车确认）
```

绘制完成后的局部图形如图 10-14 所示。

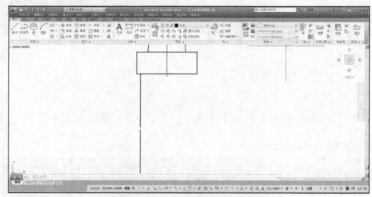

图 10-14 绘制完单个桩柱部分轮廓线

对前面绘制的桩柱左轮廓线进行复制以得到右轮廓线。

```
命令: copy
选择对象: 指定对角点: 找到 2 个（选择前面所绘制的桩柱轮廓线）
选择对象:  （回车确认）
指定基点或[位移(D) / 模式(O)]< 位移 >: end
于                    （指定桩柱本身与承台交点为基点）
指定第二个点或 < 使用第一个点作为位移 >: @2,0（指定移动的第二点即桩柱的右上端点）
指定第二个点或[退出(E) / 放弃(U)]< 退出 >:  （回车退出）
```

再用直线命令对桩柱底部两端点进行连线,完成图形如图 10-15 所示。

接着进行桩柱截断线的绘制,因为比较细致,所以建议将图形放大以方便绘图。使用圆弧分段进行绘制(当然也可以用样条曲线拟合多段线的方法进行粗略绘制),绘制过程如下。

```
命令: arc
指定圆弧的起点或［圆心(C)］: c
```

指定圆弧的圆心：from

基点：end

于 （指定上左截段点为基点）

<偏移>：@0.5,0.65（指定圆弧的圆心）

指定圆弧的起点：end

于 （指定上左截段点）

指定圆弧的端点(按住 Ctrl 键以切换方向)或 [角度(A)/弦长(L)]：from

基点： （指定上左截段点为基点）

<偏移>：@1,0（指定圆弧的第二个端点，即为桩柱截断截面的中心点）

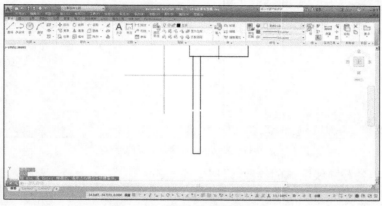

图 10-15　绘制完基本的外轮廓线

绘制完成后的局部图形如图 10-16 所示。

图 10-16　绘制好部分截断线

再对以上的部分截断线进行复制操作就可以得到右半部分的一条截断线。

命令：copy

选择对象：找到 1 个(选择绘制好的左半部分截断圆弧线)

选择对象： （回车确认）

当前设置： 复制模式 = 多个

指定基点或[位移(D) / 模式(O)] < 位移 >: end
于　　　　　　（指定圆弧的右端点为基点）
指定第二个点或 < 使用第一个点作为位移 >: end
于　　　　　　（指定右端上截段点）
指定第二个点或[退出(E) / 放弃(U)] < 退出 >:（回车退出）

完成后的图形如图 10-17 所示。

图 10-17　复制完成右半各圆弧的绘制

再进行右半各截断线圆弧的绘制,采用镜像操作。

命令: mirror
选择对象: 找到 1 个(选择右半个截断线圆弧)
选择对象:（回车确认)
指定镜像线的第一点: end　　　　于　　（选择右半圆弧的右端点）
指定镜像线的第二点: end　　　　于　　（选择右半圆弧的左端点）
要删除源对象吗?［ 是(Y) / 否(N)] <N>:（回车确认不删除源对象）

完成后的图形如图 10-18 所示。

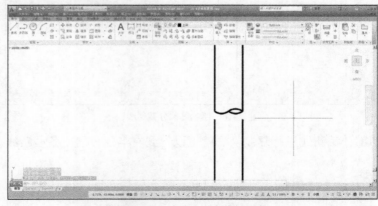

图 10-18　完成上半个截断面线

下半截断线的绘制,基本方法同以上的绘制过程,当然还可以分部分复制前面的做完的上部分的截断线,即将上截面右边的圆弧截断面线复制到下边的左半边,将上截面的左半截面复制到下右半截面将就可以了,完成后的图形如图 10-19 所示。

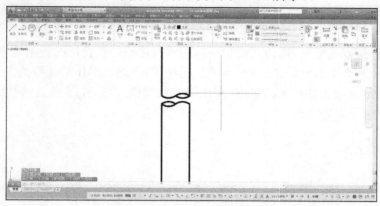

图 10-19　完成上下两个截断面线

以上就有绘制完成单个桩柱的绘制,再进行阵列 Array 命令,完成这个塔柱的 4 个桩柱的绘制,过程如下。

命令:ARRAYRECT
选择对象:指定对角点:找到 13 个　　(选择已经画好的单个桩柱)
选择对象:(回车确认)
类型 = 矩形　关联 = 否
选择夹点以编辑阵列或 [关联(AS)/基点(B)/计数(COU)/间距(S)/列数(COL)/行数(R)/层数(L)/退出(X)] <退出>: cou　　　(计数)
输入列数数或 [表达式(E)] <4>:4　(4 列)
输入行数数或 [表达式(E)] <3>: 1　(1 行)
选择夹点以编辑阵列或 [关联(AS)/基点(B)/计数(COU)/间距(S)/列数(COL)/行数(R)/层数(L)/退出(X)] <退出>: s (间距)
指定列之间的距离或 [单位单元(U)] <3.0000>: 4　(输入列间距 4,回车确认退出)

完成后的图形如图 10-20 所示。

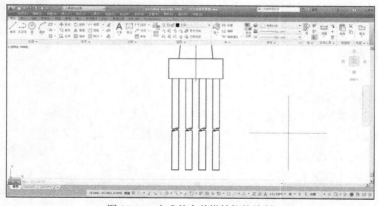

图 10-20　完成整个单塔桩柱的绘制

这样就绘制完成整个主塔,其图层的属性设置为【主塔】层,方法同前。

10.4 斜拉索的绘制

下面进行斜拉索的绘制,因为此斜拉桥的中跨与边跨的斜拉桥的拉索是不同的,所以还不能直接用镜像命令来简化绘图过程,为了方便作图,考虑采用作辅助线的方法来确定拉索点的位置,先确定主梁上的拉索点位置,用绘制辅助线的方法,先通过坐标原点 O 绘制一条辅助线,可以参考下面的示例。

```
命令: line
指定第一点: from
基点: end
于                        (指定坐标原点为基点)
<偏移>: @0,5        (指定辅助线上端点)
指定下一点或[放弃(U)]: @0,-13    (指定辅助线下端点)
指定下一点或[放弃(U)]:(回车确认)
```

完成塔中心处的辅助线后,再进行偏移 OFFSET 命令,将画出的辅助线进行偏移,以得到拉索点的位置,偏移的位置根据图 10-1 中标注的值进行选取,对中跨,第一拉索点离塔柱中心的距离为 16m,所以绘制如下。

```
命令: offset
当前设置:  删除源=否    图层=源    OFFSETGAPTYPE=0
指定偏移距离或[通过(T)/删除(E)/图层(L)]<通过>: 16(指定偏移的数值)
选择要偏移的对象,或[退出(E)/放弃(U)]<退出>:(选择塔中心绘制的辅助线)
指定要偏移的那一侧上的点,或[退出(E)/多个(M)/放弃(U)]<退出>:(在中跨处任意点击)
选择要偏移的对象或[退出(E)/放弃(U)]<退出>:    (回车确认退出)
```

以后主梁上的拉索点之间的间距都是 8m,可以用阵列 ARRAY 命令。
过程如下:

```
命令: arrayrect
选择对象: 找到 1 个(选择已经画好偏移后的辅助线)
选择对象:
类型=矩形   关联=否
选择夹点以编辑阵列或[关联(AS)/基点(B)/计数(COU)/间距(S)/列数(COL)/行数(R)/层数(L)/退出(X)]<退出>: cou   (计数)
输入列数数或[表达式(E)]<4>: 15
输入行数数或[表达式(E)]<3>: 1
选择夹点以编辑阵列或[关联(AS)/基点(B)/计数(COU)/间距(S)/列数(COL)/行数(R)/层数(L)/退出(X)]<退出>: s      (间距)
```

指定列之间的距离或［单位单元(U)］<1.0000>: 8

指定行之间的距离 <19.5000>:

选择夹点以编辑阵列或［关联(AS)/基点(B)/计数(COU)/间距(S)/列数(COL)/
行数(R)/层数(L)/退出(X)］<退出>: （回车确认退出）

完成中跨辅助线后的图形如图 10-21 所示。

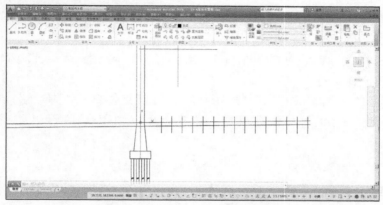

图 10-21　完成中跨上的拉索点辅助线的绘制

接下来进行边跨的拉索点辅助线的绘制，方法同前，只是间距不同而已，其中靠近主塔
拉索点的间距为 16m，向外分别是 9 个 8 m 间距的拉索和 6 个 4 m 间距的拉索，在此不详细
介绍其绘制过程，完成后的图形如图 10-22 所示。

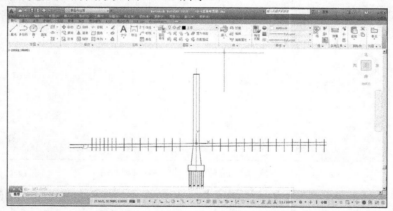

图 10-22　绘制完成整个主梁吊索辅助线

接着开始进行主塔上拉索点辅助线的绘制，首先作通过塔顶平面的一条辅助线，可参考
以下的作法。

命令: line
指定第一点: from
基点: end
于　　　　　　　　（选择塔顶左端点）
<偏移>: @-3.5,0 （指定辅助线左端点）

指定下一点或［放弃（U）］：@13,0 （指定辅助线右端点）

指定下一点或［放弃（U）］:（回车确认）

接着就可以对这条辅助线进行偏移命令，已达到得到拉索点定位的目的，因为上下的拉索点间距不同，所以不能运用阵列 ARRAY 命令，只能直接用偏移命令得到这些拉索点的位置。

命令：offset

当前设置： 删除源＝否 图层＝源 OFFSETGAPTYPE=0

指定偏移距离或［通过（T）/删除（E）/图层（L）]<16.0000>: 3.8889（指定第一个拉索点与塔顶的间距）

选择要偏移的对象，或[退出（E）/放弃（U）]< 退出 >:（选择塔顶的辅助线）

指定要偏移的那一侧上的点，或[退出（E）/多个（M）/放弃（U）]< 退出 >:（在塔顶往下任意处点击即可）

选择要偏移的对象，或[退出（E）/放弃（U）]< 退出 >:（回车确认）

后面的辅助线的绘制同上，只是拉索点间距作相应的修改即可，往下的拉索点间距分别为 1.5294、1.5317、1.5344、1.5374、1.6390、2.1485、2.1834、2.2324、2.3038、2.4143、3.0568、3.3750、4.4075、6.1750（m），绘制完成后的图形如图 10-23 所示。

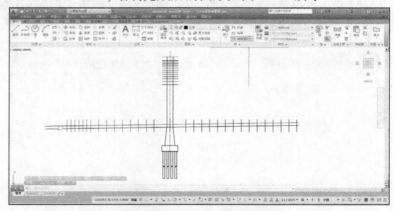

图 10-23 绘制完成主塔上的拉索点辅助线

经过以上的辅助线绘制，主梁上以及主塔上的拉索点已经全部绘制完成，所以可以进行斜拉索的绘制工作，用户只需将主塔的拉索点与主梁上的相应拉索点连接起来，以中跨为例，先用直线将中跨主梁跨中位置的拉索点（辅助线与主梁上顶面的交点）与主塔上的相应拉索点（主塔右轮廓线与靠近塔顶的第一根辅助线的交点）连接就可以了。过程如下。

命令：line

指定第一点：int   于   （选择塔柱右侧的第一个拉索点）

指定下一点或［放弃（U）］：int   于   （选择中跨主梁的跨中的拉索点）

指定下一点或［放弃（U）］:（回车确认）

绘制完成的图形如图 10-24 所示。

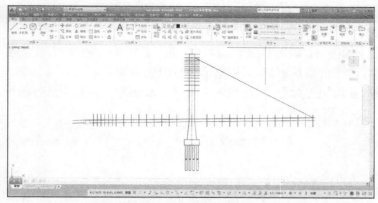

图 10-24　绘制完中跨最外侧的斜拉索

　　其他的斜拉索的绘制类似于前面，用户只需要注意不要连接错误就可以了，当然为绘图方便可将对象捕捉设置为只捕捉交点的模式。绘制完成后的图形如图 10-25 所示。

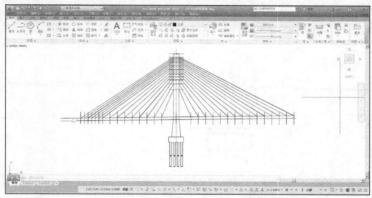

图 10-25　利用辅助线绘制完成所有的斜拉索的绘制

　　再将前面所作的辅助线删除即可，可采用快速选择命令，其操作过程如图 10-26 所示。命令行键入 QSELECT 命令，弹出"快速选择对话框"，然后选择全部当前图形，"对象类型"选择【直线】，"特性"选择【长度】，"运算符"选择【等于】，"值"填入 13，然后点击"确定"按钮，则长度为 13 的辅助线全部被选择，然后按删除 Delete 键，删除全部辅助线。

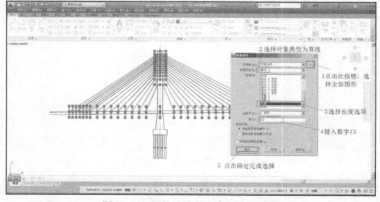

图 10-26　用快速选择命令删除辅助线

10.5 边墩的绘制

绘制完以上的图形后,就可以进行边墩的绘制,此时为方便绘图,就需要将边墩处的主梁局部位置放大,考虑边墩形态,多采用矩形命令绘制各部分。

先绘制支座,使用矩形命令,以边墩处主梁的下底面中心为基点进行绘图。

命令: rectang
指定第一个角点或［倒角(C)／标高(E)／圆角(F)／厚度(T)／宽度(W)］: from
基点: mid
于   (指定边墩处主梁的下底面中心)
<偏移>: @-0.6,-0.1437 (指定支座上左对角点)
指定另一个角点或［面积(A)／尺寸(D)／旋转(R)］: @1.2,-0.46 (指定支座下右对角点)

绘制完成的局部图形如图 10-27 所示。

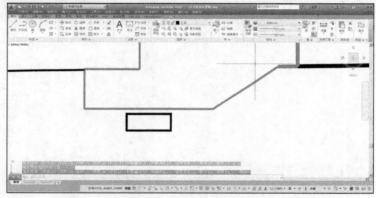

图 10-27　绘制完成边墩的支座

再用矩形命令绘制边墩的墩身,绘制完成的部分图形如图 10-28 所示,命令如下。

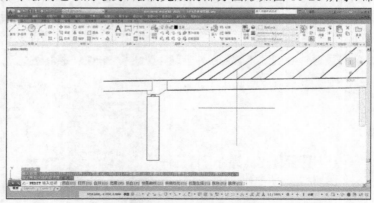

图 10-28　绘制完成边墩的墩柱

命令: rectang
指定第一个角点或［倒角(C)／标高(E)／圆角(F)／厚度(T)／宽度(W)］: from

基点：end

于　　　　　　　　　（选择支座左下角点）

＜偏移＞：@-1.15,0　（指定墩柱的左上端点）

指定另一个角点或[面积(A)/尺寸(D)/旋转(R)]：@3.5,-18.8　（指定墩柱的右下端点）

再继续用矩形命令绘制承台，绘制完成的图形如图 10-29 所示，命令如下。

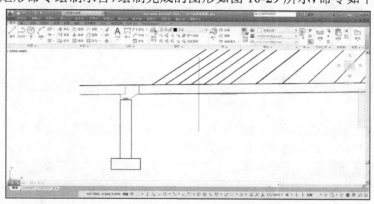

图 10-29　绘制完成边墩承台

命令：rectang

指定第一个角点或[倒角(C)/标高(E)/圆角(F)/厚度(T)/宽度(W)]：from

基点：end

于　　　　　　　　　（选择墩柱左下角点）

＜偏移＞：@-2.75,0（指定承台的左上端点）

指定另一个角点或[面积(A)/尺寸(D)/旋转(R)]：@9,-3.5（指定承台的右下端点）

下面开始绘制边墩的桩柱，可以采用绘制主塔桩柱的方法来进行绘制，但是比较繁琐，所以在此考虑复制后修改主塔桩柱的方式来简便绘制。因为边墩的桩柱比主塔的桩柱短，所以不能直接从主塔处复制过来用，但是因为其截断截面以下部分以及截断截面完全一致，所以只要修改上部的尺寸就可以了，方便的方法就是采用指定特定复制的基点就可以了。过程如下。

绘制完成后的图形如图 10-30 所示。

边墩的第二根桩柱的绘制可以采用以承台中心线为基线的镜像命令进行。

命令：mirror

选择对象：指定对角点：找到 13 个（选择绘制好的第一根边墩桩柱）

选择对象：（回车确认）

指定镜像线的第一点：mid

于　　　　（选择承台顶面线的中点）

指定镜像线的第二点：mid

于　　　　（选择承台底面线的中点）

要删除源对象吗？[是(Y)/否(N)]＜N＞：（回车确认不删除源对象）

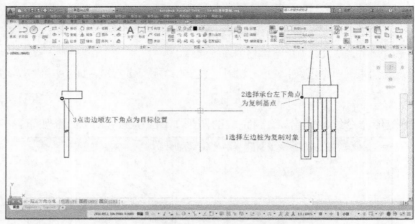

图 10-30　复制完第一根边墩桩柱

绘制完成边墩桩柱后,整个边墩图形就完成了,最后将边墩的所有对象设置为【边墩】图层,性质随层就可以了,最后图形如图 10-31 所示。

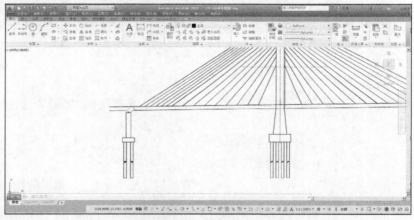

图 10-31　完成边墩绘制后的整个图形

10.6 整桥的绘制与标注

绘制完成半个桥型的绘制后,只要对半桥进行镜像操作,就可以得到整个桥型的图形,当然还需要对局部的图形进行修改。

下面先进行半桥镜像以得到整桥的草图,操作如下。

```
命令: mirror
选择对象: 指定对角点: 找到 136 个 (框选前面绘制完成的所有的图形对象)
选择对象: (回车确认)
指定镜像线的第一点: end
于                (选择跨中的上顶面点)
指定镜像线的第二点: @0,1 (任意指定与镜像第一点同在纵标上的点)
```

要删除源对象吗？〔是(Y) / 否(N)〕<N>：（回车确认不删除源对象）

绘制完成的图形如图 10-32 所示。

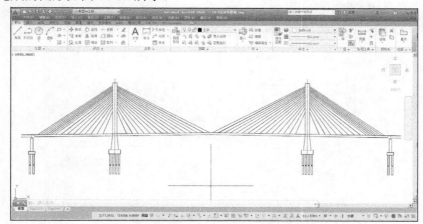

图 10-32　镜像复制绘制整桥

绘制完以上图形后，要进行必要的检查，特别是要注意镜像部位附近的图形是否合适，接下来，就可以进行图形的标注工作。

首先，建立标注的样式或直接在默认的标注样式上进行修改，在此考虑直接采用修改默认标注样式的方式进行，修改标注样式各选项卡如图 10-33 ～图 10-37 所示。

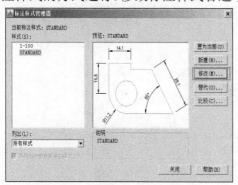

图 10-33　打开标注样式管理器（点击"修改"按钮）

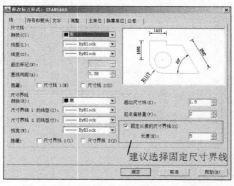

图 10-34　修改样式中的【线】选项卡设置

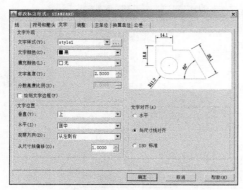

图 10-35　修改样式中的【文字】选项卡设置

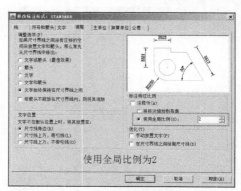

图 10-36　修改样式中的【调整】选项卡设置

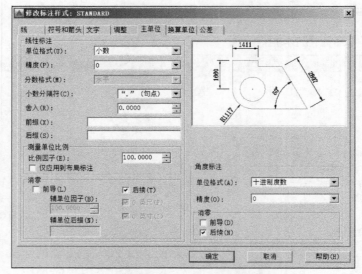

图 10-37　修改样式中的【主单位】选项卡设置

其中设置【文字】选项卡中的文字样式，如图 10-38 所示。

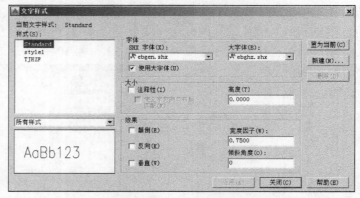

图 10-38　【文字样式】对话框设置

修改完标注的默认样式后，就可以进行标注了，标注方法可以先使用线性标注，后使用连续标注，标注过程在此不详细进行论述，标注采用厘米为单位进行，结果图形如图 10-39 所示。

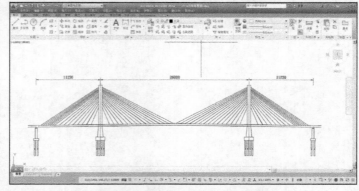

图 10-39　初步标注尺寸完成后的图形

因为标注中有一部分是要标示出部分文字,如边跨长度,如图 10-40 所示。

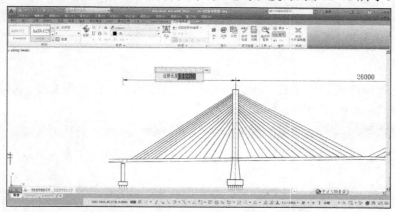

图 10-40 修改默认的尺寸值

其他的标注依据同样的方法进行修改,结果如图 10-41 所示。

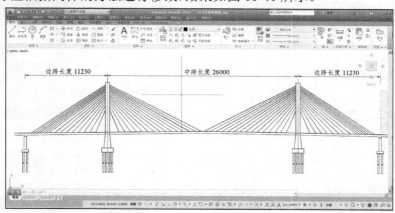

图 10-41 修改完标注后的图形

接着进行主梁截断线的绘制,运用多段线命令 PLINE,命令流如下。

```
命令: pline
指定起点: from
基点:                    (选择连接线左上顶面外侧点)
< 偏移 >: @0,10.28 (指定截断线的各个特征点,以下各点也同样)
当前线宽为 0.0000
指定下一个点或 [ 圆弧(A) / 半宽(H) / 长度(L) / 放弃(U) / 宽度(W)]: @0,-22.35
指定下一点或 [ 圆弧(A) / 闭合(C) / 半宽(H) / 长度(L) / 放弃(U) / 宽度(W)]:
@2.25,0
指定下一点或 [ 圆弧(A) / 闭合(C) / 半宽(H) / 长度(L) / 放弃(U) / 宽度(W)]:
@-4.5,-4.5
指定下一点或 [ 圆弧(A) / 闭合(C) / 半宽(H) / 长度(L) / 放弃(U) / 宽度(W)]:
@2.5,0
```

指定下一点或［圆弧（A）/闭合（C）/半宽（H）/长度（L）/放弃（U）/宽度（W）］:
@0,-19.5
　　指定下一点或［圆弧(A)/闭合(C)/半宽(H)/长度(L)/放弃(U)/宽度(W)］:(回车确认)

　　在对以上绘制的截断线进行以中跨中心线位镜像轴来进行镜像命令,就可以得到另外的一条截断线。结果如图 10-42 所示。

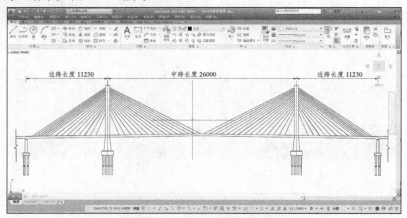

图 10-42　完成主梁截断线的绘制

　　接着再进行局部水准标高绘制,以中墩承台底部的标高绘制为例,先绘制其中的直线部分。

命令: line
指定第一点: from
基点: （指定承台的右下角点）
 <偏移>: @1,0 （指定直线的起点）
指定下一点或［放弃(U)］: @20,0（指定直线段的终点）
指定下一点或［放弃(U)］:（回车确认）

再接着绘制其中的水准标志三角形,采用等边多边形绘制 Polygon 命令:

命令: polygon
输入边的数目 <4>: 3 　（输入多边形的边数为 3）
指定正多边形的中心点或［边(E)］: e（采用指定边的形式来绘制）
指定边的第一个端点: from
基点: 　（指定前面绘制的直线的左端点）
<偏移>: @1.75,0 　（指定三角形边的第一个端点）
指定边的第二个端点: @3.8<60 　（指定三角形边的另外一个端点）

　　最后在直线上面放置水准线的高度标志文字,用单行文字输入命令 TEXT,在此输入"29.72",再进行必要的位置挪动就可以了,绘制完成的标注如图 10-43 所示。

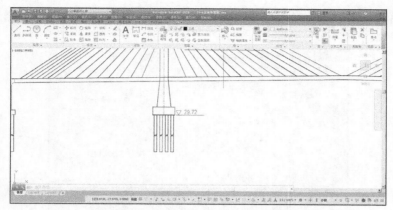

图 10-43　完成的单个水准高度的标注

　　绘制完一个水准标注后，其他的标注就可以采用基点复制的方法来完成，复制后修改其标注的文字就可以了，绘制后将所有的标注文字以及线段都分别设置为【标注文字】与【标注线】图层，所有的尺寸标注设置为【标注文字】层。绘图的最终结果如图 10-44 所示。

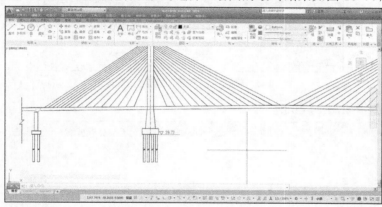

图 10-44　完成标注后的图形

10.7　高程标尺的绘制

　　以上已经将主桥的纵向图形以及其标注绘制完成，下面进行最后的高程标尺的绘制。

　　高程标尺的绘制先采用绘制单个标段（包括文字），再进行阵列复制，最后进行文字的修改即可。

　　首先，采用矩形命令作单个标段，再采用填充的方式来完成绘制。

```
命令: rectang
指定第一个角点或 [倒角(C)/标高(E)/圆角(F)/厚度(T)/宽度(W)]: from
基点: （指定左侧引桥主梁上截断点作为基点）
<偏移>: @-23.11,73.58 （指定矩形的一个角点）
指定另一个角点或 [面积(A)/尺寸(D)/旋转(R)]: @3.86,-20 （指定矩形的另一个
角点）
```

再接着将两段形成的矩形用直线分成 4 个矩形,再对左上矩形和右下矩形进行填充,使用的填充形式如图 10-45 所示。

图 10-45 【图案填充和渐变色】对话框设置

填充后的图示如图 10-46 所示。

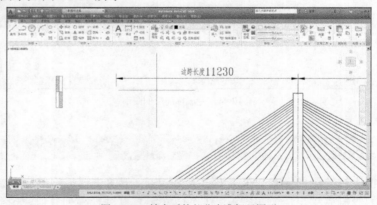

图 10-46 填充后的部分水准标尺图形

接着就可以进行标尺的文字输入,采用单行文字输入命令,字体样式采用默认样式进行,上部文字为"140",中部文字为"130",下部文字为"120"。输完后,适当调整文字的位置,使其形式美观,结果如图 10-47 所示。

再进行阵列命令,选择其中的所有标尺对象和底下的"130"和"120"文字作为阵列的对象,过程如下。

```
命令: arrayrect
选择对象: 找到 6 个(选择已经画好的标尺对象和底下的文字)
```

选择对象：（回车确认）

类型 = 矩形　关联 = 否

选择夹点以编辑阵列或［关联（AS）/基点（B）/计数（COU）/间距（S）/列数（COL）/行数（R）/层数（L）/退出（X）］<退出>：cou

输入列数数或［表达式（E）］<4>：1

输入行数数或［表达式（E）］<3>：7

选择夹点以编辑阵列或［关联（AS）/基点（B）/计数（COU）/间距（S）/列数（COL）/行数（R）/层数（L）/退出（X）］<退出>：s

指定列之间的距离或［单位单元（U）］<15.574>：

指定行之间的距离 <31.5613>：-20

选择夹点以编辑阵列或［关联（AS）/基点（B）/计数（COU）/间距（S）/列数（COL）/行数（R）/层数（L）/退出（X）］<退出>：（回车确认退出）

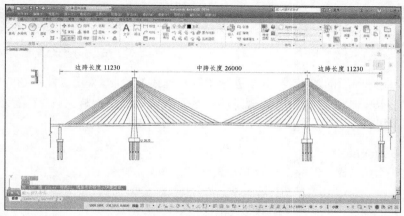

图 10-47　为部分标尺标注文字

确认后，可以得到全部的标尺的草图，再对其中的文字进行必要的编辑，就可以完成标尺的绘制，将绘制好的标尺图形设置为【标注线】图层，将标尺的文字设置为【标注文字】图层，结果如图 10-48 所示。

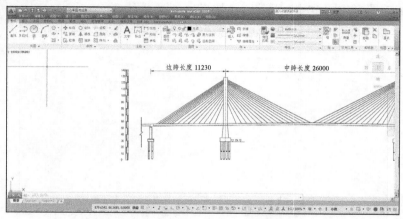

图 10-48　完成标尺绘制后的整图

10.8 图框的绘制与设定以及图形的后处理

完成以上的绘制工作后，图形的整体已经绘制完成，下面就进行图框的绘制与设定工作，在实际中采用 A1 纸打印，所以需要将图形放到 A1 的标准图框中。

可以采用直接在布局中创建新的布局形式，在其中添加图框块的形式达到创建图框的目的，具体做法可参见第 9 章中的相应介绍。但是这样创建的图形有一个缺点就是不是符合工程中常见的图纸图框的布局形式，在布局空间中修改又相对困难，所以可以直接采用创建图框的方式。因为采用的是 A1 图纸，并采用横向放置图纸，所以其尺寸为841mm×594mm，可以直接绘制此图框，方法是使用最简便的矩形命令，需要说明的是在此不直接在前面绘制的图形对象上绘制图框，而是先在和图形不相关的地方创建图框，以便于不影响图形本身，最后移动图框到图形的合适位置。

```
命令：rectang
指定第一个角点或 [倒角(C)/标高(E)/圆角(F)/厚度(T)/宽度(W)]:( 在图形的左侧合适的地方指定矩形的起点 )
指定另一个角点或 [尺寸(D)]: @841,-594 （指定矩形的另外一个角点）
```

以上就绘制好图纸的边界线，下面进行图纸图框线的绘制，采用《技术制图 图纸幅面和规格》（GB/T 1469—2008）中的有关规定的带装订线的图纸幅面样式，其中左边的距离两者为 25mm，上面和右面以及下面的距离都是 10mm，绘制过程如下。

```
命令：rectang
指定第一个角点或 [倒角(C)/标高(E)/圆角(F)/厚度(T)/宽度(W)]: from
基点：         （指定纸边界线的左上角为基点）
 <偏移>: @25,-10 （指定图框线的一个角点）
指定另一个角点或 [尺寸(D)]: from
基点：    （指定纸边界线的右下角为基点）
<偏移>: @-10,10（指定图框线的另一个角点）
```

绘制完成的图形如图 10-49 所示。

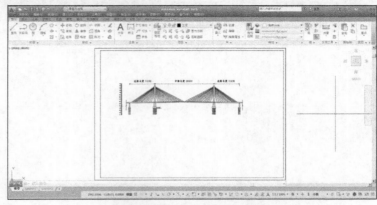

图 10-49 绘制完图纸边界线和图框线

接着进行标题栏的绘制,虽然标题栏的尺寸与内容有规定,但也不是强制的,所以在此采用比较合适的值来选取,采用高度为 25mm,横向间距从左至右依次采用 150mm、150mm、110mm、50mm 等值,具体采用直线,绘制过程略,最后将图框线以及标题栏线条都设置为 0.5mm 的粗线,采用 PEDIT 命令。

```
命令: pedit
选择多段线或［多条(M)］: m
选择对象: 指定对角点: 找到 14 个（选择图纸边界线中的线段对象）
选择对象:( 回车确认 )
是否将直线和圆弧转换为多段线？［是(Y)／否(N)］？ <Y> y（将对象转换成多段线）
输入选项［闭合(C)／打开(O)／合并(J)／宽度(W)／拟合(F)／样条曲线(S)／非曲线
化(D)／线型生成(L)／放弃(U)］: w （响应宽度选项）
    指定所有线段的新宽度: 0.5（输入新宽度值）
输入选项［闭合(C)／打开(O)／合并(J)／宽度(W)／拟合(F)／样条曲线(S)／非曲线
化(D)／线型生成(L)／放弃(U)］:( 回车确认 )
```

绘制完成的图框如图 10-50 所示。

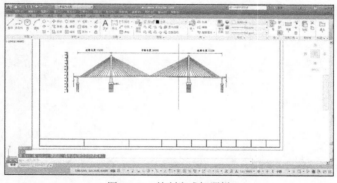

图 10-50　绘制完成标题栏

接着向标题栏中填充必要的文字,并将图纸边界线设置为【图纸边界线】图层,将图框线设置为【图框线】图层,将标题栏的线条设置为【图标题栏】图层,将标题栏设置为【标注文字】图层。结果如图 10-51 所示。

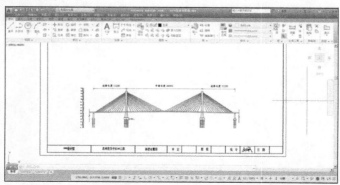

图 10-51　向标题栏中填充文字

以上就完成了一个斜拉桥桥型布置图的绘制,应该指出的是:在绘制过程中,本例采用的方法只是笔者习惯的方式,其他的方法还有很多,用户可以按照自己的思维习惯来绘制图形,只要绘出的图形能有足够的精度就可以了。实际上真正的斜拉桥方案布置图中还包括整桥的俯视图、地质状况、纵向坡度示意图以及主塔的各种图示等,在此因为篇幅的限制,不作绘制,也希望用户能从以上的例子中举一反三,从而能够从容地绘制出其他各种合格的工程图形。

10.9 小结

本章主要内容总结如下:

(1)二维制图的综合操作:包括图层、线型设置、基本绘图操作、图形的编辑操作等。

(2)用相对坐标进行精确绘图,配以快速选择命令提高绘图速度。

(3)建立标注的样式及进行尺寸标注。

第3篇

三维绘图与技巧汇编

在本篇中主要向读者介绍 AutoCAD 2016 中的三维世界,等同于向读者打开一扇通向三维绘图的大门,从而进一步提高读者的 AutoCAD 的应用水平,在后面部分中,主要向读者介绍了几个精彩的 AutoCAD 应用实例,希望读者能从这样的例子中进一步学习三维桥梁与道路模型的建立,并能举一反三。本篇的最后一章,结合工程绘图实践中常见问题,讲述了 Auto lisp 语言的应用以及一些工程绘图常用技巧,以期抛砖引玉,给读者一些借鉴与思考。

第 11 章

AutoCAD 2016 三维造型入门

虽然 AutoCAD2016 的用户可以通过分别绘制多个平面视图来反映自己的设计意图,但当绘制对象在空间结构上相当复杂,或者用户要求对产品的设计效果进行全局考察时,就需要创建相应的三维图形,以便对设计进行观察和修改。并且从现在的情况看哪怕是一件制作粗糙的三维作品也能够给设计者以强有力的支持。

对于很多初学者乃至许多目前正在使用 AutoCAD 的用户而言,三维世界是如此的神秘以至于在学习和使用中有意或无意地避开它。但是只要精通 AutoCAD 三维制作的人都会明白掌握 UCS 是通向奇妙三维世界的有效途径。

11.1 AutoCAD2016 三维空间基础

AutoCAD 最初是由平面绘图软件发展而来的,尽管到现在仍有许多人把它当作一个平面绘图软件来使用,但是现在 AutoCAD 实际上已经将三维功能和二维功能和谐地结合在一起,可以说三维设计已经成为 AutoCAD 的核心设计手段。

在开始绘制三维图形前,需要明确一些非常重要的概念,如坐标系、视点、绘图模式等。了解这些概念,并掌握在 AutoCAD 2016 中设置的相应参数的方法,是进行三维图形绘制的基础。

在介绍具体内容之前,先对一些常用的术语作一个初步的介绍。

XY 平面:在三维直角坐标空间中,是 $Z=0$ 的那个平面。

Z 轴:在三维坐标系中垂直于 XY 平面的坐标轴。

平面视图:当视线与 Z 轴平行时,用户看到的 XY 平面上的视图。

高度:某点的高度是指该对象在 Z 轴方向上延伸的长度。

视点:假设在观察图形时,眼睛在空间坐标系中所处的位置。

相机位置:用照相机比喻,观察者通过照相机观察三维模型时,照相机的位置相当于视点。

目标点:在观察时,目光聚集的那一点。在 AutoCAD 2016 中,坐标系的原点被作为目标点。

视线:视点与目标点的连线所确定的直线。它的方向即为用户观察图形的方向。

视线与 XY 平面的夹角:是指视线与其在 XY 平面上投影线之间的夹角。

视线在 XY 平面上的角度:是指视线在 XY 平面上的投影线与 X 轴之间的夹角。

在以后的绘制中,会逐渐加深对这些概念的理解。

(1)世界坐标系

任何坐标系都是相对而言的。因此,每种三维图形系统必须具有一个基准坐标系,通常称为世界坐标系(World Coordinate System,简称 WCS)。WCS 是一个固定不变的笛卡尔坐标系(Cartesian Coordinate System),而且一般采用右手系(Right-Handed System)。也就是说,以屏幕表面作为 XY 平面,其左下角为原点,Z 轴正方向从该点指向用户一侧。如图 11-1 所示,左下角图标给出了世界坐标系的各轴方向。

图 11-1　世界坐标系

由此可知,习惯二维作图的用户其实只是使用了世界坐标系的 *XY* 平面罢了。

(2)用户坐标系

在进行三维空间图形的绘制时,因为图形对象上各点的位置在一个固定的世界坐标系中是各不相同的,所以只在一个固定的坐标系中创建各种形状各异的三维图形是非常不便和困难的。例如在一个倾斜的屋顶面上开一个圆形天窗时。为此,AutoCAD 2016 允许用户根据绘图时的实际需要,建立自己专用的坐标系,即用户坐标系(User Coordinate System,简称 UCS)。其图标与世界坐标系基本上是一致的,只是图标中没有一个定义在 *XY* 平面中以原点为中心的方框,如图 11-2 所示。

图 11-2　用户坐标系

用户坐标系是一种强有力的工具。在同一场景中允许定义多个 UCS,并可随时随地保存或恢复它们。不论是定义一个新的 UCS 或是恢复一个已保存的 UCS,这种 UCS 的改变不会影响当前的三维图形显示,而只对以后的绘图操作生效。因此,利用 UCS 可以使三维模型的构造过程得以简化。

需要注意的是,在任何时候当前坐标系只有一个,输入与显示的所有坐标都是相对于当前坐标系的。除了笛卡尔(正交)坐标系外,有时也可采用柱面或球面坐标系来描述圆锥曲线和二次曲面。

(3)在三维空间中精确定位

在实际的绘图工作中,很多时候需要对点进行选择和定位,对此 AutoCAD 2016 提供了多种方法,以满足不同情况下的不同需要。

需要注意的是,在精确绘图时,不能仅仅依靠观察,用鼠标来对点进行选择和定位。因为这样做,一来不易保证点与其他对象之间的相对距离,二来通常只能选择那些在缺省高度的平面内的点,无法区别点在 Z 方向上的坐标差异。

下面将分别介绍这些方法。

①直接输入点的坐标

AutoCAD 2016 利用一个数据库来记录所有点的坐标信息。所以在三维空间中,对点进行选择和定位的第一个方法就是在命令中直接输入点的坐标。其输入方式多种多样,如直角坐标、柱坐标、球坐标和极坐标。具体的坐标值又可采用相对坐标和绝对坐标。用这种方式可得到准确的图形。但该方法的缺点同样也是显而易见的,即对所有点都必须计算出其坐标,这对于复杂对象是极不现实的。

②使用对象捕捉

在绘图过程中,许多对象上的点的位置是比较特殊的,比如圆的圆心、直线的始点和终点等。事实上,这些点不仅在几何位置上特殊,而且往往在图形的连接方面有着重要作用,用户在制图时,常需要捕捉这样的点。

AutoCAD 2016 为帮助用户完成捕捉操作,提供了一套对象捕捉工具。这实际上是一个用来选择图形上特殊点的几何过滤器,它辅助用户选取指定点。在前面的章节里对对象捕捉已经作了详细的介绍,可以参考使用。在这里需要说明的一点是,虽然经常设置对象捕捉需要花费一点时间,但是它是保持图形几何结构精确的最好方法。

③使用坐标过滤器

在 AutoCAD 2016 中,系统还为用户提供了一种称为坐标过滤器的功能,使用 XYZ 坐标过滤器,可以从现有点中提取该点某个维度或某两个维度方向的坐标,并用这些坐标和新的维度的坐标生成新的点。

比如,XYZ 坐标过滤器的一种方式是 XYZ 坐标过滤器将告诉 AutoCAD 2016 系统,新坐标将由选择点的 X、Y 坐标和单独给定的 Z 坐标(Z 坐标可以通过输入来确定)。用户甚至可以把过滤器和对象捕捉组合运用,但必须在使用对象捕捉模式前激活点过滤器。

使用点过滤器时可在命令行上输入句点 ".",并输入字母 X、Y、Z 中的一个或两个。AutoCAD 2016 接受如下的过滤器选择:. X、. Y、. Z、. XY、. XZ 和 . YZ。例如 ,如果输入 . X,将提示输入 Y 和 Z 的值。

11.2 三维基本造型技巧的使用

正确地了解和应用用户坐标系,是跨入 AutoCAD 2016 三维空间的一道关卡。只有全面掌握它,才能得心应手地绘制三维图形,如果用户能够熟练地使用 UCS,那么用户就已经迈入了三维世界的殿堂,相当于成功了一半。

(1)UCS 的相关操作

UCS 是 AutoCAD 2016 中的一个比较复杂的命令,它的相关操作涉及以下几方面。

① UCS 图标的显示控制。

② UCS 的建立与设置。

③ UCS 的使用与管理。

（2）使用 UCS

在这里给出了涉及 UCS 操作的工具栏以及其各自对应的操作含义以及命令输入的方法。如图 11-3 以及表 11-1 所示，具体应用方法请参照本书后续章节进行参考使用。

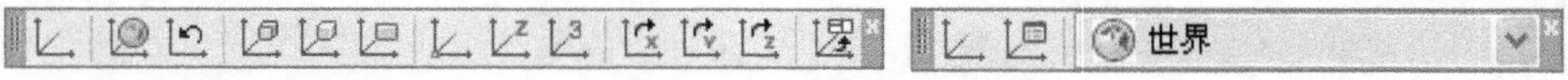

图 11-3　UCS 及 UCS Ⅱ工具栏

UCS 及 UCS Ⅱ工具栏含义及对应命令　　　　　　　　表 11-1

工 具 栏	操 作 含 义	命 令 输 入
UCS		
	管理用户坐标系	UCS
	恢复上一个 UCS	UCS → P
	把 UCS 设为世界坐标系	UCS → W
	基于选择对象定义新的坐标系	UCS → OB
	基于选定的面定义新的坐标系	UCS → FA
	建立其 XY 平面平行屏幕的坐标系	UCS → V
	移动原点定义新的坐标系	UCS → O
	延伸正 Z 轴的方法定义坐标系	UCS → AXIS
	指定坐标系的原点和 X、Y 轴的方向	UCS → 3
	绕 X 轴旋转当前的 UCS	UCS → X
	绕 Y 轴旋转当前的 UCS	UCS → Y
	绕 Z 轴旋转当前的 UCS	UCS → Z
	向选定的视口应用当前的 UCS	UCS → A
UCS Ⅱ		
	管理已定义的用户坐标系	+UCSMAN
	管理用户坐标系	UCS

11.3 三维视图观察

在三维图形创建中以及在创建完成以后，在屏幕上显示的只是从其中一个视点观察到的模型外观形态。如果想对所绘制的模型有一个全面的了解，必须改变视点进行观察。在必要时，还可打开多个视口，同时从不同的方向来进行观察。AutoCAD 2016 提供了静态、动态观察模型的方法，可以获得从任意视点观察到得模型视图。

11.3.1 视点设置及多视口观察

在三维空间作图时，形体的区分和捕捉是比较困难的。因为从某个方向上看起来是重合的,而实际上确相差甚远。这就需要改变观察角度,从不同的方向来观察图形,或者同时从几个方向来进行观察,以得到图形的真实形状和位置,如图 11-4 所示。

图 11-4 【视图】工具栏

视图工具栏含义及对应命令见表 11-2。

视图工具栏含义及对应命令 表 11-2

工 具 栏	操 作 含 义	命 令 输 入
	创建和恢复视图	VIEW
	将视点设置为上面	-VIEW → TOP
	将视点设置为下面	-VIEW → BOTTOM
	将视点设置为左面	-VIEW → LEFT
	将视点设置为右面	-VIEW → RIGHT
	将视点设置为前面	-VIEW → FRONT
	将视点设置为后面	-VIEW → BACK
	将视点设置为西南等轴测	-VIEW → SWISO
	将视点设置为东南等轴测	-VIEW → SEISO
	将视点设置为东北等轴测	-VIEW → NEISO
	将视点设置为西北等轴测	-VIEW → NWISO
	设置不同的相机和目标位置	CAMARA

以上所介绍的是由 AutoCAD 2016 预先定义的几个特殊视点。AutoCAD 2016 把它们单独做成了一个视图工具栏。在本章的开始已经介绍过 AutoCAD2016 中定义的目标点为世界坐标系的原点。

在视图命令中,各视点对应的目标点为世界坐标系的原点,即(0 , 0 , 0)。

AutoCAD2016 可以从任意视点进行观察,如表 11-3～表 11-5 所示。在这里要介绍几个用于视点设置的常用命令,通过这些命令用户可以设置任意视点和观察方向。

VPOINT-3D 视点 表 11-3

操作命令	VPOINT	快捷键	-VP
操作含义	设置视点(设定图面三维空间观看方向)		
菜单操作	视 图→三维视图→视 点		
选项功能	视点:依据 X、Y、Z 轴的比例值来设定视点 旋转(R):依据 XY 平面内自 X 轴角度与自 XY 平面 角度来设置视点		

DDVPOINT- 观察角度　　　　　　　　　　　　　　　　　　表 11-4

操作命令	DDVPOINT	快捷键	VP
操作含义	对话框视点控制		
菜单操作	视 图→三维视图→视点预置		

PLAN- 平面视图　　　　　　　　　　　　　　　　　　　　表 11-5

操作命令	PLAN	快捷键	无
操作含义	平面视图观察		
菜单操作	视 图→三维视图→平面视图		
选项功能	当前 UCS（C）：将在当前视口中生成相对于当前 UCS 的平面视图 UCS（U）：表示恢复命名存储的 UCS 的平面视图 世界（W）：表示生成相对于 WCS 的平面视图		

此外，用户还可以在屏幕上同时打开多个视口同时从不同的视点对模型进行观察，如图 11-5 所示。

图 11-5　视口工具栏

视口工具栏含义及对应命令见表 11-6。

视口工具栏含义及对应命令　　　　　　　　　　　　　表 11-6

工 具 栏	操 作 含 义	命 令 输 入
🖼	显示视口对话框	VPORTS
▢	创建单个图样空间视口	-VPORTS → SI
⬱	在图样空间创建不规则形状视口	-VPORTS → P
▣	将对象转为图样空间视口	-VPORTS → O
▢	裁剪图样空间视口	VPCLIP

下面以一个斜拉桥为例说明三维视图观察的具体操作及应用效果。

（1）前视图，如图 11-6 所示。

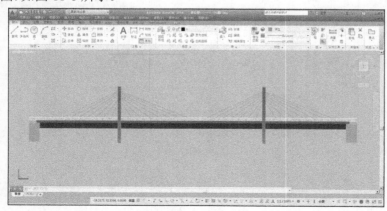

图 11-6　前视图

命令: -view

输入选项 [?/删除(D)/正交(O)/恢复(R)/保存(S)/设置(E)/窗口(W)]:

front 正在重生成模型。

（2）西南等轴测（◇按钮）视图，如图 11-7 所示。

命令: _-view 输入选项 [?/删除(D)/正交(O)/恢复(R)/保存(S)/设置(E)/
窗口(W)]:

_swiso 正在重生成模型。

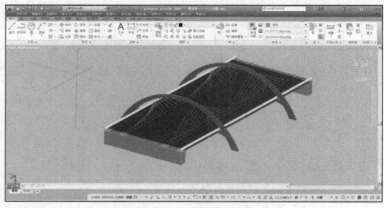

图 11-7　西南等轴测视图

-Vports 命令执行后系统将不弹出对话框，而在命令行提示用户进行操作。其实还有很多命令也是采用这种前面加"-"来控制对话框的出现，以方便旧版本的用户。

注意

用 -Vports 命令可以将窗口最多分为 48 个，而用 Vports 只能分割成几种给定的形式，将右边视口分为沿水平方向的两个，运用不同的视点设置方法将 4 个视口的视点分别设置为如图 11-8 所示。

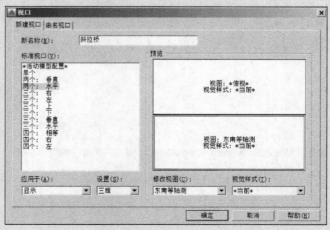

图 11-8　视口设置

设置完毕视口对话框后，图形显示如图 11-9 所示。

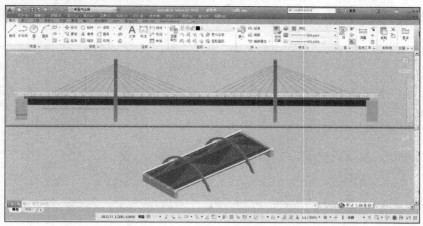

图 11-9 多视口观察效果

命令：ddvpoint（或 vpoint）（设定视线和 *XOY* 平面的关系，如图 11-10 所示设置）

命令：-vpoint　　　　　　　（激活视点设置命令）
当前视图方向：VIEWDIR=-1.0000,-1.0000,1.0000
指定视点或［旋转（R）］<显示坐标球和三轴架>:（回车）
出现如图 11-11 所示的图形，要求用户干预视点位置。

如图 11-11 所示左视口中右上角的罗盘是一个以 2D 方式表示，用来定义视口中观看的方向，中心点是北极（0，0，*n*），内环是赤道（*n*，*n*，0），外环是南极（0，0，-*n*），罗盘中的小十字光标是用来任意定义于地球上的位置。三向轴会跟随罗盘上所指定的观看方向旋转，当指定完成后单击鼠标左键即可选择观看方向。

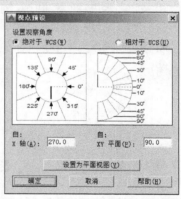

图 11-10 试点设置

正在重生成模型。（出现如图 11-12 所示的图形。）

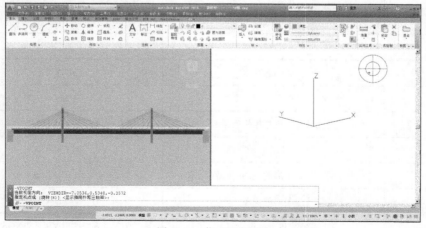

图 11-11 指定视点位置

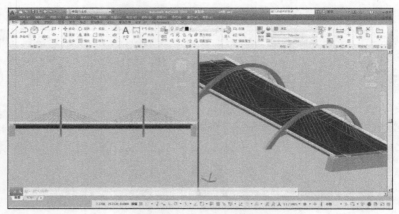

图 11-12 改变视点位置重新显示图形

11.3.2 利用三维导航工具进行观察

在 Auto CAD2016 中还提供了一个观察模型的工具：三维导航工具。通过它既围绕三维模型进行动态观察、回旋、漫游和飞行，也可以为指定的图形设置相机以及创建动画等。

三维动态观察总的看来，AutoCAD2016 保留了三维轨道的特色，以及三维轨道中最酷的特色连续轨道。连续轨道允许用户选择一个旋转的方向让模型拱桥旋转。三维轨道自动以同样的方向连续旋转模型，直到用户改变或停止。可以这么说，有了连续轨道，用户再也不需要屏幕保护程序了。

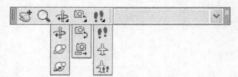

图 11-13 三维导航工具栏

连续轨道 是观察模型的一种三维轨道，用户可以观察到三维实体的运动效果。如图 11-13所示为三维导航工具栏。如表 11-7 所示为三维导航工具栏含义及对应命令。

三维导航工具栏含义及对应命令   表 11-7

工 具 栏	操 作 含 义	命 令 输 入
	水平或垂直平移视图	3DPAN
	缩放视图	3DZOOM
	受约束的动态观察	3DORBIT
	自由动态观察	3DFORBIT
	在三维视图中连续观察	3DCORBIT
	三维旋转（模拟相机效果）	3DSWIVEL
	调整对象的显示距离	3DDISTACE
	更改三维图形的视图（漫游）	3DWALK
	更改三维图形的视图（飞行）	3DFLY
	漫游和飞行设置	WALKFLYSETTINGS

操作步骤如下。

命令：3Dorbit   （激活 <3Dorbit> 命令）
按 ESC 或 ENTER 键退出，或者单击鼠标右键显示快捷菜单。（结果如图 11-14 所示）
单击鼠标右键，在弹出菜单中选取【其他导航模式】子菜单中的【自由动态观察】 （进入 3DFORBIT 状态）

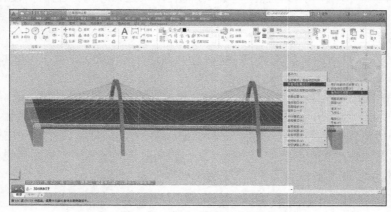

图 11-14　激活三维自由动态观察

选择部分物体（斜拉桥的主塔）作三维自由动态观察，如图 11-15 所示。

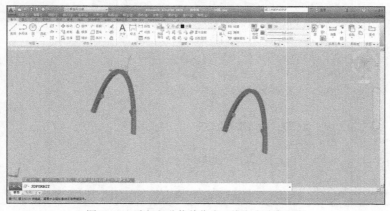

图 11-15　选择部分物体作为三维自由动态观察

注意

（1）当光标位于轨迹圆外时，用户单击并拖动鼠标，模型将绕着过轨迹球中心向外延伸并且垂直于屏幕的假想轴转动。

（2）当光标位于轨迹圆内时，假想模型处于一个透明的球体中，当拖动鼠标时实际上是在绕着球的中心点旋转该球体。用户可沿任意轴线移动轨迹圆和图形。

（3）沿着任意方向直线地拖动鼠标比绕圈移动鼠标所得到的视图效果更佳，用户可以自己尝试去做，掌握它的变化规律。

（4）当光标位于轨迹圆上的上下两点时，用户只能沿水平方向轴线转动轨迹圆和图形；当光标位于轨迹圆上的左右两点时，用户只能沿竖直方向轴线转动轨迹圆和图形。

AutoCAD 2016 的透视观察功能,在三维空间图形观察中是一个较为实用和有力的观察工具,这种功能的使用与日常生活中的相机使用有点类似。在现实中当用眼睛观察事物时,近处的物体总是显得大些,远处的物体显得小些,因此而产生距离感。跟平行投影图相比,透视图显得更为逼真。

AutoCAD 2016 是通过 <Dview> 命令来生成三维模型的透视图的。与 <Vpoint> 命令相比,<Dview> 命令不仅得到的视图更真实,而且用户还可以通过把相机设置在模型的内部或通过设置剪切平面观察三维模型的内部结构。

用户不能在透视图下建立和编辑三维模型,因此透视图适合用来显示模型的最终效果。对用 <DVIEW> 命令生成的透视图,可以进行消隐、渲染等操作,但却不能在透视图中建立和编辑三维模型。

系统初始状态下,<DVIEW> 命令的各个参数设置都是相对于世界坐标系的,如果当前的坐标系是用户坐标系,则执行 <DVIEW> 命令时,系统将自动切换至世界坐标系,命令执行完后再自动切换到当前的用户坐标系。Worldview 系统变量可以设置 <DVIEW> 命令是相对于世界坐标系还是相对于当前的用户坐标系。如果要相对于用户坐标系来设置 <DVIEW> 命令,只需把该系统变量的值设为零。3D 动态观察见表 11-8。

3D 动 态 观 察
表 11-8

操作命令	DVIEW	快捷键	DV
操作含义	3D 动态观察,透视图		
菜单操作	视 图→视 图		
选项功能	CA: 将相机绕着目标点旋转,指定新的相机位置 TA: 将目标点绕着相机旋转,指定新的目标位置 D: 将相机沿着相对于目标视线移近或移远 PO: 使用 X、Y、Z 坐标设定相机和目标位置 PA: 在不改变倍率的情况下移动影像 Z: 调整缩放比例 TW: 绕着视线扭曲或摇摆视图 CL: 裁剪视图 H: 对所选取的对象作隐藏线操作 O: 关透视 U: 取消上一个 <DVIEW> 选项效果		

```
命令:DVIEW                                          (激活相机命令)
选择对象或 <使用 DVIEWBLOCK>: all                   (全选要观察的实体)
找到 91 个
选择对象或 <使用 DVIEWBLOCK>:                        (回车)
*** 切换到 WCS***
输入选项[相机(CA)/目标(TA)/距离(D)/点(PO)/平移(PA)/缩放(Z)/扭曲(TW)
/剪裁(CL)/隐藏(H)/关(O)/放弃(U)]: ca            (相机观察如图 11-16 所示。)
指定相机位置,输入与 XY 平面的角度,或[切换角度单位(T)]<35.2644>:(回车)
指定相机位置,输入在 XY 平面上与 X 轴的角度,或[切换角度起点(T)]<35.26439>:
(回车)
```

输入选项[相机(CA)／目标(TA)／距离(D)／点(PO)／平移(PA)／缩放(Z)／扭曲(TW)
／剪裁(CL)／隐藏(H)／关(O)／放弃(U)]:(回车)

*** 返回 UCS ***

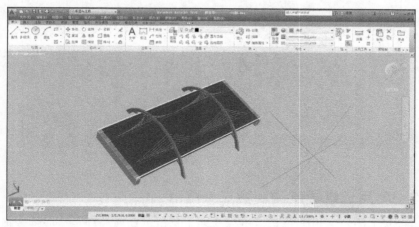

图 11-16　透视(相机)观察

AutoCAD 2016 中的漫游和飞行功能也是比较有用的,用户在制作三维模型时,预览图形中的细节部位。其操作比较简单,此处详细介绍漫游和飞行的设置以及漫游和飞行动作的制作。

通过菜单栏选择【视图】→【漫游和飞行】→【漫游】或【飞行】,系统在屏幕上会弹出系统将弹出【定位器】控制面板,如图 11-17 所示。当进入漫游或飞行模式时,系统将会把视图设定为透视视图。

在开始漫游或飞行模式之前或在模型中移动时,可以通过【视图】→【漫游和飞行】→【漫游和飞行设置】打开【漫游和飞行设置】(或通过【三维导航】工具栏打开)对话框,对漫游或飞行参数进行详细设置,如图 11-18 所示。

图 11-17　【定位器】面板

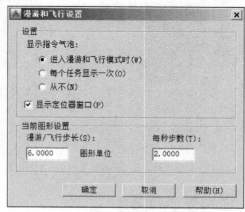

图 11-18　【漫游和飞行设置】对话框

设置好漫游和飞行参数后,就可以用键盘和鼠标交互在图形中漫游和飞行。使用键盘上的 4 个箭头或 W、A、S、D 来向上、向下、向左或向右移动。

图 11-19 所示为漫游或飞行过程。

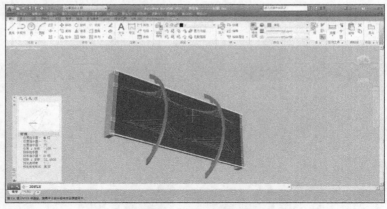

图 11-19 漫游或飞行过程

11.3.3 利用三维导航器观察三维图形

在【三维建模】工作空间中，使用三维导航器工具可以切换各种正交或轴测视图模式，以及其他视图方向，可以根据需要快速调整模型的视点。

该三维导航器操控盘显示了非常直观的 3D 导航立方体，选择该工具图标的各个位置将显示不同的视图效果，如图 11-20 所示。

该导航器图标的显示方式可以根据设计进行必要的修改，右键单击立方体，从弹出的快捷菜单中选择【View Cube 设置】选项，系统弹出【View Cube 设置】对话框，如图 11-21 所示。可设置参数控制立方体的显示和行为，并可在对话框中设置默认的位置、尺寸和立方体的透明度。

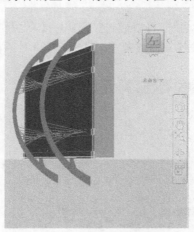

图 11-20 利用导航工具切换视图方向

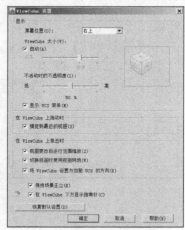

图 11-21 【View Cube 设置】对话框

11.3.4 控制盘辅助操作

新的导航滚轮可以在鼠标上显示一个导航滚轮，通过该控制盘可快速访问不同的导航工具。可以以不同方式平移、缩放或操作模型的当前视图。这样将多个常用导航工具结合到一个单一界面中，可节省大量的设计时间，从而提高绘图效率。

在状态栏中启用【导航控制盘】功能按钮⊕，或者在【三维建模】工作空间，通过功能区选项卡中【视图】|【导航】控制台中 图标，激活导航控制盘。右键单击导航控制盘，系统弹出快捷菜单，整个控制盘可分为 3 个不同的控制盘可供使用，其中每个控制盘均拥有其独立的导航方式，如图 11-22 所示，分别介绍如下。

（1）查看对象控制盘：将模型置于中心位置，并定义轴心点，使用【动态观察】工具可缩放和动态观察模型。

（2）巡视建筑控制盘：通过将模型视图移近、移远或环视，以及更改模型视图的标高来导航模型。

（3）全导航控制盘：将模型置于中心位置并定义轴心点，便可执行漫游或环视、更改视图标高、动态观察、平移或缩放模型等操作。

图 11-22　导航控制盘

11.3.5　创建运动路径动画

利用该功能，可以将视图创建为沿所指定的路径而运动的动态视图。要启用此功能，可以选择【视图】→【运动路径动画】选项，弹出如图 11-23 所示的对话框进行设置。下面介绍各选项区的含义及用途。

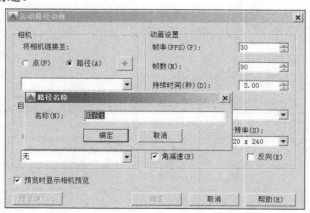

图 11-23　【运动路径动画】对话框

【相机】区：在创建运动动画时，控制相机运动的状态，包括【点】和【路径】两个选项。选择【点】单选按钮，是指需要相机保持原样，再单击后面的 按钮，此时在视图中选取一点，将弹出【点名称】对话框，可以修改其名称，单击确定即可；选择【路径】单选按钮，是指需要相机沿路径运动，就将其链接到某条路径，再单击后面的 按钮，此时在视图中拾取路径对象（路径可以是直线、圆弧、椭圆弧、圆、多段线、三维多段线或样条曲线，事先应该已经创建），将弹出【路径名称】对话框，如图 11-23 所示，设置完成后单击确定即可。

【目标】区：控制相机沿点或者路径运动时，所观察目标的运动状态，也包括【点】和【路径】两个选项。设置方法与前面相同。但是当相机绕点运动时，目标就只能选择沿路径运动；而当相机沿路径运动时，目标既可以沿点运动，又可以沿路径运动。此外，如果要使目标与相机路径一致，就使用同一路径，即在【运动路径动画】对话框中的【目标】下拉列表框中，将目标路径设置为【无】。

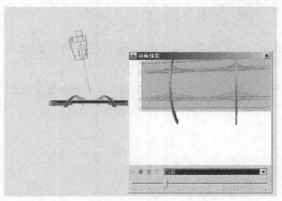

【动画设置】区：设置动画的帧率、帧数、持续时间、视觉样式、文件格式和分辨率等参数。

通过如图 11-23 所示对话框设置好参数后，单击【预览】按钮，将弹出【动画预览】窗口，可以对所设置的动画进行预览，如果达到预期效果即可单击【确定】按钮，系统将弹出【另存为】对话框，为动画指定输出位置和名称后，在创建动画文件时将显示动画的预览，如图 11-24 所示。

图 11-24　动画预览

11.4　创建三维实体模型

创建三维实体模型是学习 AutoCAD 的重要部分，AutoCAD2016 提供了多种创建和编辑三维实体模型的命令，如可以由基本实体命令创建，也可以由二维平面图形通过拉伸、旋转、扫掠和放样命令生成三维实体模型。还可以对三维模型进行编辑以获得需要的实体模型。

11.4.1　可直接创建的几种三维实体

AutoCAD2016 可直接创建 8 种基本三维实体，分别是多段体、长方体、圆柱体、圆锥体、球体、棱锥体、楔体和圆环体，具体命令见表 11-9。

可直接创建的 8 种基本三维实体及对应命令　　　　　　　　　　表 11-9

工　具　栏	操　作　含　义	命　令　输　入
	创建多段体	POLYSOLID
	创建长方体	BOX
	创建圆柱体	CYLINDER
	创建圆锥体	CONE
	创建球体	SPHERE
	创建棱锥体	PYRAMID
	创建楔体	WEDGE
	创建圆环体	TORUS

11.4.2 由二维对象生成三维实体

AutoCAD2016 提供了 4 种由平面封闭多段线或面域图形作为截面创建三维实体的方法。分别是拉伸（ 拉伸）、放样（ 放样）、旋转（ 旋转）和扫掠（ 扫掠）。具体操作如下。

1）拉伸（EXTRUDE）

使用拉伸命令可以将二维图形沿指定的高度和路径将其拉伸为三维实体。

下面结合一座实际桥梁，简要讲述一下学习三维制图的重要性，在实际工程中尤其钢结构工程中，对于比较复杂的空间构造需要设计提供精确的空间模型，以便施工单位或制作厂家精准放样，误差值为毫米级，这时设计人员的三维绘图能力由显重要。

苏州市人民路景观人行桥，景观桥长度22m，上部结构为钢箱梁，中墩通过 4 根型钢和 1 根桩基相连，结构比较纤细，造型美观，其桥型布置如图 11-25 所示。桥梁现状照片见图 11-26。

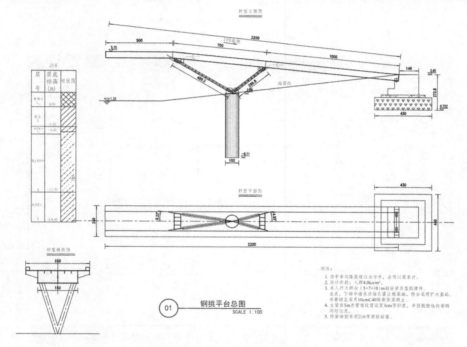

图 11-25　桥型布置

图 11-26　桥梁现状照片

首先绘制如图 11-27 所示的箱型截面,并将内外轮廓线利用 REGION(面域)命令闭合成封闭面,然后通过差集命令生成空箱。如图 11-28 所示,然后换到西南等轴侧视图中,拉伸具体如下。

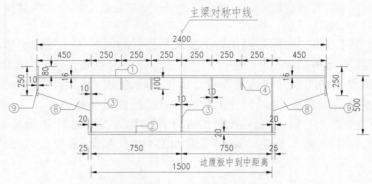

图 11-27　箱梁横截面

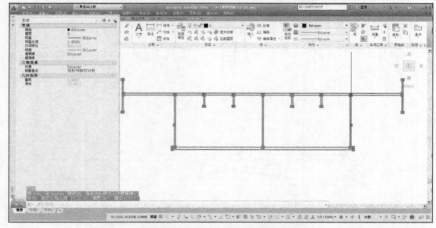

图 11-28　通过面域、差集命令生成空箱

（1）建立如图 11-29 所示的拉伸路径

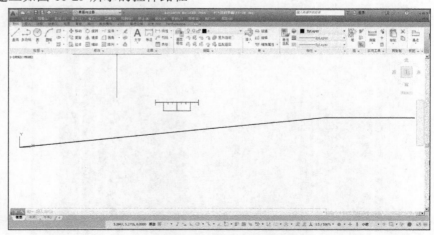

图 11-29　建立拉伸路径

命令：PLINE

指定起点：0，0

当前线宽为 0.0000

指定下一个点或 [圆弧(A)/ 半宽(H)/ 长度(L)/ 放弃(U)/ 宽度(W)]：@17<5.711（按极轴输入）

指定下一个点或 [圆弧(A)/ 闭合(C)/ 半宽(H)/ 长度(L)/ 放弃(U)/ 宽度(W)]：@5,0

指定下一个点或 [圆弧(A)/ 闭合(C)/ 半宽(H)/ 长度(L)/ 放弃(U)/ 宽度(W)]：（回车确认）

（2）旋转拉伸路径使得其与拉伸对象垂直

命令：ROTATE3D

当前正向角度：ANGDIR= 逆时针 ANGBASE=0

选择对象：指定对角点：找到 1 个　　　（选择刚绘制的拉伸路径）

选择对象：　　　　　　　　　　　　　（回车确认）

指定轴上的第一个点或定义轴依据

　[对象(O)/ 最近的(L)/ 视图(V)/x 轴(X)/y 轴(Y)/z 轴(Z)/ 两点(2)]：y　（沿Y轴旋转）

指定 Y 轴上的点 <0,0,0>：　　　　（鼠标指定左端点或回车确认）

指定旋转角度或 [参照(R)]：90　　（键入 90 则生成如图 11-30 所示的旋转后拉伸路径）

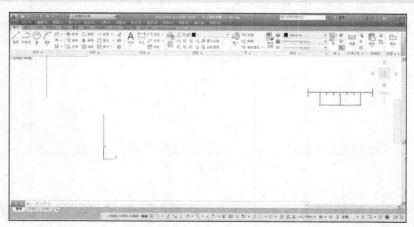

图 11-30　旋转拉伸路径

（3）进行拉伸

命令：EXTRUDE

当前线框密度：ISOLINES=4,闭合轮廓创建模式 = 实体

选择要拉伸的对象或 [模式(MO)]：指定对角点：找到 0 个（选择已经形成面域的箱梁截面）

选择要拉伸的对象或［模式（MO）］：指定对角点：找到 1 个,总计 1 个
选择要拉伸的对象或［模式（MO）］：
指定拉伸的高度或［方向（D）/路径（P）/倾斜角（T）/表达式（E）］<-4.5557>：p
选择拉伸路径或［倾斜角（T）］：（选择拉伸路径回车）

然后利用 HIDE（消隐）命令便可得到如图 11-31 所示箱梁。

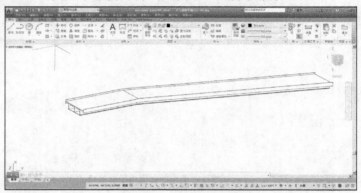

图 11-31 拉伸后的箱梁

2）放样（LOFT）

该命令可以通过对包含两条及其以上横截面曲线的一组曲线进行放样来创建三维实体。
下面举一个例子：先绘制如图 11-32 所示的放样曲线。

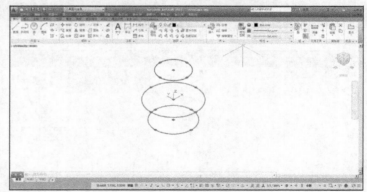

图 11-32 放样曲线

命令：loft
按放样次序选择横截面或[点（PO）/合并多条边（J）/模式（MO）]：找到 1 个（从上到下选
择第一个圆）
按放样次序选择横截面或[点（PO）/合并多条边（J）/模式（MO）]：找到 2 个（从上到下选
择第二个圆）
按放样次序选择横截面或[点（PO）/合并多条边（J）/模式（MO）]：找到 3 个（从上到下选
择第三个圆）回车
选中了 3 个横截面
输入选项[导向（G）/路径（P）/仅横截面（C）/设置（S）]< 仅横截面 >：回车

完成后如图 11-33 所示。

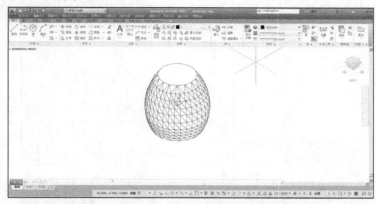

图 11-33　放样创建三维实体示例

3）旋转（REVOLVE）

使用旋转命令可以使对象绕轴旋转获得三维实体，在创建三维实体时，用于旋转的二维对象可以是多段线、多边形、圆和椭圆等。

下面举一个例子，先在西南等轴测视图中绘制如图 11-34 所示的矩形。

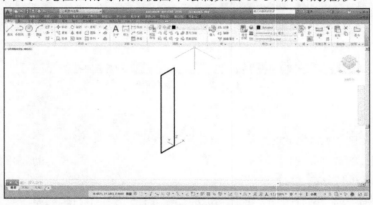

图 11-34　旋转命令示例

```
命令：revolve
当前线框密度： ISOLINES=4 ,闭合轮廓创建模式 = 实体
选择要旋转的对象或[ 模式( MO )]：找到 1 个              （画好的矩形）
选择要拉伸的对象或[ 模式( MO )]：                        （回车）
指定轴起点或根据以下选项之一定义轴 [ 对象( O )/X/Y/Z ]< 对象 >：Z    （回车）
指定旋转角度或起点角度( ST )/ 反转( R )/ 表达式( EX )]<360>：90（回车）
```

完成后如图 11-35 所示。

4）扫掠（SWEEP）

该命令可以通过沿开放或闭合的二维或三维路径扫掠开放或闭合的截面轮廓来创建新的实体。利用 SWEEP 命令步骤如下。

首先绘制如图 11-36 所示的直线和同心圆。

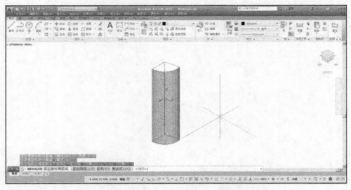

图 11-35　旋转创建三维模型

图 11-36　扫掠命令示例

命令：sweep

当前线框密度：　ISOLINES=4　,闭合轮廓创建模式＝实体

选择要扫掠的对象或[模式(MO)]: 找到 2 个　　　　　　(画好的同心圆)

选择要扫掠的对象或[模式(MO)]:　　　　　　　　　　(回车)

选择扫掠路径或［对齐(A) / 基点(B) / 比例(S) / 扭曲(T)]＜对象＞:(画好的同心圆

直线)

再利用差集命令去掉内部的圆柱体即可得到如图 11-37 所示空钢管。

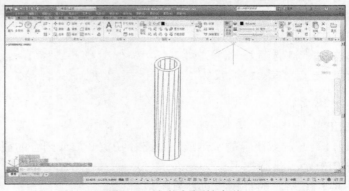

图 11-37　扫掠命令所得柱体

11.4.3 布尔运算创建三维实体

1)并集运算(UNION)

并集运算是将两个或两个以上的实体对象组合成一个新的对象。进行并集操作后,原来实体相互重合的部分变为一体,其余部分保留。

激活 UNION 命令常用方法有以下 3 种。

(1)通过功能区选项卡【常用】|【实体编辑】,点击 按钮。

(2)从【修改】下拉菜单中选择【实体编辑】选项,点击 按钮。

(3)在命令行直接键入:UNION。

下面举一个例子:首先绘制如图 11-38 所示图样,其拉伸 EXTRUDE 后图形如图 11-39 所示。

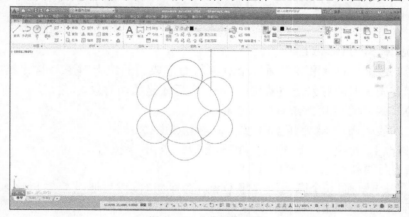

图 11-38 并集运算示例

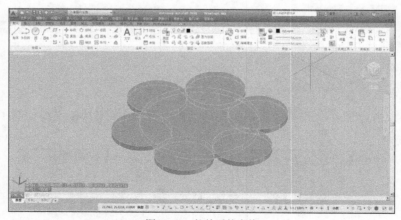

图 11-39 拉伸后的实体

```
命令: union
选择对象: (选择所有拉伸体)
指定对角点找到 7 个
选择对象:
```

并集运算后得实体如图 11-40 所示。

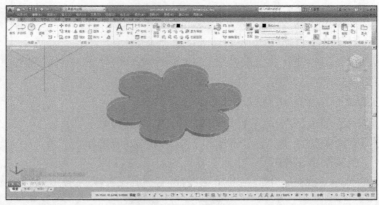

图 11-40　并集运算后的实体

2）差集运算（SUBTRACT）

差集运算是将一个对象减去另一个对象从而形成新的组合对象。与并集操作不同的是，差集运算首先选取的对象是被剪切的对象，之后才是剪切对象。

激活 UNION 命令常用方法有以下 3 种。

（1）通过功能区选项卡【常用】|【实体编辑】，点击 ⑩ 按钮。

（2）从【修改】下拉菜单中选择【实体编辑】选项，点击 ⑩ 按钮。

（3）在命令行直接键入：SUBTRACT。

上面例子中把外面 6 个圆通过并集 Union 命令组合，然后通过差集 Subtract 减去中间大圆部分得到如图 11-41 所示的图形。

```
命令: subtract
选择要从中减去的实体、曲面和面域 ...
选择对象: 找到 1 个        （选择外轮廓拉伸体）
选择对象:        （回车）
选择要减去的实体或面域 ...
```

选择对象：找到 1 个（选择内轮廓拉伸体后回车）绘制完毕后便可得如图 11-41 所示的图形。

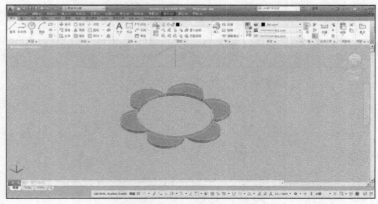

图 11-41　差集运算后的实体

3）交集运算（INTERSECT）

通过交集运算可以获得相交实体对象的公共部分，从而获得新的实体。

激活 UNION 命令常用方法有以下 3 种。

（1）通过功能区选项卡【常用】|【实体编辑】，点击 ⑩ 按钮。

（2）从【修改】下拉菜单中选择【实体编辑】选项，点击 ⑩ 按钮。

（3）在命令行直接键入：INTERSECT。

若对如图 11-39 所示图形进行交集运算，过程如下。

```
命令: intersect
选择对象: (选择中间的实体)
选择对象:找到 1 个 (选择左上角的实体)
选择对象: 找到 1 个,总计 2 个
选择对象:      (回车)
```

并集运算后得到实体如图 11-42 所示。

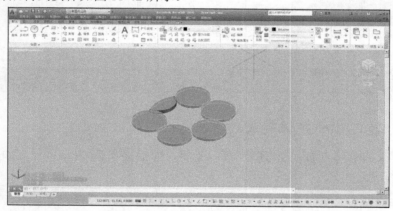

图 11-42　交集运算后的实体

11.5 小结

本章主要内容总结如下：

（1）三维制图的核心是 UCS 坐标系的切换。

（2）三维视图的观察。

（3）创建三维实体的几种途径，包括三维命令、二维图形拉伸、三维图形的布尔操作等。

第 12 章

古桥的绘制

图 12-1　古桥的三维模型图（3dsmax 渲染结果）

在我国江南的许多地方有着很多美丽的拱桥,其小巧、灵秀、充分地融进了江南水乡美丽的风景,当人们看到这些有着古典特色的桥梁时,心中会自然而然地充满着对这个城市乃至国家的热爱,勤劳的中国人民在神州大地创造了一个又一个美丽的风景,身为一个设计者怎能不对目睹的一切感到自豪和欣慰？下面用一章的篇幅介绍如何绘制如图 12-1 所示的景观古桥。

12.1　绘制拱桥的立面图形

12.1.1　绘制拱桥主体轮廓线

为了接下来的绘制更加方便,在绘图前,先将对象捕捉和极轴打开,设置如图 12-2 和图 12-3 所示。

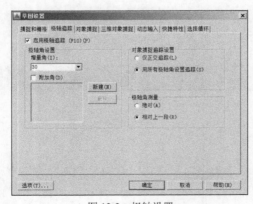

图 12-2　极轴设置

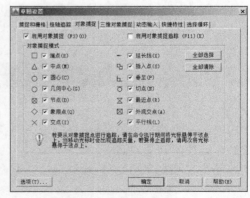

图 12-3　对象捕捉设置

下面开始绘制石拱桥,将视图切换为前视图,如图 12-4 所示。

```
命令: PLINE   （点击绘图工具栏中的多段线图标 ）
指定起点:0, 0
当前线宽为 0.0000
```

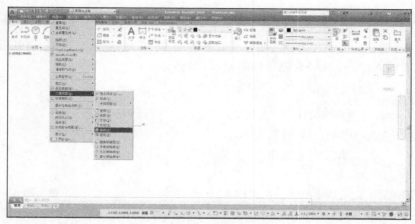

图 12-4　视图设置

向下一点方向移动鼠标,当出现捕捉极轴 30°时,指定下一点距离为 100,如图 12-5 所示。

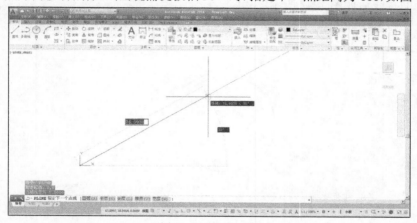

图 12-5　指定第二点

接着向下一点移动鼠标,极轴 0°,指定下一点距离为 100;极轴向下 30°时,指定再下一点距离为 100,回车确认。最终绘制出如图 12-6 所示。

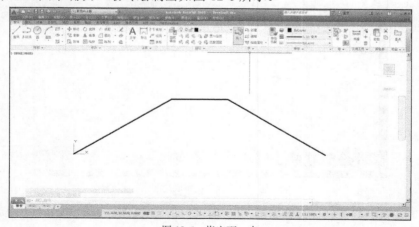

图 12-6　指定下一点

12.1.2 绘制桥洞

利用中点捕捉,绘制一条辅助直线 LINE,捕捉端点绘制一个圆 CIRCLE,然后按 DELETE 或者输入命令 ERASE 删除辅助直线,具体如下。

```
命令: line
指定第一点  （选择多段线第二段的中点）
指定下一点或[放弃(U)]: @0,-150
指定下一点或[放弃(U)]: 回车
命令: circle
指定圆的圆心或[三点(3P)/两点(2P)/切点、切点、半径(T)]:（选择刚才所做直线的
下端点）
指定圆的半径或[直径(D)]: 130（回车）
```

删除辅助直线后如图 12-7 所示。

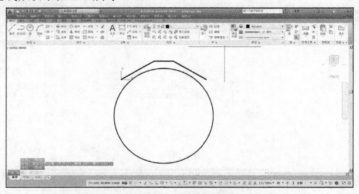

图 12-7　绘制辅助圆

再利用 PLINE 绘制如图 12-8 所示一条线,其竖向短线长度 13,具体操作不再叙述。

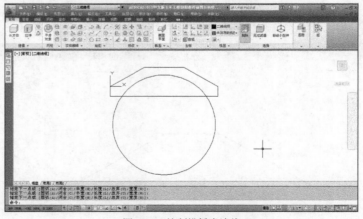

图 12-8　绘制拱桥底边线

命令 TR（TRIM）修剪,得到如图 12-9 所示图形,CAD2016 的 TRIM 功能可以进行框选剪裁,非常方便。

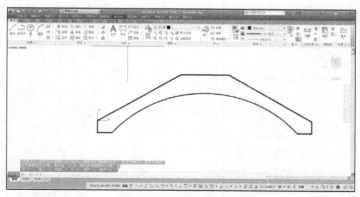

图 12-9　修剪多余部分

12.2 拉伸绘制出立体的拱桥

12.2.1　合并 PLINE

首先要合并刚才所绘的图形为一条 PLINE。

```
命令: pedit
选择多段线或 [ 条(M)]：m
选择对象：all
找到 4 个
选择对象：（回车）
是否将直线和圆弧转换为多段线？[ 是(Y)/ 否(N)]？ <Y> y
输入选项 [ 闭合(C)/ 打开(O)/ 合并(J)/ 宽度(W)/ 拟合(F)/ 样条曲线(S)/ 非曲
线化(D)/ 线型生成(L)/ 放弃(U)]：j
合并类型 = 延伸
输入模糊距离或 [ 合并类型(J)]<0.0000>：　回车
```

合并之后，用命令 O（OFFSET）将整个图形向内侧偏移 2.0000，结果如图 12-10 所示。

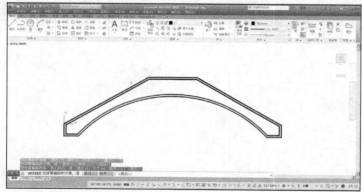

图 12-10　向内偏移出一个图形

12.2.2　拉伸出三维形体

```
命令: ISOLINES
输入 ISOLINES 的新值 <4>: 100
命令: extrude
当前线框密度:  ISOLINES=100 ,闭合轮廓创建模式 = 实体
选择要拉伸的对象或[ 模式( MO )]: 找到 1 个              ( 外轮廓线 )
选择要拉伸的对象或[ 模式( MO )]:                       ( 回车 )
指定拉伸的高度或 [ 方向( D )/ 路径( P )/ 倾斜角( T )表达式( E )]: 60      ( 回车 )
命令: extrude
当前线框密度: ISOLINES=100
选择要拉伸的对象: 找到 1 个               ( 内轮廓线 )
选择要拉伸的对象:                       ( 回车 )
指定拉伸的高度或 [ 方向( D )/ 路径( P )/ 倾斜角( T )表达式( E )]<60.0000>: 1  ( 回车 )
```

在视图 - 三维视图 - 俯视图中镜像绘制完成两边内轮廓线拉伸体的位置后如图 12-11 所示。

图 12-11　调整内轮廓线拉伸体位置

在视图 - 三维视图 - 西南等轴测图（真实）中观察结果如图 12-12 所示。

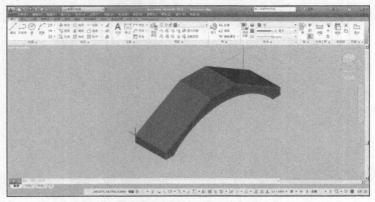

图 12-12　观察结果

12.2.3 镂空两侧

命令: subtract
选择要从中减去的实体、曲面和面域 ...
选择对象: 找到 1 个　　　（选择外轮廓拉伸体）
选择对象:　　　　（回车）
选择要减去的实体或面域 ...
选择对象: 找到 2 个 （选择拉伸出的镂空实体 绘制完毕后的图形如图 12-13 所示。

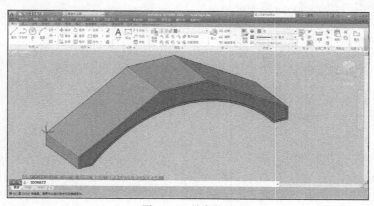

图 12-13　镂空结果

12.2.4 制作台阶

先绘制如图 12-14 所示步行台阶,具体方法和桥身轮廓一样,这里不再赘述。
再次利用差集(SUBTRACT)命令,减去台阶辅助体,得到如图 12-15 所示结果。

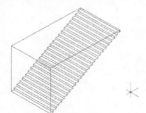

图 12-14　绘制剪切台阶所需物体

图 12-15　减除多余部分之后的图形

12.3 栏杆的绘制

12.3.1 绘制栏杆立柱(图 12-16)

命令:UCS　　　当前 UCS 名称: ＊前视＊
指定 UCS 的原点或 [面(F) / 命名(NA) / 对象(OB) / 上一个(P) / 视图(V) / 世界(W)
/X/Y/Z 轴(ZA)] <世界 >: new

指定新 UCS 的原点或［Z 轴（ZA）/ 三点（3）/ 对象（OB）/ 面（F）/ 视图（V）/X/Y/Z］
<0,0,0>:
　　（在屏幕上任意指定一点作为坐标原点）
命令：box
指定第一个角点或［中心（C）］：0,0,0
指定其他角点或［立方体（C）/ 长度（L）］：L
指定长度：5
指定宽度：20
指定高度或［两点（2P）］<50.0000>：5

12.3.2　绘制立柱上的座灯

按图 12-17 所示，用 PLINE 命令绘出要旋转的对象，画出旋转轴。

命令：surftab1　　　　　　（指定网格密度）
输入 SURFTAB1 的新值 <6>：20
命令：surftab2
输入 SURFTAB2 的新值 <6>：20
命令：_revsurf　　　　　　（绕轴旋转）
当前线框密度：SURFTAB1=20　SURFTAB2=20
选择要旋转的对象：　　　　（选择如图 12-17 所示的旋转对象）
选择定义旋转轴的对象：　　（选择如图 12-17 所示的旋转轴）
指定起点角度 <0>:　　　　（回车）
指定包含角（+= 逆时针，-= 顺时针）<360>:　　（回车）

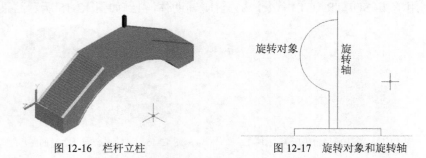

图 12-16　栏杆立柱　　　　　　　　图 12-17　旋转对象和旋转轴

绘制完毕后的图形如图 12-18 所示。

然后将灯摆放到正确的位置（利用各个方向的视图），如图 12-19 所示。

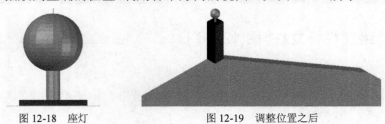

图 12-18　座灯　　　　　　　　图 12-19　调整位置之后

栏板的绘制方法同桥身主体,熟练运用 EXTRUDE、SUBTRACT 命令和复制、镜像,可由如图 12-20 所示平面图形拉伸得到三维图形。

图 12-20 栏板轮廓线

然后通过复制、镜像、移动等基本命令,将栏杆摆在相应的位置, AutoCAD 运用几何图形、光源和材质将模型渲染为具有真实感的图像。如果是为了演示,那么就需要全部渲染。如果时间有限,或者显示设备和图形设备不能提供足够的灰度级和颜色,那么就不必精细渲染。如果只需快速查看设计的整体效果,那么只需在【视图】主菜单中【视觉样式】子菜单下选择适合的选项就可以了。

12.4 在 3dsmax 中进行贴图和渲染

3dsmax 最新版本为 3dsmax8 sp2,和 AutoCAD 同为 Autodesk 公司的知名软件。在三维建模、材质、灯光、渲染、动画和特效上有着出众的表现。选择它进行贴图和渲染的主要原因是它和 AutoCAD 的结合特别完美。

点击菜单栏 file(文件)-import(导入),文件类型选择 DWG。点击打开,弹出窗口点OK。

现在在 CAD 中绘制的模型已经成功导入到 3dsmax 中了。如图 12-21 所示。

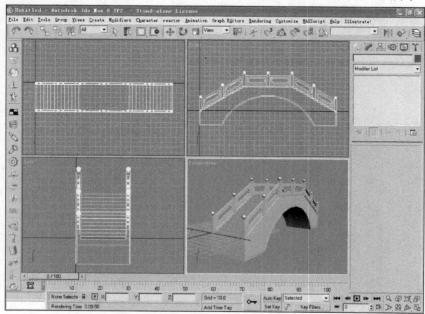

图 12-21 进入 3DSMAX 进行桥梁模型的贴图

按下键盘 W 键（选择）或 图标选中模型，在右侧工具栏中点击修改图标，在下拉菜单中选择 UVWmap。如图 12-22 所示。

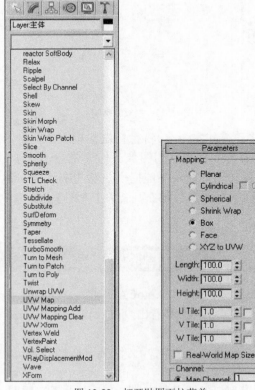

图 12-22　打开贴图下拉菜单

在参数卷展栏中，进行如下修改，Mapping（贴图方式）选择 Box 方式，长宽高，全部改为 100。

在模型上点击鼠标右键，将其转换为 Editbale Poly。如图 12-23 所示。

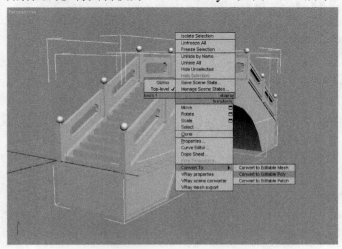

图 12-23　转换为 Editbale Poly

在 面级别下选中两侧面，点击 Detach ，弹出窗口点 OK，这样就将选中的面分离出来了。如图 12-24 所示。

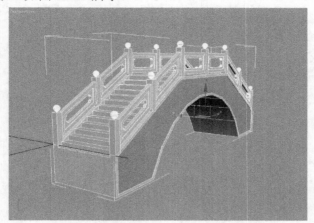

图 12-24 选中桥模型的两个外侧面进行贴图

按下键盘 M 键，或者点击 图标，弹出如图 12-25 所示的材质编辑器。

在材质编辑器的卷展栏里，展开 Map 栏，勾选 Diffuse Color 和 Bump，分别为物体表面固有色和凹凸。如图 12-26 所示。

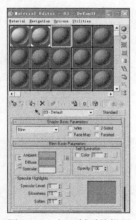

图 12-25 打开材质编辑器

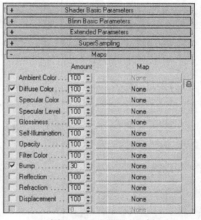

图 12-26 展开 Map 栏

点击 Diffuse Color 和 Bump 对应的 None，分别指定如图 12-27 所示。两张图片。这两张图片是 Totaltextrue 制作的无缝贴图。

图 12-27 选择贴图材质

点击🔳将制作好的材质赋予选中物体，点击🔳观察效果如图 12-28 所示。

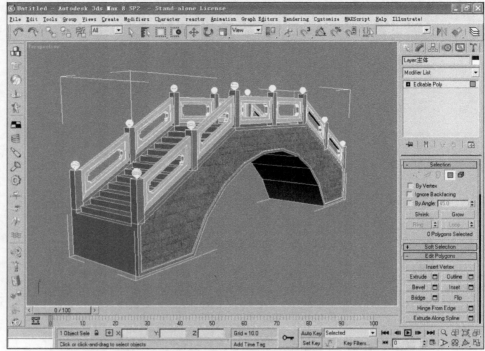

图 12-28　赋予拱桥材质

其他部分的材质制定同桥的两侧，用户自己尝试着贴一下，这里篇幅有限，不再赘述。全部贴完之后如图 12-29 所示。

接下来进行灯光的创建，点击创建面板中的🔳灯光面板，选择 Target Direct 目标直射光，来制造太阳效果。设置参数如图 12-30 和图 12-31 所示。

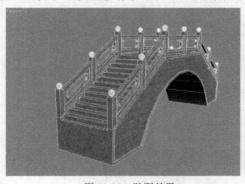

图 12-29　贴图效果

图 12-30　进行光线设置

再次在创建面板的灯光面板中选择 Skylight 天光，创建在任意位置，采用默认参数。

点击🔳或键盘 F10 弹出渲染面板，在 Advanced Lighting 栏中设置参数如下。如图 12-32 所示。

选择好角度按下 F9 或点击🔳图标，渲染图像。效果如图 12-33 所示。用户往往还要在 Photoshop 中编辑渲染出的图像，为其添加背景、树木和人等。

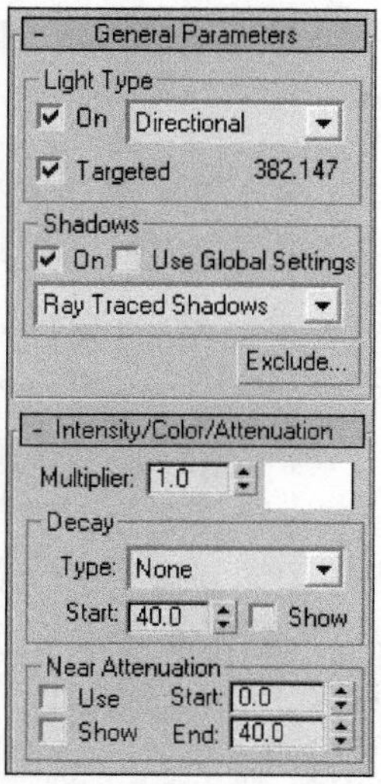

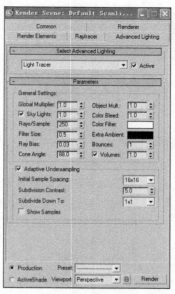

图 12-31　设置光线的具体参数

图 12-32　设置光线的渲染参数

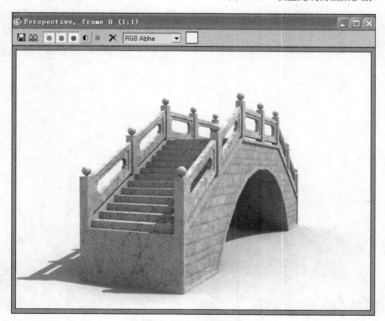

图 12-33　渲染效果图

12.5 小结

本章主要内容总结如下：

（1）通过简单的三维命令绘制出一座石拱桥。

（2）在 3dMax 中进行贴材质渲染。

第 13 章

三维道路的绘制

　　道路是经济建设的先行设施,它对商品流通、发展经济、巩固国防、建设边疆、开发山区和旅游事业的发展等方面有着巨大的作用,我国山东、江苏等省有着密集的高速路网,这些基础设施的完备为它们的经济腾飞提供了强有力的支持。城市道路是城市建设的基础,城市各类建筑依据道路的走向布置反映城市的风貌,所以城市道路是划分街坊、形成城市结构的骨架。任何一名设计者在进行道路选线的设计时,都应该预期到这条路今后的运营状况,以其设计出满足交通及运营安全的道路。因此设计者也不应局限于平面设计,如果有立体辅助设计的思想融会到设计当中,就会更加精确真实地设计出合理的道路。下面用一章的篇幅介绍一下如图 13-1 所示的三维道路的绘制方法,以便读者能领会并贯通于今后的道路设计中。

图 13-1　渲染效果图

13.1 绘图准备

　　道路一般由以下部分构成:道路、隔离带、道路行车线标志和路灯等。这些对象都可以用最基本的三维命令建立(⊕ ⑤ ⑦ ◎ ⑤ ✎)。下面简单介绍一下这些基本命令的用法。除了在命令行输入命令外,通过菜单和功能区面板也可以调用这些命令,如图 13-2 所示。

a)通过菜单调用

b)通过功能区调用

图 13-2 通过菜单和功能区调用命令

13.1.1 REVSURF 旋转网格

绕选定轴创建旋转曲面,通过将路径曲线或轮廓（直线、圆、圆弧、椭圆、椭圆弧、闭合多段线、多边形、闭合样条曲线或圆环）绕指定的轴旋转构造一个近似于旋转曲面的多边形网格。

```
命令: revsurf
当前线框密度: SURFTAB1= 当前值; SURFTAB2= 当前值
选择要旋转的对象: 选择直线、圆弧、圆或二维、三维多段线
选择定义旋转轴的对象: 选择直线或开放的二维、三维多段线
```

生成的网格的密度由 SURFTAB1 和 SURFTAB2 系统变量控制。SURFTAB1 指定在旋转方向上绘制的网格线的数目。如果路径曲线是直线、圆弧、圆或样条曲线拟合多段线,SURFTAB2 将指定绘制的网格线数目以进行等分。如果路径曲线是没有进行样条曲线拟合的多段线,网格线将绘制在直线段的端点处,并且每个圆弧都被等分为 SURFTAB2 所指

定的段数。

13.1.2　TABSURF　平移网格

沿路径曲线和方向矢量创建平移曲面。

> 命令：tabsurf
> 当前线框密度：SURFTAB1=6
> 选择用作轮廓曲线的对象：

轮廓曲线定义多边形网格的曲面。它可以是直线、圆弧、圆、椭圆、二维或三维多段线。
AutoCAD 2016 从轮廓曲线上离选定点最近的点开始绘制曲面。

13.1.3　EXTRUDE　拉伸

通过拉伸现有二维对象来创建唯一实体原型。

> 命令:extrude
> 当前线框密度:ISOLINES= 当前
> 选择要拉伸的对象：
> 指定拉伸高度或 ［方向（ D ）/ 路径（ P ）/ 倾斜角（ T ）]：　指定拉伸实体的高度或输入 d 以
> 指定拉伸实体的方向（ 或 p 以指定拉伸实体的路径、t 以指定拉伸实体的倾斜角 ）

13.1.4　SUBTRACT　差集

通过减操作合并选定的面域或实体。

> 命令：subtract
> 选择要从中减去的实体或面域 …
> 选择对象：　使用对象选择方法并在完成后按 ENTER 键
> 选择要减去的实体或面域 …
> 选择对象：　使用对象选择方法并在完成后按 ENTER 键

13.1.5　REVOLVE　旋转实体

通过绕轴旋转二维对象来创建实体。

> 命令：revolve
> 当前线框密度：　ISOLINES= 当前值
> 选择要旋转的对象：　使用对象选择方式
> REVOLVE 忽略多段线的宽度，并从多段线路径的中心线处开始旋转。

13.1.6　SLICE　剖切

用平面剖切一组实体。

命令： slice
选择要剖切的对象： 使用对象选择方法并在完成后按 ENTER 键
AutoCAD 忽略当前选择集中的面域。

介绍完这几个最基本的命令后，我们开始讲述本章中三维道路的具体绘制方法。如图 13-1 所示的道路为城市道路，横截面的具体尺寸为 2+3.75+2+3.75+3.75+0.3+3.75+3.75+2+ 3.75+2（四车道加绿化带和人行道），纵向长度 300m。如图 13-2 所示通过菜单和功能区调用命令。

13.2 道路的绘制

13.2.1 绘制道路横截面

将当前视口设置为前视图，然后再开始道路界面的绘制。按下 F8 打开正交，如图 13-3 所示，可以轻松地捕捉水平和垂直位置，然后直接输入下一点到前一点的距离即可。

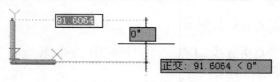

图 13-3 打开正交绘制直线

命令:L（line）
指定第一点:0,0
将光标向下一点位置，即右方移动，显示直线为水平状态，输入人行道宽度 2
将光标向下一点位置，即下方移动，显示直线为垂直状态，输入人行道高度 0.1
将光标向下一点位置，即右方移动，显示直线为水平状态，输入自行车道宽度 3.75
将光标向下一点位置，即上方移动，显示直线为垂直状态，输入绿化隔离带高度 0.2
将光标向下一点位置，即右方移动，显示直线为水平状态，输入绿化隔离带宽度 2
将光标向下一点位置，即下方移动，显示直线为垂直状态，输入绿化隔离带高度 0.2
将光标向下一点位置，即右方移动，显示直线为水平状态，输入机动车行道宽度的一半 7.65
然后按回车键。

得到道路截面的一半，如图 13-4 所示。

图 13-4 道路截面的一半

接着，通过镜像得到另一半。

命令： mirror （点击修改工具栏或功能区面板中的镜像图标 ⚠）
选择对象： 框选所有直线段

```
选择对象:              （回车）
指定镜像线的第一点: 15.4, 0
指定镜像线的第二点: 15.4, 10
要删除源对象吗? ［是(Y) / 否(N)] <N>:N
```

绘制出如图 13-5 所示的图形。

图 13-5　道路截面

继续用 LINE 命令绘制直线将其闭合并利用偏移 OFFSET、剪切 TRIM 命令在绿化隔离带上剪出两个凹槽，如图 13-6 所示，具体操作不再赘述。

图 13-6　闭合道路截面

13.2.2　将道路横截面封闭

当前所绘制的图形是由直线 LINE 组成，下面要把它们转为 PLINE 线，并合并成一条，这样才能方便进行三维操作。

```
命令:pedit
选择多段线或［多条(M)］: m
选择对象: all 找到 25 个
选择对象: 回车或空格
是否将直线和圆弧转换为多段线?［是(Y) / 否(N)］? <Y>
输入选项［闭合(C) / 打开(O) / 合并(J) / 宽度(W) / 拟合(F) / 样条曲线(S) / 非曲
线化(D) / 线型生成(L) / 放弃(U)］: j
合并类型 ＝ 延伸
输入模糊距离或［合并类型(J)］<0.0000>:
多段线已增加 24 条线段
按 ESC 键退出，现在已经成功地将刚才的 25 条 line 转为一条 pline 了。
```

13.2.3　绘制三维道路

如图 13-7 所示，绘制一条 300 长的直线作为放样路径。
下面通过曲面拉伸出三维道路。

```
命令: tabsurf              （点击平移网格 图标）
当前线框密度: SURFTAB1=6
选择用作轮廓曲线的对象:              （选择道路横截面）
```

| 选择用作方向矢量的对象: | （选择绘制的那条 300 米长的放样直线） |

得到如图 13-8 所示实体对象。

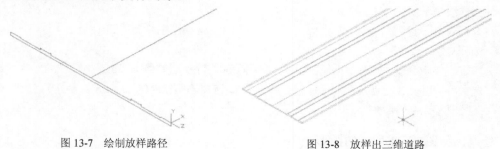

图 13-7 绘制放样路径   图 13-8 放样出三维道路

13.3 路灯的绘制

13.3.1 新建路灯图层

| 命令：layer | （弹出如图 13-9 所示的对话框，新建路灯图层并将路灯图层定为当前图层，关闭所有其他图层） |

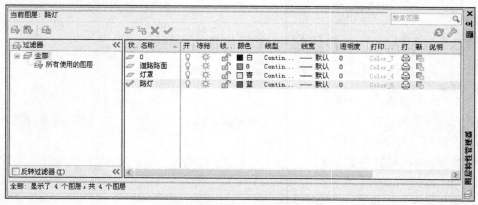

图 13-9 新建路灯图层并置为当前层

13.3.2 绘制电杆

用 CIRCLE 命令绘制一个圆。

```
命令：circle
指定圆的圆心或 ［三点（3P）/ 两点（2P）/ 相切、相切、半径（T）］: 0,0,0
指定圆的半径或 ［直径（D）］<0.1000>: 0.1
```

再用 PLINE 绘制一条放样曲线，如图 13-10 所示，具体步骤大家应该相当熟悉了，这里不再赘述。

然后就可以利用拉伸命令绘制电杆实体了，命令如下。

命令：extrude
当前线框密度： ISOLINES=100
选择对象：找到 1 个　　（选择刚刚绘制的圆）
选择对象：　　（回车）
指定拉伸高度或[方向（D）/路径（P）/倾斜角（T）]<当前值>：p
选择拉伸路径或[倾斜角（T）]：　　（选择刚刚绘制的 pline）
路径已移动到轮廓中心。

绘制出如图 13-11 所示的图形。

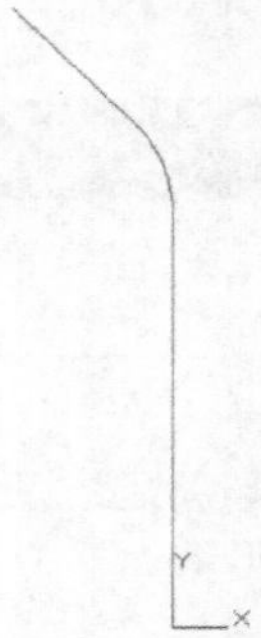

图 13-10　放样曲线的图示

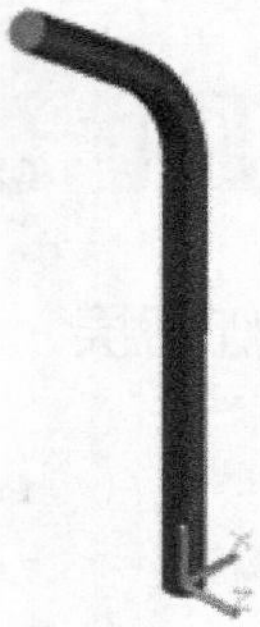

图 13-11　拉伸出电杆

12.3.3 绘制一个由多段线构成的灯罩轮廓线

命令：ucs
当前 UCS 名称：*前视*
指定 UCS 的原点或[面（F）/命名（NA）/对象（OB）/ 上一个（P）/ 视图（V）/世界（W）/X/Y/Z/ Z 轴（ZA）]<世界>:new
指定新 UCS 的原点或[Z 轴（ZA）/三点（3）/对象（OB）/面（F）/视图（V）/X/Y/Z]<0,0,0>:（在 屏幕上任意点击一点作为新的坐标原点）
利用多段线 PLINE 命令绘制灯罩轮廓线。
逐步用鼠标指定下一点的位置得到如图 13-12 所示图形。
命令：_line　　（连接 *A*、*B* 点绘制出灯罩的旋转轴）
指定第一点：　　（点击图 13-12 中所示的 *A* 点）
指定下一点或[放弃（U）]：　　（点击图 13-12 中所示的 *B* 点）
指定下一点或[放弃（U）]：　　（回车）

13.3.4 沿着旋转轴旋转灯罩轮廓线

命令：revsurf　（点击旋转网格图标）
当前线框密度：SURFTAB1=6　SURFTAB2=6

选择要旋转的对象:	（选择灯罩的轮廓线）
选择定义旋转轴的对象:	（选择刚刚绘制的旋转轴）
指定起点角度 <0>:	（回车）
指定包含角（+= 逆时针，-= 顺时针）<360>: 180	

绘制出如图 13-13 所示的图形。

13.3.5 移动和转动灯罩并放到正确的位置

用移动和转动命令，将刚刚绘制好的灯罩放置到横撑的端点位置，具体步骤不再赘述，移动后的图形如图 13-14 所示。

图 13-12 灯罩轮廓线

图 13-13 三维灯罩

图 13-14 将灯罩移动到正确的位置

13.4 阵列出所有路灯

将图层全部打开，将刚绘制好的路灯移动到路的角点位置。并利用 MIRROR 和 COPY 及阵列 ARRAY 绘制出如图 13-15 所示的图形。

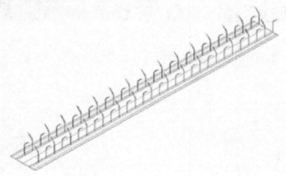

图 13-15 阵列复制出所有路灯

13.5 小结

本章主要内容总结如下：通过简单的三维命令绘制出道路，重点命令为曲面拉伸。

第 14 章

三维斜拉桥的绘制

　　下面我们用一章的篇幅讲述如何绘制三维斜拉桥,跨海跨江的超大型桥梁往往能代表一个国家一个城市的形象,一个气势恢宏的斜拉桥更能给人带来无尽的想象力和美感。所以作为一个设计者应该有美学的基础,这样设计出的桥梁才能给这个城市这个国家增添一道靓丽的风景。如图 14-1 所示为斜拉桥效果图。

图 14-1　斜拉桥效果图

斜拉桥的平面布置图和立面布置图如图 14-2 所示。

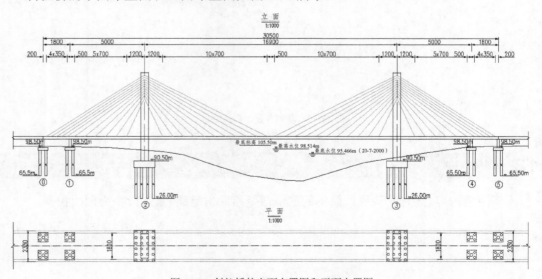

图 14-2　斜拉桥的立面布置图和平面布置图

主梁的横截面布置图如图 14-3 所示。

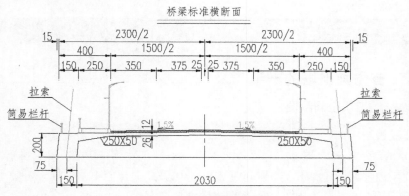

图 14-3　主梁横截面布置图

主塔的横断面图如图 14-4 所示。

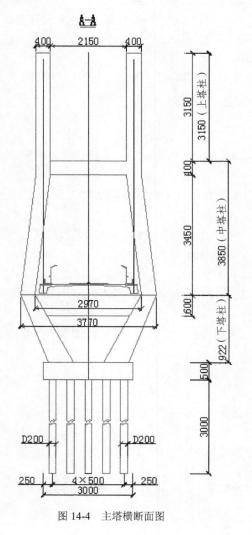

图 14-4　主塔横断面图

介绍完此斜拉桥的基本尺寸情况后，我们开始详细讲述一下如何绘制三维斜拉桥。

14.1 画出主塔横断面

14.1.1 首先画出塔的一半

在【三维建模】工作空间绘图。

```
命令: ucs
当前 UCS 名称: * 世界 *
指定 UCS 原点或 [ 面（F）/命名（NA）/对象（OB）/上一个（P）/视图（V）/世界（W）/
X/Y/Z/Z 轴（ZA）] < 世界 >: n
指定新 UCS 的原点或 [ Z 轴（ZA）/三点（3）/对象（OB）/面（F）/视图（V）/X/Y/Z ]
<0,0,0>:（在屏幕上任意点一点作为新的坐标原点）
命令: _PLINE           （点击绘图工具栏中的多段线图标↵）
指定起点: -4.25,0
当前线宽为 0.0000
指定下一个点或 [ 圆弧（A）/半宽（H）/长度（L）/放弃（U）/宽度（W）]:
-14.85,19.22
指定下一个点或 [ 圆弧（A）/闭合（C）/半宽（H）/长度（L）/放弃（U）/宽度（W）]:
-18.85,19.22
指定下一个点或 [ 圆弧（A）/闭合（C）/半宽（H）/长度（L）/放弃（U）/宽度（W）]:
-11.25,0
指定下一个点或 [ 圆弧（A）/闭合（C）/半宽（H）/长度（L）/放弃（U）/宽度（W）]: c（将
下塔柱封闭）
命令: _PLINE           （点击绘图工具栏中的多段线图标↵）
指定起点: -14.85,19.22
当前线宽为 0.0000
指定下一个点或 [ 圆弧（A）/半宽（H）/长度（L）/放弃（U）/宽度（W）]:
-10.6445,53.72
指定下一个点或 [ 圆弧（A）/闭合（C）/半宽（H）/长度（L）/放弃（U）/宽度（W）]:
-10.6445,89.22
指定下一个点或 [ 圆弧（A）/闭合（C）/半宽（H）/长度（L）/放弃（U）/宽度（W）]:
-14.6445,89.22
指定下一个点或 [ 圆弧（A）/闭合（C）/半宽（H）/长度（L）/放弃（U）/宽度（W）]:
-14.6445,53.72
指定下一个点或 [ 圆弧（A）/闭合（C）/半宽（H）/长度（L）/放弃（U）/宽度（W）]:
-18.85,19.22
指定下一个点或 [ 圆弧（A）/闭合（C）/半宽（H）/长度（L）/放弃（U）/宽度（W）]: c（将
上塔柱封闭）
```

画出如图 14-5 所示的图形。

14.1.2 镜像出塔的另一半并绘制出上、下横梁

命令：_mirror （点击编辑工具栏中的镜像复制图标🔼）
选择对象：all 找到 2 个 （选择所有对象作为镜像对象）
选择对象： （回车）
指定镜像线的第一点：0,0
指定镜像线的第二点：0,100
要删除源对象吗？［是(Y)／否(N)］<N>:N
命令：_rectang （或点击绘图菜单中的🔲矩形图标）
指定第一个角点或［倒角(C)／标高(E)／圆角(F)／厚度(T)／宽度(W)］:
-10.6445,53.72
指定另一个角点或［面积(A)／尺寸(D)／旋转(R)］:@21.289,4 （绘制出上横梁）
命令：_PLINE （点击绘图工具栏中的多段线图标⤵）
指定起点：-14.85,19.2
当前线宽为 0.0000
指定下一个点或［圆弧(A)／半宽(H)／长度(L)／放弃(U)／宽度(W)］:14.85,19.2
指定下一个点或［圆弧(A)／闭合(C)／半宽(H)／长度(L)／放弃(U)／宽度(W)］:
11.5409,13.22
指定下一个点或［圆弧(A)／闭合(C)／半宽(H)／长度(L)／放弃(U)／宽度(W)］:
-11.5409,13.22
指定下一个点或［圆弧(A)／闭合(C)／半宽(H)／长度(L)／放弃(U)／宽度(W)］:c(将
下横梁封闭）

绘制出如图 14-6 所示的图形。

图 14-5 塔的一半

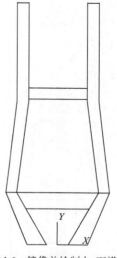

图 14-6 镜像并绘制上、下横梁

14.1.3 绘制承台

命令：_rectang　　　　　　（点击绘图菜单中的 ▢ 矩形图标）
指定第一个角点或［倒角（C）/标高（E）/圆角（F）/厚度（T）/宽度（W）］: from
基点: 0,0
＜偏移＞: 12.5,0
指定另一个角点或［面积（A）/尺寸（D）/旋转（R）］: @-25,-5

14.2 绘制拉索

14.2.1 绘制拉索点辅助线

命令: line
指定第一点: mid
于　　　　（作一条辅助线来定位拉索点，捕捉塔顶中点）
指定下一点或［放弃（U）］: ＜正交 开＞ per
到　　　　　　　　　（捕捉下横梁的垂足）
指定下一点或［放弃（U）］:　　　　　（回车）
命令: ucs
当前 UCS 名称: * 没有名称 *
指定 UCS 的原点或［面（F）/命名（NA）/对象（OB）/上一个（P）/视图（V）/世界（W）
/X/Y/Z/Z 轴（ZA）］＜世界＞: n
指定新 UCS 的原点或［Z 轴（ZA）/三点（3）/对象（OB）/面（F）/视图（V）/X/Y/Z］
＜0,0,0＞: end
于　　　　（捕捉辅助线的下端点作为坐标原点）

绘制出如图 14-7 和图 14-8 所示的图形。

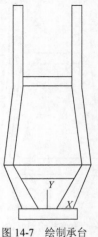
图 14-7　绘制承台

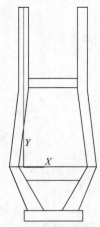
图 14-8　定义新的坐标原点

14.2.2　绘制拉索点

```
命令：ddptype                    （选择一种点样式）
DDPTYPE  正在重生成模型
```

弹出如图 14-9 所示的【点样式】对话框。

```
命令：PDMODE
输入 PDMODE 的新值 <0>：35
命令：multiple
输入要重复的命令名：point              （重复绘制各个拉索点）
当前点模式：  PDMODE=35   PDSIZE=0.0000
指定点：0,31.48
POINT
当前点模式：  PDMODE=35   PDSIZE=0.0000
指定点：0,37.65
POINT
当前点模式：  PDMODE=35   PDSIZE=0.0000
指定点：0,41.73
POINT
当前点模式：  PDMODE=35   PDSIZE=0.0000
指定点：0,45.1
POINT
当前点模式：  PDMODE=35   PDSIZE=0.0000
指定点：0,48.16
POINT
当前点模式：  PDMODE=35   PDSIZE=0.0000
指定点：0,50.57
POINT
当前点模式：  PDMODE=35   PDSIZE=0.0000
指定点：0,52.88
POINT
当前点模式：  PDMODE=35   PDSIZE=0.0000
指定点：0,55.11
POINT
当前点模式：  PDMODE=35   PDSIZE=0.0000
指定点：0,57.29
POINT
当前点模式：  PDMODE=35   PDSIZE=0.0000
指定点：0,59.44
```

```
POINT
当前点模式： PDMODE=35  PDSIZE=0.0000
指定点： 0,61.10
POINT
当前点模式： PDMODE=35  PDSIZE=0.0000
指定点： 0,62.62
POINT
当前点模式： PDMODE=35  PDSIZE=0.0000
指定点： 0,64.15
POINT
当前点模式： PDMODE=35  PDSIZE=0.0000
指定点： 0,65.68
POINT
当前点模式： PDMODE=35  PDSIZE=0.0000
指定点： 0,67.21
POINT
当前点模式： PDMODE=35  PDSIZE=0.0000
指定点： * 取消 *   （按 Esc 按键取消）
```

绘制出如图 14-10 所示的图形。

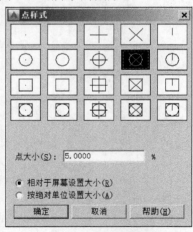

图 14-9 【点样式】对话框

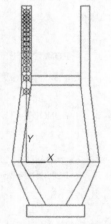

图 14-10 绘制出各个拉索点

14.2.3 按段绘制主梁轴线

```
命令： rotate3d
当前正向角度： ANGDIR= 逆时针 ANGBASE=0
选择对象： all   找到 23 个 （选择所有对象）
选择对象：         （回车）
```

　　　指定轴上的第一个点或定义轴依据　［对象（O）／最近的（L）／视图（V）/X 轴（X）/Y
轴（Y）/Z 轴（Z）/两点（2）］: y 　　　　　　　　　（y轴为旋转轴）

　　　指定 Y 轴上的点 <0,0,0>: 0,0

　　　指定旋转角度或［参照（R）］: 90

　　　命令: multiple

　　　输入要重复的命令名: line

　　　指定第一点: 0,0

　　　指定下一点或［放弃（U）］: -13,0

　　　指定下一点或［放弃（U）］: -21,0

　　　指定下一点或［闭合（C）／放弃（U）］: -29,0

　　　指定下一点或［闭合（C）／放弃（U）］: -37,0

　　　指定下一点或［闭合（C）／放弃（U）］: -45,0

　　　指定下一点或［闭合（C）／放弃（U）］: -53,0

　　　指定下一点或［闭合（C）／放弃（U）］: -61,0

　　　指定下一点或［闭合（C）／放弃（U）］: -69,0

　　　指定下一点或［闭合（C）／放弃（U）］: -77,0

　　　指定下一点或［闭合（C）／放弃（U）］: -85,0

　　　指定下一点或［闭合（C）／放弃（U）］: -89,0

　　　指定下一点或［闭合（C）／放弃（U）］: -93,0

　　　指定下一点或［闭合（C）／放弃（U）］: -97,0

　　　指定下一点或［闭合（C）／放弃（U）］: -101,0

　　　指定下一点或［闭合（C）／放弃（U）］: -105,0

　　　指定下一点或［闭合（C）／放弃（U）］: ＊取消＊（按 Esc 按键取消）

绘制出如图 14-11 所示的图形。

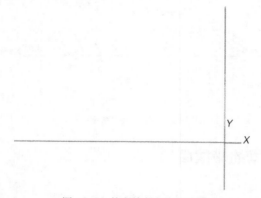

图 14-11　按段绘制主梁的轴线

14.2.4　绘制拉索

命令: osnap　　（设置捕捉方式）

弹出如图 14-12 所示的对象捕捉设置对话框，勾选端点和节点选项。

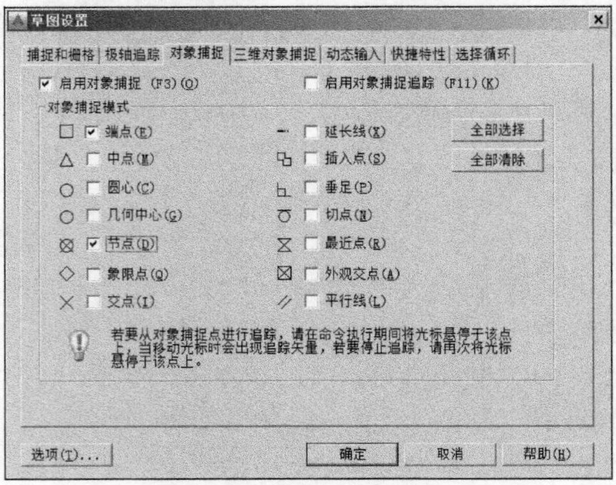

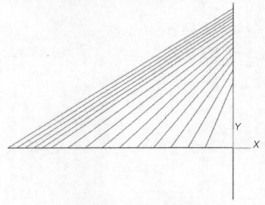

图 14-12　设置捕捉方式

```
命令：line
指定第一点：    node
于                        （捕捉主塔上的拉索节点）
指定下一点或［放弃(U)］：（捕捉主梁上的节段点）
……
```

重复进行直线的绘制直到绘制出所有的拉索。绘制出如图 14-13 所示的图形。

图 14-13　绘制出拉索轴心线

14.2.5　绘制拉索的横截面

```
命令：rotate3d
当前正向角度：  ANGDIR= 逆时针 ANGBASE=0
选择对象：all（选择全部图形）
选择对象：    （回车）
指定轴上的第一个点或定义轴依据
```

[对象(O)/最近的(L)/视图(V)/X 轴(X)/Y 轴(Y)/Z 轴(Z)/两点(2)]: y

指定 Y 轴上的点 <0,0,0>: 0,0

指定旋转角度或[参照(R)]: -90 （将图形旋转 90 度以显示主塔横断面）

命令: multiple

输入要重复的命令名: circle

指定圆的圆心或[三点(3P)/两点(2P)/相切、相切、半径(T)]: node

于 （捕捉主塔上的各个拉索节点作为圆心）

指定圆的半径或[直径(D)]: 0.4 （指定圆的半径为 0.4）

……（重复进行圆的绘制并删除之前绘制的点）

绘制出如图 14-14 所示的图形。

图 14-14 绘制各个拉索的横截面（小圆）

命令: rotate3d

当前正向角度: ANGDIR=逆时针 ANGBASE=0

选择对象: all （选择所有对象）

选择对象: （回车）

指定轴上的第一个点或定义轴依据

　[对象(O)/最近的(L)/视图(V)/X 轴(X)/Y 轴(Y)/Z 轴(Z)/两点(2)]: y

指定 Y 轴上的点 <0,0,0>: 0,0

指定旋转角度或[参照(R)]: 90

命令: extrude

当前线框密度: ISOLINES=4

选择要拉伸的对象或[模式 MO)]: 找到 1 个 （选择要拉伸的小圆）

选择对象: （回车）

指定拉伸高度或[方向(D)/路径(P)/倾斜角(T)]: p

选择拉伸路径: （把与小圆对应的拉索轴心线作为拉伸路径）

……（重复拉伸命令）

绘制出如图 14-15 所示的图形。

点击三维自由动态观察 ◎ 自由动态观察 图标，观察三维效果，如图 14-16 所示。

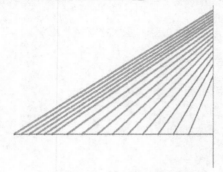

图 14-15 拉伸出拉索实体

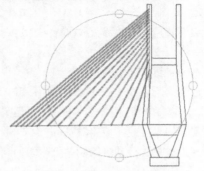

图 14-16 激活三维动态观察器

14.3 生成主塔实体

14.3.1 拉伸主塔横截面

```
命令:EXTRUDE
当前线框密度:  ISOLINES=4
选择对象: 找到 1 个
选择对象: 找到 1 个,总计 2 个
选择对象: 找到 1 个,总计 3 个
(选择上塔柱、中塔柱和上横梁作为拉伸对象)
选择对象:              (回车)
指定拉伸高度或[方向(D)/路径(P)/倾斜角(T)]: 6        (拉伸长度为 6m)
命令:EXTRUDE
当前线框密度:  ISOLINES=4
选择对象: 找到 1 个
选择对象: 找到 1 个,总计 2 个
选择对象: 找到 1 个,总计 3 个
(选择下塔柱和下横梁作为拉伸对象)
选择对象:              (回车)
指定拉伸高度或[方向(D)/路径(P)/倾斜角(T)]: 10       (拉伸长度为 10m)
命令:EXTRUDE
当前线框密度:  ISOLINES=4
选择对象: 找到 1 个            (选择承台为拉伸对象)
选择对象:              (回车)
指定拉伸高度或[方向(D)/路径(P)/倾斜角(T)]: -16      (拉伸长度为 16m)
```

绘制出如图 14-17 所示的图形。

14.3.2 切换到俯视图

点击俯视图图标 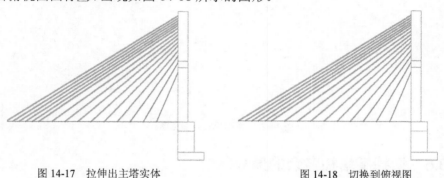，出现如图 14-18 所示的图形。

| 图 14-17 拉伸出主塔实体 | 图 14-18 切换到俯视图 |

14.3.3 移动中横梁和下塔柱及承台到正确的位置

命令：_move （点击编辑工具栏中的移动图标✛）

选择对象：指定对角点：找到 3 个（选择下塔柱和下横梁作为移动对象）

选择对象：　　　　　（回车）

指定基点或[位移(D)] < 位移 >：end（选择下横梁上的一点作为移动基点）

指定第二个点或 < 用第一个点作为位移 >：@-2,0,0

命令：_move （点击编辑工具栏中的移动图标✛）

选择对象：指定对角点：找到 1 个（选择承台作为移动对象）

选择对象：　　　　　（回车）

指定基点或[位移(D)] < 位移 >：end （选择承台上的一点作为移动基点）

指定第二个点或 < 用第一个点作为位移 >：@-5,0,0

绘制出如图 14-19 所示的图形。

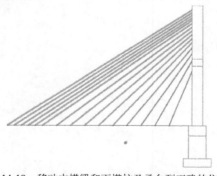

图 14-19 移动中横梁和下塔柱及承台到正确的位置

14.3.4 为了便于观察，用消隐模式观察图形

命令：hide （转换为消隐模式）

出现如图 14-20 所示的图形。

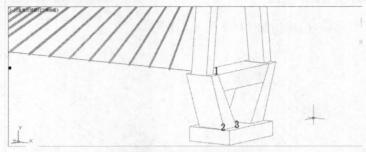

图 14-20　消隐模式观察图形

14.3.5　切掉下塔柱多余的部分

命令：slice
选择要剖切的对象：找到 1 个,总计 3 个　（选择下横梁和两个下塔柱）
选择要剖切的对象：　　　　（回车）
指定切面的起点或［平面对象（O）/曲面（S）/Z 轴（Z）/视图（V）/XY（XY）/YZ（YZ）/ZX（ZX）/三点（3）］＜三点＞：　（点击图 14-20 上的第一点）
指定平面上的第二个点：　　　　　（点击图 14-20 上的第二点）
指定平面上的第三个点：　　　　　（点击图 14-20 上的第三点）
在所需的侧面上指定点或［保留两个侧面（B）］＜保留两个侧面＞：（点击要保留的一侧即图 14-20 上 1、2、3 构成的平面的左侧）
……
（同理切掉另一侧的多余部分,删除文字）
命令：_-view 输入选项［?/正交（O）/删除（D）/恢复（R）/保存（S）/UCS（U）/窗口（W）］：_top
（点击俯视图图标▢,切换到俯视图）
正在重生成模型

绘制出如图 14-21 所示的图形。

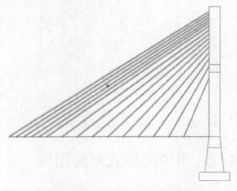

图 14-21　切除下塔柱上多余的部分

14.4 镜像出桥梁的所有拉索

14.4.1 镜像复制出右侧的拉索

命令：ucs

当前 UCS 名称：＊俯视＊

指定 UCS 的原点或［面（F）/命名（NA）/对象（OB）/上一个（P）/视图（V）/世界（W）/X/Y/Z/Z 轴（ZA）］＜世界＞：new

指定新 UCS 的原点或［Z 轴（ZA）/三点（3）/对象（OB）/面（F）/视图（V）/X/Y/Z］＜0,0,0＞： （点击拉索的最左端作为坐标原点）

命令：_mirror （点击编辑工具栏中的镜像复制图标）

选择对象：指定对角点：找到 30 个 窗口选择所有的拉索作为镜像对象）

选择对象： （回车）

指定镜像线的第一点：from

基点：0,0

＜偏移＞：108,0

指定镜像线的第二点：@0,20

要删除源对象吗？［是（Y）/否（N）］＜N＞：N

14.4.2 镜像复制出对称面上的拉索

命令：mirror3d

选择对象：指定对角点：找到 30 个

选择对象：指定对角点：找到 30 个,总计 60 个 （选择所有的拉索作为镜像对象）

选择对象： （回车）

指定镜像平面（三点）的第一个点或 ［对象（O）/最近的（L）/Z 轴（Z）/视图（V）/XY 平面（XY）/YZ 平面（YZ）/ZX 平面（ZX）/三点（3）］＜三点＞：xy（以 xy 平面作为镜像平面）

指定 XY 平面上的点 ＜0,0,0＞：0,0,-12.26445

是否删除源对象？［是（Y）/否（N）］＜否＞:N

绘制出如图 14-22 所示的图形。

图 14-22 镜像复制出全部拉索

14.5 镜像复制出另一幅斜拉桥

```
命令: ucs
当前 UCS 名称: *俯视*
指定 UCS 的原点或 [面(F)/命名(NA)/对象(OB)/上一个(P)/视图(V)/世界(W)
/X/Y/Z/Z轴(ZA)]<世界>: new
指定新 UCS 的原点或 [Z轴(ZA)/三点(3)/对象(OB)/面(F)/视图(V)/X/Y/Z]
<0,0,0>:                                 (选择拉索的最左端作为坐标原点)
命令: mirror3d
选择对象: all
找到 128 个
选择对象: 回车
指定镜像平面 (三点) 的第一个点或 [对象(O)/最近的(L)/Z轴(Z)/视图(V)/XY
平面(XY)/YZ平面(YZ)/ZX平面(ZX)/三点(3)]<三点>: YZ
指定 YZ 平面上的点 <0,0,0>: -2,0,0
是否删除源对象? [是(Y)/否(N)]<否>:N
```

绘制出如图 14-23 所示的图形。

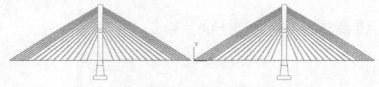

图 14-23 镜像全部对象

14.6 绘制桥墩

14.6.1 切换到前视图

```
命令: _-view 输入选项 [?/正交(O)/删除(D)/恢复(R)/保存(S)/UCS(U)/
窗口(W)]:
_front 正在重生成模型。
```

（点击工具栏中前视图图标■，切换到前视图；或者在【视图】下拉菜单【三维视图】子菜单中选择【前视】命令，切换到前视图；或者通过功能区面板）

为了显示清楚，采用消隐模式（通过 hide 命令，或者【视图】下拉菜单中选择【消隐】命令）生成如图 14-24 所示的图形。

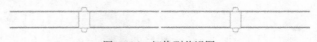

图 14-24 切换到前视图

14.6.2 绘制桥墩横截面

命令：ucs

当前 UCS 名称：* 前视 *

指定UCS的原点或［面（F）/命名（NA）/对象（OB）/上一个（P）/视图（V）/世界（W）/X/Y/Z/Z轴（ZA）］<世界>：new

指定新 UCS 的原点或［Z 轴（ZA）/三点（3）/对象（OB）/面（F）/视图（V）/X/Y/Z］<0,0,0>： （选择承台的下底面的左角点作为坐标原点,如图14-25所示）

命令:CIRCLE （绘制桥墩的横截面）

指定圆的圆心或［三点（3P）/两点（2P）/相切、相切、半径（T）］：2,2.5

指定圆的半径或［直径（D）］<0.4000>：1

命令:CIRCLE

指定圆的圆心或［三点（3P）/两点（2P）/相切、相切、半径（T）］：6,2.5

指定圆的半径或［直径（D）］<1.0000>:1

命令:CIRCLE

指定圆的圆心或［三点（3P）/两点（2P）/相切、相切、半径（T）］：10,2.5

指定圆的半径或［直径（D）］<1.0000>:1

命令:CIRCLE

指定圆的圆心或［三点（3P）/两点（2P）/相切、相切、半径（T）］：14,2.5

指定圆的半径或［直径（D）］<1.0000>:1

命令：extrude

当前线框密度： ISOLINES=4

选择要拉伸的对象或［模式<MO>］：指定对角点：找到 4 个 （选择刚绘制的4个圆）

选择要拉伸的对象： （回车）

指定拉伸高度或［方向（D）/路径（P）/倾斜角（T）］（16.0000）：30

命令：3darray

正在初始化... 已加载 3DARRAY。

选择对象：指定对角点：找到 4 个 （选择刚拉伸出的4个桥墩）

选择对象： （回车）

输入阵列类型［矩形（R）/环形（P）］<矩形>:r

输入行数（---）<1>：5

输入列数（|||）<1>：

输入层数（...）<1>：

指定行间距（---）：5

命令：copy

选择对象：指定对角点：找到 20 个

（选择阵列复制出的所有桥墩作为复制对象）

选择对象： （回车）

当前设置：位移模式 = 多个

指定基点或[位移（ D ）/ 模式（ O ）]＜位移＞：
（点选左桥承台的角点作为移动基点）
指定第二个点或 ＜使用第一个点作为位移＞：
（点选右桥承台的角点作为位移的终点）
指定第二个点或[退出（ E ）/ 放弃（ U ）]＜退出＞： （回车退出）

绘制出如图 14-25 所示的图形。

图 14-25　绘制出所有桥墩

再观察桥梁的西南等轴测视图，如图 14-26 所示（消隐模式）。

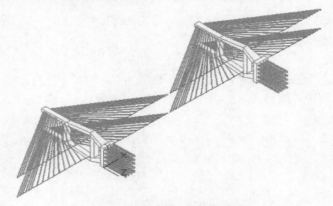

图 14-26　桥梁的西南等轴测视图

14.7 绘制主梁

14.7.1 切换视图模式为右视图

命令：_-view 输入选项 [?/ 正交（ O ）/ 删除（ D ）/ 恢复（ R ）/ 保存（ S ）/UCS（ U ）/
窗口（ W ）]：
_right 正在重生成模型。 （点击右视图图标⬚，切换到右视图）

绘制出如图 14-27 所示的图形。

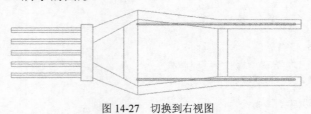

图 14-27　切换到右视图

14.7.2 将所有对象旋转

命令：rotate3d

当前正向角度：ANGDIR= 逆时针 ANGBASE=0

选择对象：all

找到 296 个

选择对象：（回车）

指定轴上的第一个点或定义轴依据[对象(O) / 最近的(L) / 视图(V) / X 轴(X) / Y 轴(Y) /
Z 轴(Z) / 两点(2)]：z　　　　　　　（指定 Z 轴为旋转轴）

指定 Z 轴上的点 <0,0,0>:　　　　　（点击承台上的一点作为旋转基点）

指定旋转角度或 [参照(R)]：90

绘制出如图 14-28 所示的图形。

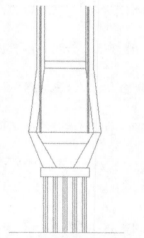

图 14-28　旋转所有对象后的图形

14.7.3 作出主梁的横断面

点击⊘三维自由动态观察器将视图旋转到一个合适的角度以便进行绘图操作。

命令：line　　　　　　（在最长的两个拉索端点连线作为绘图的辅助线）

指定第一点：

（点击外侧拉索的一个端点 1,见图 14-29）

指定下一点或 [放弃(U)]:

（点击内侧拉索的一个端点 2,见图 14-29）

指定下一点或 [放弃(U)]:　　　　　（回车）

命令：ucs

当前 UCS 名称：* 右视 *

指定 UCS 的原点或 [面(F) / 命名(NA) / 对象(OB) / 上一个 (P) / 视图(V) / 世界(W)
/X/Y/Z/Z 轴(ZA)] < 世界 >：new

指定新 UCS 的原点或 [Z 轴(ZA) / 三点(3) / 对象(OB) / 面(F) / 视图(V) / X / Y / Z]
<0,0,0>: mid

　于　　　　　　　　　　（在新绘制的辅助线上选择中点作为坐标原点）

　命令：PLINE　（点击绘图工具栏中的多段线图标 ）

　指定起点：-11.75,0

　当前线宽为 0.0000

　指定下一个点或 [圆弧(A) / 半宽(H) / 长度(L) / 放弃(U) / 宽度(W)]：-13.7,0

　指定下一点或 [圆弧(A) / 闭合(C) / 半宽(H) / 长度(L) / 放弃(U) / 宽度(W)]：
-13.5,2.5

　指定下一点或 [圆弧(A) / 闭合(C) / 半宽(H) / 长度(L) / 放弃(U) / 宽度(W)]：0,2.77

　指定下一点或 [圆弧(A) / 闭合(C) / 半宽(H) / 长度(L) / 放弃(U) / 宽度(W)]：
13.5,2.5

　指定下一点或 [圆弧(A) / 闭合(C) / 半宽(H) / 长度(L) / 放弃(U) / 宽度(W)]：
13.7,0

　指定下一点或 [圆弧(A) / 闭合(C) / 半宽(H) / 长度(L) / 放弃(U) / 宽度(W)]：
11.75,0

　指定下一点或 [圆弧(A) / 闭合(C) / 半宽(H) / 长度(L) / 放弃(U) / 宽度(W)]：
11.55,1.72

　指定下一点或 [圆弧(A) / 闭合(C) / 半宽(H) / 长度(L) / 放弃(U) / 宽度(W)]：
9.25,2.18

　指定下一点或 [圆弧(A) / 闭合(C) / 半宽(H) / 长度(L) / 放弃(U) / 宽度(W)]：0,2.365

　指定下一点或 [圆弧(A) / 闭合(C) / 半宽(H) / 长度(L) / 放弃(U) / 宽度(W)]：
-9.25,2.18

　指定下一点或 [圆弧(A) / 闭合(C) / 半宽(H) / 长度(L) / 放弃(U) / 宽度(W)]：
-11.55,1.72

　指定下一点或 [圆弧(A) / 闭合(C) / 半宽(L) / 长度(L) / 放弃(U) / 宽度(W)]：C

14.7.4　拉伸出主梁实体

　命令：extrude

　当前线框密度：　ISOLINES=4

　选择要拉伸的对象：找到 1 个

　（选择刚刚绘制的主梁横截面作为拉伸对象）

　选择要拉伸的对象：　　　　　　　　（回车）

　指定拉伸高度或 [方向(D) / 路径(P) / 倾斜角(T)]：-436

　　然后删除多余的辅助线绘出如图 14-29 所示的图形。

　　然后采用【真实】视觉样式(可以在【视图】下拉菜单中【视觉样式】子菜单中选择,或在功能区面板中选择,还可以在【视觉样式管理器】中设置各种参数),如图 14-30 所示。

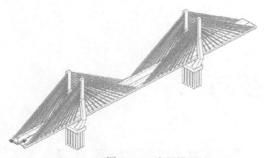

图 14-29　全桥模型图　　　　　　　　　图 14-30　真实视觉样式显示的斜拉桥

　　边墩的绘制这里不再赘述，将绘制好的模型导入 3dmax 贴图渲染，效果图如图 14-31 所示。

图 14-31　斜拉桥效果图

14.8 小结

　　本章主要内容总结如下：通过三维命令绘制出复杂的斜拉桥，重点步骤为 UCS 切换、三维拉伸 extrude、三维旋转 rotate3d、三维镜像 mirror3d 及剖切 slice 命令。

第 15 章
解决实际问题的一些技巧

15.1 用 LISP 语言解决绘图中的实际问题

　　一个经常使用 CAD 绘制工程制图的设计者,往往在绘图过程中面对许多棘手的问题,如:绘制拱桥的悬链线、绘制等高线、计算钢筋长度、统计钢筋数量等一系列问题。在许多单位,绘图者往往不能利用便捷的 LISP 语言来解决他们实际遇到的问题,许多设计者在面临这些问题时往往依靠计算器或手算,这样既没有效率又不精确,所以强烈建议设计者学习一些基本的 LISP 语言来提高设计效率。

　　Auto LISP 通过 Visual LISP(VLISP)进一步得到增强, VLISP 提供了一个集成开发环境(IDE),其中包含编译器、调试器和其他提高生产效率的工具。VLISP 添加了更多的功能,并扩展了语言以与使用 ActiveX 的对象进行交互。VLISP 也允许 Auto LISP 通过对象反应器对事件进行响应,如果用户对编写 Auto LISP 应用程序不感兴趣,可以在 AutoCAD 软件包中找到许多有用的例程。例程也可以作为共享软件或从第三方开发商处获取。了解如何加载和使用这些例程有助于提高生产率。关于 Auto LISP 编程的信息,请参见 Auto LISP Developer's Guide;关于 Auto LISP 和 Visual LISP 函数的信息,请参见 Auto LISP Reference(在 AutoCAD 的"帮助"菜单上单击"开发人员帮助")。Auto LISP 程序可以在应用程序中使用对话框。可编程对话框仅在 Auto LISP Developer's Guide 中进行说明。具体的编程方法及技巧请读者参考 CAD 的帮助文件,这里不再赘述。

　　由于篇幅有限,我们在这里只举一个例子:如何编制程序统计钢筋数量表。读者可利用此程序来提高工作效率。

　　编制此程序的步骤如下。

　　(1)激活 Visual LISP 集成开发编译环境,在菜单栏中选择"工具"→"AutoLISP"→"Visual LISP 编译器",激活的 Visual LISP 集成开发编译环境如图 15-1 所示。

　　(2)新建一个 LISP 文件,在其中输入如下程序代码。

```
(defun *error* (ERROR)
    (princ "error:")
    (princ "操作错误")
    (PRINC "\n 再试一次")
    )
(defun getss (/ SS N I NAME0 NAME X0 X1)
    (INITGET (+ 1 2 4))
    (setq ss (ssget '((0 . "TEXT"))))
```

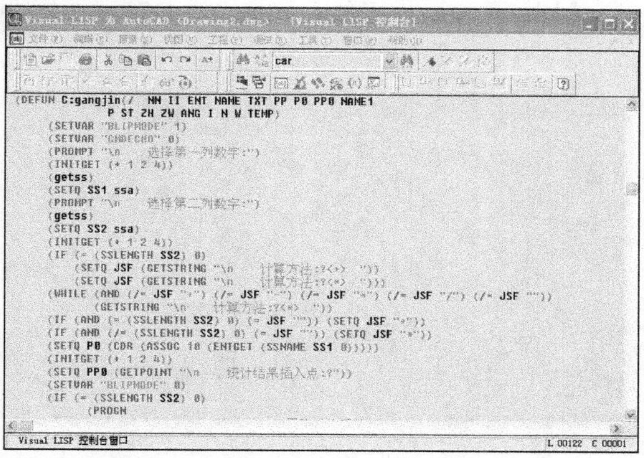

图 15-1 Visual LISP 集成开发编译环境

```
(if (= ss nil)(setq ss (ssadd)))
(setq ssa (ssadd))
(while (/= (setq n (sslength ss)) 0)
        (progn
        (setq i 1)
        (setq name0 (ssname ss 0))
        (setq x0 (caddr (assoc 10 (entget name0))))
        (while (< i n)
                (progn
                (setq name (ssname ss i))
                (setq X1 (caddr (assoc 10 (entget name))))
                (if (< X0 X1)
                        (progn
                        (setq name0 name)
                        (setq  X0  X1)
                ))
                (setq i (+ 1 i))
            ))
        (setq ssa (ssadd name0 ssa))
        (setq ss (ssdel name0 ss))
    ))
    )
(DEFUN C:gangjin(/  NN II ENT NAME TXT PP P0 PP0 NAME1
        P ST ZH ZW ANG I N W TEMP)
    (SETVAR "BLIPMODE" 1)
    (SETVAR "CMDECHO" 0)
    (PROMPT "\n     选择第一列数字:")
```

```
(INITGET (+ 1 2 4))
(getss)
(SETQ SS1 ssa)
(PROMPT "\n     选择第二列数字:")
(getss)
(SETQ SS2 ssa)
(INITGET (+ 1 2 4))
(IF (= (SSLENGTH SS2) 0)
    (SETQ JSF (GETSTRING "\n     计算方法:?<+>  "))
    (SETQ JSF (GETSTRING "\n     计算方法:?<*>  ")))
(WHILE (AND (/= JSF "+") (/= JSF "-") (/= JSF "*") (/= JSF "/")
(/= JSF ""))
        (GETSTRING "\n     计算方法:?<*>  "))
(IF (AND (= (SSLENGTH SS2) 0) (= JSF "")) (SETQ JSF "+"))
(IF (AND (/= (SSLENGTH SS2) 0) (= JSF "")) (SETQ JSF "*"))
(SETQ P0 (CDR (ASSOC 10 (ENTGET (SSNAME SS1 0)))))
(INITGET (+ 1 2 4))
(SETQ PP0 (GETPOINT "\n     统计结果插入点:?"))
(SETVAR "BLIPMODE" 0)
(IF (= (SSLENGTH SS2) 0)
    (PROGN
        (SETQ XI (GETREAL "\n    需除以的系数 [/]:?<1>"))
        (IF (= XI NIL) (SETQ XI 1)))
    (PROGN
        (SETQ XI (GETREAL "\n    需除以的系数 [/]:? <100>"))
        (IF (= XI NIL) (SETQ XI 100))
      ))
(SETQ WS (GETINT "\n     小数点位数:?<2> "))
(IF (= WS NIL) (SETQ WS 2))
(SETQ NN1 (SSLENGTH SS1))
(SETQ II 0)
(IF (= (SSLENGTH SS2) 0) (PROGN
    (WHILE (< II NN1)
        (SETQ ENT1 (ENTGET (SETQ NAME1 (SSNAME SS1 II))))
        (IF (= II 0) (SETQ NAME0 NAME1))
        (SETQ TXT1 (CDR (ASSOC 1 ENT1)))
        (SETQ TXT1 (ATOF TXT1))
        (IF (= II 0) (SETQ TXT TXT1))
        (IF (/= II 0) (PROGN
```

```
            ( COND (( = JSF "+" ) ( SETQ TXT ( + TXT TXT1 )))
                   (( = JSF "-" ) ( SETQ TXT ( - TXT TXT1 )))
                   (( = JSF "*" ) ( SETQ TXT ( * TXT TXT1 )))
                   (( = JSF "/" ) ( SETQ TXT ( / TXT TXT1 )))
                    )
          ))
        ( SETQ II ( + II 1 ))
        )
      ( COMMAND "COPY" NAME0 "" P0 PP0 )
      ( SETQ TXT ( / TXT XI ))
      ( SETQ TXT ( RTOS TXT 2 WS ))
       ( setq txt-style ( cdr ( assoc 7 ( entget name0 ))))
        ( setq style-higth ( cdr ( assoc 40 ( tblsearch "style" txt-
style ))))
       ( if ( = style-higth 0.0 )
          ( COMMAND "CHANGE" "L" "" "" "" "" "" "" TXT )
          ( command "change" "l" "" "" "" "" "" txt ))
      ))
       ( IF ( AND ( /= SS2 NIL ) ( /= SS1 NIL )) ( PROGN
    ( SETQ NN2 ( SSLENGTH SS2 ))
    ( IF ( >= NN1 NN2 ) ( SETQ NN NN2 ) ( SETQ NN NN1 ))
    ( WHILE ( < II NN )
        ( SETQ ENT1 ( ENTGET ( SETQ NAME1 ( SSNAME SS1 II ))))
        ( SETQ ENT2 ( ENTGET ( SETQ NAME2 ( SSNAME SS2 II ))))
        ( SETQ TXT1 ( CDR ( ASSOC 1 ENT1 )))
        ( SETQ TXT2 ( CDR ( ASSOC 1 ENT2 )))
        ( SETQ TXT1 ( ATOF TXT1 ))
        ( SETQ TXT2 ( ATOF TXT2 ))
        ( COND (( = JSF "+" ) ( SETQ TXT ( + TXT1 TXT2 )))
               (( = JSF "-" ) ( SETQ TXT ( - TXT1 TXT2 )))
               (( = JSF "*" ) ( SETQ TXT ( * TXT1 TXT2 )))
               (( = JSF "/" ) ( SETQ TXT ( / TXT1 TXT2 )))
                )
        ( COMMAND "COPY" NAME1 "" P0 PP0 )
        ( SETQ TXT ( / TXT XI ))
        ( SETQ TXT ( RTOS TXT 2 WS ))
        ( setq txt-style ( cdr ( assoc 7 ( entget name1 ))))
          ( setq style-higth ( cdr ( assoc 40 ( tblsearch "style"
txt-style ))))
```

```
            (if (= style-higth 0.0)
              (COMMAND "CHANGE" "L" "" "" "" "" "" "" TXT )
              (command "change" "l" "" "" "" "" "" "" txt ))
            (SETQ II (+ II 1))
              )
          ))
      (SETVAR "BLIPMODE" 1)
      (SETVAR "CMDECHO" 1)
      (PRINC)
          )
```

（3）在菜单栏中选择"工具"→"加载应用程序"，弹出【加载/卸载应用程序】对话框，选择编译通过的程序"gangjin.lsp"，然后单击 加载(L) 按钮，如图 15-2 所示。

图 15-2　加载应用程序

下面以一个钢筋表的统计作为例子，讲述如何应用该程序。

首先打开一个未作过统计的钢筋表，如图 15-3 所示。

命令：appload　　　（加载应用程序命令，弹出如图 15-2 所示的对话框，选择"gangjin.
　　　　　　　　　　　　　　　　　　　　　　　　　　　　　　lsp"加载）

已成功加载 gangjin.LSP。

命令：gangjin　　　　　　　　　　　（在命令行中敲入 gangjin 响应已经加载的程序）

选择第一列数字：　　　　　　　　　　　　　　（选择钢筋表中的"每根长"那一列数字）

选择对象：指定对角点：找到 4 个

选择对象：　　　　　　　　　　　　　　　　　　　　　　　　　　　　　　（回车）

选择第二列数字：　　　　　　　　　　　　　　（选择钢筋表中的"根数"那一列数字）

选择对象：指定对角点：找到 4 个

```
选择对象：                                      （回车）
计算方法：?<*>              （可输入 +、－、*、/,四种符号,这里输入 * 号）
统计结果插入点：?         （在"共长"那一列的适当位置选择一点作为结果插入点）
需除以的系数［/］：? <100> 100
小数点位数：?<2>                                （回车）
```

图 15-3　未作过统计的钢筋表

　　绘制出如图 15-4 所示的图形。重复进行 gangjin 命令，最后绘制完毕的钢筋表如图 15-5 所示。这个小程序尤其适合设计人员，既可以提高工作效率又可以提高计算的准确性，强烈建议读者学习应用此程序。

编号	直径 (mm)	长度 (cm)	根数	共长 (m)	单位重 (kg/m)	共重 (kg)	总重 (kg)	C50 (m³)
1	Φ16	81.2	20	16.24	1.580	25.66	Φ16	
2	Φ16	93.7	18	16.87	1.580	26.65		
3	Φ16	139.6	20	27.92	1.580	44.11	Φ12	
4	Φ12	21.8	20	4.36	0.888	3.87		

图 15-4　统计过程中的钢筋表

图 15-5　统计后的钢筋表

15.2 CAD 常用技巧简介

在 CAD 实际应用中,我们往往会遇到许多小问题,在这里由于篇幅的关系,仅仅介绍提供一些读者会经常遇到的问题的解决方法,以期抛砖引玉给读者一些参考。使用 CAD 软件中面临的更多问题应该互相交流、切磋,尽快地将问题解决。

(1)BREAK 命令用来打断实体,用户也可以一点断开实体,用法是在第一点选择后,输入"@"。

一般的命令格式如下。

```
命令: break
选择对象:                    (选择要打断的对象)
指定第二个打断点或 [第一点(F)]: f
指定第一个打断点:              (选取打断点)
指定第二个打断点: @            (回车)
```

(2)在 AutoCAD 中有时尺寸箭头及 TRACE 画的轨迹线变为空心,用 TRIMMODE 命令,在提示行下输入新值 1 可将其重新变为实心。

一般的命令格式如下。

```
命令: trimmode
输入 TRIMMODE 的新值 <1>:
```

(3)有时在打开 dwg 文件时,系统弹出"AutoCAD Message"对话框提示"Drawing file is not valid",告诉用户文件不能打开。这种情况下用户可以先退出打开操作,然后打开"文件"菜单,选"绘图实用程序/修复",或者在命令行直接用键盘输入"recover",接着在"选择文件"对话框中输入要恢复的文件,确认后系统开始执行恢复文件操作。

(4)相对来说,EXCEL 的表格制作功能是十分强大的,用户也可以先在 EXCEL 中制完表格,然后将表格放入 CAD 中,具体步骤如下。

①在 EXCEL 中制完表格,复制到剪贴板,如图 15-6 所示。

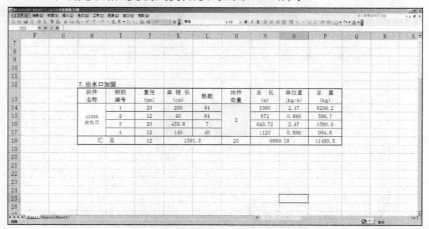

图 15-6   在 EXCEL 中制表并复制到剪贴板

②然后在 AutoCAD 的菜单条中选择【编辑】中的【选择性粘贴】,选择 AutoCAD 图元,剪贴板上的表格即转化成 AutoCAD 实体,如图 15-7 所示,粘贴完 EXCEL 表格稍加修改后的图如图 15-8 所示。

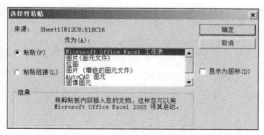

图 15-7 选择 Excel 工作表进行粘贴

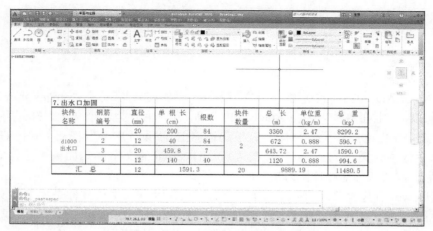

图 15-8 粘贴完 EXCEL 表格的 CAD 图

（5）当打开 AutoCAD 的图形文件时,AutoCAD 自动根据图形中的文字样式定义,在 AutoCAD 支持的文件搜索路径中查找字体文件,当没有找到所需要的字体文件时,AutoCAD 将弹出一个对话框要求用户选择一个代替的字体以正确显示。 当选择的字体不正确时,打开的图形中将有部分或全部文字显示为"？",表示此文字在现在的文字定义下不能正确显示。此时可使用菜单中的"修改 / 特性"命令,在"样式"框中选择合适的文字样式。如图 15-9 所示,文字样式的设置可在 AutoCAD 2016 菜单的"格式文字样式"下拉菜单命令中设置。当有中文文字无法打开时,请先在"文字样式"命令中设置有中文大字体或有中文字体的文字样式格式。需要注意的是,对于文字串中的每一个字符,AutoCAD 都应先搜索大字体文件。如果从中未找到该字符,才搜索普通字体文件。

（6）有时打开一幅图时,会提示需要进行字体替换。解决此问题的方法有以下 5 种。

①复制要替换的字库为将被替换的字库名,如,打开一幅图,提示找不到 jd 字库,用户想用 hztxt.shx 替换它,那么用户可以把 hztxt.shx 复制一份,命名为 jd.shx,就可以解决了。不过这种办法的缺点显而易见,太占用磁盘空间。

②在 AutoCAD 2016/support 目录下创建 acad.fmp 文件,如果原来有此文件直接打开,这是一个 ASCII 文件,输入"jd;hztxt",如果还有别的字体要替换,可以另起一行,如"jh;hztxt",存盘退出,以后如果用户打开的图包含 jd 和 jh 这样机子里没有的字库,就再也

不会不停地要用户找字库替换了。注意第二种办法 WINXP 下 acad.fmp 文件位置如下 C:\Documents and Settings\ 用户的计算机登陆帐户名 \Application Data\Autodesk\AutoCAD 2016\R17.1 chs\Support 。

图 15-9　文字样式对话框

③用 AutoCAD 2016。首先建一个文字样式，例如：GB，字体名：romans.shx，选用大字体，gbcbig.shx.（上面两种文字在 Autocad 中都有）建好后存为一个文件。打开用户想打开的 CAD 文件，如果提示找不到字体，一直按确定。打开"设计中心"，将文字式样 GB 移到当前图中，然后选中该图中的所有对象，在 AutoCAD 2016 的文字样式面板中选择 GB 即可，所有的文字（带？？？）都被替换为指定的文字样式。

④打开 dwg，看包含哪些机器里没有的 shx。往往没有的字型文件是大字体文件，一般用自己常用的字体（如 zsm.shx）代替。所以将 zsm.shx 另存为 bigfont.shx，遇到找不到字体文件时，对话框上 bigfont.shx 位于首位备选位置上，直接回车即可。

⑤借助第三方软件。如一个国外的软件 autofont，不注册只能加载 10 次即只能用 10 次。千万还要注意使用方法，把 LSP 文件拷到 AUTOFONT 文件夹，然后打开 CAD 并输入（LOAD "AUTOFONT"），括号必须加上，程序自动加载。

（7）PURGE 命令的使用，在用 AutoCAD 绘图过程中，常常会错误地填充了一些花纹或插入了块，故而对这些花纹或块进行删除。然而当用户保存文件时，这些花纹或块并未真正从图形文件中删除，这就使文件增大，并且在下次编辑文件时速度减慢，所以在保存之前，先用 PURGE 命令从图形数据库中真正删除不必要的块、无名块（花纹）、线型、层，从而减小图形文件，加快处理速度。其命令格式如下。

图 15-10　清理对话框

　　命令：PURGE　　　　　　　　　（弹出如图 15-10 所示的对话框，点击全部清理按钮。）

（8）当执行编辑命令，提示选择目标时，用矩形框方式选择，从左向右拖动光标，为"窗口 Windows"方式，如果从右向左拖动光标，则为"交叉 Cross"方式。在进行拉伸命令时，常用交叉窗口选择方式。

（9）当用相对坐标输入点时，在正交状态时，一般输入为：@x，0 或 @0，y（例如输入相对坐标"@100，0"表示下一点相对上一点 X 方向增加 100，又如输入相对坐标"@0，50"表示下一点相对上一点 Y 方向增加 50），以上两种情况下可以直接输入 100 或 50 即可实现相同的目的，从而节省输入时间。

（10）有的用户使用 AutoCAD 时会发现命令中的对话框会变成提示行，如打印命令，控制它的是系统变量 CMDDIA，关掉它就行了。

（11）如何提高曲线和圆显示的平滑度。

AutoCAD 有时显示的曲线或圆出现折角严重失真，可以用 Viewres 命令解决。

一般的命令格式如下。

```
命令：viewres
是否需要快速缩放？［是（Y）/否（N）］<Y>：y
输入圆的缩放百分比（1-20000）<4>：1000        正在重生成模型。
```

（12）如何进行任意横纵比例的缩放。

用缩放命令进行的比例缩放，缩放的效果是 X、Y、Z 三个方向都是相同比例的，为了沿不同的坐标轴有任意的缩放比例，可以按照如下思路和步骤进行。

① 把要进行缩放的对象创建为一个块。

② 插入块，然后在插入对话框中为不同坐标轴指定不同的缩放因子，如图 15-11 所示。

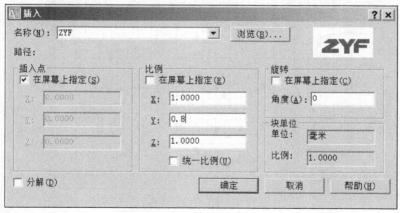

图 15-11 通过插入块调整缩放比例

（13）在 AutoCAD 中输入特殊符号。

① 在 **A** 多行文字输入区点击鼠标右键，在弹出的快捷菜单中选择符号，从中选择用户需要的符号，如图 15-12 所示。

② 还可以在多行文字输入区右击，如选择【符号】子菜单中的【其他】选项，弹出字符映射表对话框，如图 15-13 所示，从中选择需要的特殊符号。

（14）把 AutoCAD 的图形导入 Algor 或 Ansys 进行分析。

由于一般的有限元分析软件的建模能力都比较弱，往往采用在 CAD 中建立模型在导入有限元分析软件中进行进一步的操作，对于 ALGOR 和 MIDAS 来说可以导入 DXF 文件，对于 ANSYS 来说可以导入 SAT 文件。

图 15-12　输入特殊字符

图 15-13　通过调用字符映射表输入特殊字符

　　AutoCAD 作出的一切图形,都可以进一步导入到 ALGOR 软件中进行进一步的编译,但 AutoCAD 文件一定要另存为 dxf 格式的文件,如图 15-14 所示。

　　ANSYS 有限元分析软件也可以利用 AutoCAD 的强大绘图功能,将 AutoCAD 绘制的三维实体或者面域导入到 ANSYS 中,但这时候,AutoCAD 图形一定要输出为 SAT 格式。

　　命令:`export`(弹出如图 15-15 所示的对话框,指定输出的文件名和路径。)

　　(15)定义命令缩写。

　　大多数用户最为关心的大概都是如何提高设计效率,包括如何提高输入命令的速度,常用的命令通过输入一两个字母就能完成命令的输入过程。AutoCAD 提供了一个名称为

ACAD.PGP 的文件,用户可按照自己的习惯改变命令缩写,但必须注意命令缩写不得同名。

图 15-14　将 CAD 保存为 DXF 格式

图 15-15　将实体输出为 SAT 格式的文件

（16）菜单消失后恢复。

　　用户使用菜单文件时,可能将当前的菜单弄乱,遇到这种情况时只需要重新加载菜单文件,使之恢复原来的样子。

　　在命令行中输入 MENU 命令,弹出如图 15-16 所示的对话框。选择 ACAD.MNR 文件并打开,这样系统就重新装入默认的菜单文件了。

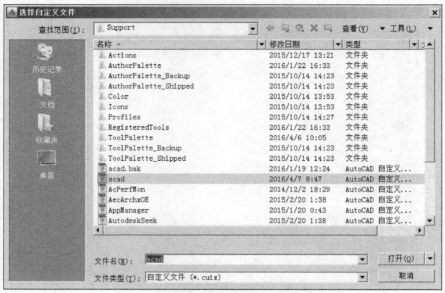

图 15-16　调入菜单文件

(17)进行批处理打印。

在实际工作中往往需要成批打印绘制好的 CAD 图,这时候最好运用批处理打印功能。

命令: PUBLISH　　（执行批处理打印命令）

弹出如图 15-17 所示的发布图纸对话框。

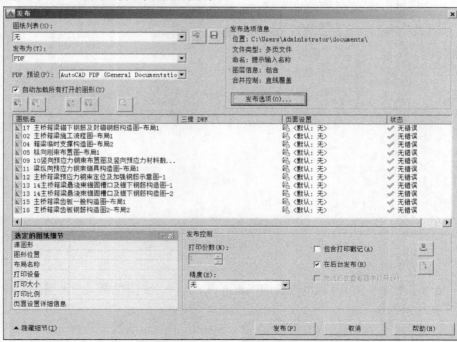

图 15-17　发布图纸对话框

点击添加图纸按钮,弹出如图 15-18 所示的对话框。

图 15-18 选择要打印的文件(可单选布局选项)

选择好要打印的文件后,返回如图 15-17 所示的发布图纸对话框,点击发布选项按钮,弹出发布选项窗口,如图 15-19 所示。点击发布选项对话框位置右侧的 ⋯ 按钮,弹出为生成的文件选择文件夹对话框,如图 15-20 所示。

选择好文件夹后返回到如图 15-17 所示的发布图纸对话框,点击发布按钮,则 CAD 将打印文件输入到用户选定的文件夹中。

图 15-19 发布选项对话框

图 15-20　为生成的打印文件选择文件夹

（18）进行质量查询。

质量属性查询 AutoCAD 提供点坐标（ID）、距离（Distance），面积（area）的查询，给图形的分析带来了很大的方便。但是在实际工作中，有时还需查询实体质量属性特性，AutoCAD 提供了实体质量属性查询，可以方便查询实体的惯性矩、面积矩和实体的质心等。但需要注意的是，对于曲线、多义线构造的闭合区域，应先用 REGION 命令将闭合区域面域化，再执行质量属性查询，才可查询实体的惯性矩、面积矩和实体的质心等属性。

值得注意的是，要查询实体绕某个轴的惯性矩时，需要把该轴和实体移动至该轴与 x 轴或 y 轴重合。

图 15-21　将数据文件存为 SCR 格式

（19）绘制曲线。

在工程计算时，经常要用 AutoCAD 画出一条曲线，而这条曲线如果是由多个坐标点连接成的，输入起来就比较麻烦，而且容易出错。现在有一种简便的方法可以准确快速地绘制出这些曲线，具体方法如下。

在记事本或其他文本文件中输入坐标数据，起始行为命令语句：PLINE（多段线），以后每行为各个点的横纵坐标，输完数据后，将文件名存成 .scr 格式，如图 15-21 所示。

然后点击 CAD 的工具拦，弹出下拉菜单会出现如图 15-22 所示的图形，点击运行脚本一项，弹出如图 15-23 所示的文件选项对话框，选择要调入的 SCR 文件。选择完毕后，CAD 系统就会根据调入的文件数据绘制线形了，如图 15-24 所示。

图 15-22　调入运行脚本

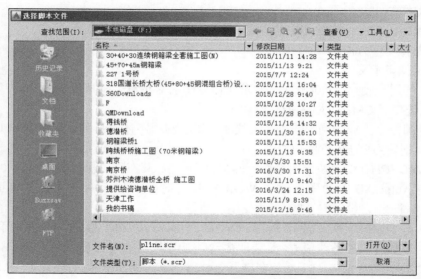

图 15-23　选择要调入的脚本文件

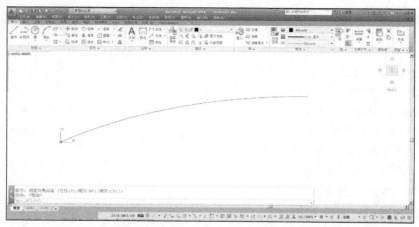

图 15-24　根据调入的脚本内容绘制出曲线

（20）常用系统变量的设置。

① PELLIPSE。

控制由 ELLIPSE 命令创建的椭圆类型。

0——创建真正的椭圆对象。

1——创建多段线表示的椭圆。

② ANGDIR。

设置正角度的方向。从相对于当前 UCS 方向的 0° 测量角度值。

0——十进制度数。

1——度 / 分 / 秒。

2——百分度。

3——弧度。

4——勘测单位。

③ MIRRTEXT。

控制 MIRROR 命令影响文字的方式。

0——保持文字方向。

1——镜像显示文字。

（21）有的用户使用 AutoCAD 时会发现命令中的对话框会变成提示行,如打印命令,控制它的是系统变量 CMDDIA,关掉它就行了。

（22）椭圆命令生成的椭圆是以多义线还是以椭圆为实体的是由系统变量 PELLIPSE 决定,当其为 1 时,生成的椭圆是 PLINE。

（23）CMDECHO 变量决定了命令行回显是否产生,其在程序执行中应设为"0"。

（24）将 AutoCAD 中的图形插入 WORD 中,有时会发现圆变成了正多边形,用一下 VIEWRES 命令,将它设得大一些,可改变图形质量。

（25）修剪 TRIM 命令中提示选取要剪切的图形时,不支持常用的 Window 和 Crossing 选取方式。当要剪切多条线段时,要选取多次才能完成。这时可以使用 FENCE 命令提示选择要剪除的图形时,输入 "f",然后在屏幕上画出一条虚线回车,这时被该虚线接触到的图形全部被剪切掉。

（26）常用的快捷命令。

①字母类。

a. 对象特性。

ADC, *ADCENTER（设计中心"Ctrl ＋ 2"）

CH, MO *PROPERTIES（修改特性"Ctrl ＋ 1"）

MA, *MATCHPROP（属性匹配）

ST, *STYLE（文字样式）

COL, *COLOR（设置颜色）

LA, *LAYER（图层操作）

LT, *LINETYPE（线形）

LTS, *LTSCALE（线形比例）

LW, *LWEIGHT（线宽）

UN, *UNITS（图形单位）

ATT, *ATTDEF（属性定义）

ATE, *ATTEDIT（编辑属性）

BO, *BOUNDARY（边界创建,包括创建闭合多段线和面域）

AL, *ALIGN（对齐）

EXIT, *QUIT（退出）

EXP, *EXPORT（输出其他格式文件）

IMP, *IMPORT（输入文件）

OP ,PR *OPTIONS（自定义 CAD 设置）

PRINT, *PLOT（打印）

PU, *PURGE（清除垃圾）

R, *REDRAW（重新生成）

REN, *RENAME（重命名）

SN, *SNAP（捕捉栅格）

DS, *DSETTINGS（设置极轴追踪）

OS, *OSNAP（设置捕捉模式）

PRE, *PREVIEW（打印预览）

TO, *TOOLBAR（工具栏）

V, *VIEW（命名视图）

AA, *AREA（面积）

DI, *DIST（距离）

LI, *LIST（显示图形数据信息）

b. 绘图命令。

PO, *POINT（点）

L, *LINE（直线）

XL, *XLINE（射线）

PL, *PLINE（多段线）

ML, *MLINE（多线）

SPL, *SPLINE（样条曲线）

POL, *POLYGON（正多边形）

REC, *RECTANGLE（矩形）

C, *CIRCLE（圆）

A, *ARC（圆弧）

DO, *DONUT（圆环）

EL, *ELLIPSE（椭圆）

REG, *REGION（面域）

MT, *MTEXT（多行文本）

T, *MTEXT（多行文本）

B, *BLOCK（块定义）

I, *INSERT（插入块）

W, *WBLOCK（定义块文件）

DIV, *DIVIDE（等分）

H, *BHATCH（填充）

c. 修改命令。

CO, *COPY（复制）

MI, *MIRROR（镜像）

AR, *ARRAY（阵列）

O, *OFFSET（偏移）

RO, *ROTATE（旋转）

M, *MOVE（移动）

E, DEL 键 *ERASE（删除）

X, *EXPLODE（分解）

TR, *TRIM（修剪）

EX, *EXTEND（延伸）

S, *STRETCH（拉伸）

LEN, *LENGTHEN（直线拉长）

SC, *SCALE（比例缩放）

BR, *BREAK（打断）

CHA, *CHAMFER（倒角）

F, *FILLET（倒圆角）

PE, *PEDIT（多段线编辑）

ED, *DDEDIT（修改文本）

d. 视窗缩放。

P, *PAN（平移）

Z＋空格＋空格,＊实时缩放

Z,＊局部放大

Z+P,＊返回上一视图

Z＋E,＊显示全图

e. 尺寸标注。

DLI, *DIMLINEAR（直线标注）

DAL, *DIMALIGNED（对齐标注）

DRA, *DIMRADIUS（半径标注）

DDI, *DIMDIAMETER（直径标注）

DAN, *DIMANGULAR（角度标注）

DCE, *DIMCENTER（中心标注）

DOR, *DIMORDINATE（点标注）

TOL, *TOLERANCE（标注形位公差）

LE, *QLEADER（快速引出标注）

DBA, *DIMBASELINE（基线标注）

DCO, *DIMCONTINUE（连续标注）

D, *DIMSTYLE（标注样式）

DED, *DIMEDIT（编辑标注）

DOV, *DIMOVERRIDE（替换标注系统变量）

②常用 CTRL 快捷键。

【CTRL】+0 全屏显示（开 / 关）

【CTRL】+ 1 *PROPERTIES（修改特性）

【CTRL】+ 2 *ADCENTER（设计中心）

【CTRL】+ O *OPEN（打开文件）

【CTRL】+ N、M *NEW（新建文件）

【CTRL】+ P *PRINT（打印文件）

【CTRL】+ S *SAVE（保存文件）

【CTRL】+ Z *UNDO（放弃）

【CTRL】+ X *CUTCLIP（剪切）

【CTRL】+ C *COPYCLIP（复制）

【CTRL】+ V *PASTECLIP（粘贴）

【CTRL】+ B *SNAP（栅格捕捉）

【CTRL】+ F *OSNAP（对象捕捉）

【CTRL】+ G *GRID（栅格）

【CTRL】+ L *ORTHO（正交）

【CTRL】+ W *（对象追踪）

【CTRL】+ U *（极轴）

【CTRL】+ Y 取消上一次的 Undo 操作

③常用功能键。

【ESC】取消命令执行

【F1】*HELP（帮助）

【F2】*（文本窗口）

【F3】*OSNAP（对象捕捉）

【F4】数字化仪作用开关

【F5】等轴测平面切换

【F6】坐标显示开关

【F7】*GRIP（栅格）

【F8】*ORTHO（正交）

【F9】捕捉模式（开 / 关）

【F10】极轴追踪（开 / 关）

【F11】对象捕捉追踪（开 / 关）

【F12】动态输入（开 / 关）

【窗口键 +D】Windows 桌面显示

【窗口键 +E】Windows 文件管理

【窗口键 +F】Windows 查找功能

【窗口键 +R】Windows 运行功能

④ Alt 快捷键。

【Alt】+F8 VBA 宏管理器

【Alt】+F11 AutoCAD 和 VBA 编辑器画面切换

【Alt】+F 【文件】下拉菜单

【Alt】+E 【编辑】下拉菜单

【Alt】+V 【视图】下拉菜单

【Alt】+I 【插入】下拉菜单

【Alt】+O 【格式】下拉菜单

【Alt】+T 【工具】下拉菜单

【Alt】+D 【绘图】下拉菜单

【Alt】+N 【标注】下拉菜单

【Alt】+M 【修改】下拉菜单

【Alt】+W 【窗口】下拉菜单

【Alt】+H 【帮助】下拉菜单

15.3 小结

本章主要内容总结如下:

(1)简单介绍了 Lisp 语言,并结合源代码介绍了 Lisp 程序应用过程。

(2)CAD 常用技巧简介中需重点掌握质量查询、绘制公式曲线、任意横纵比缩放几个实用命令。

(3)列举了 CAD 常用的快捷命令,读者可记住几种常用命令的缩略字母,快速制图。